全国高职高专商务应用规划教材

李慧茹　王瑞春　主编
王永芝　孟祥越　副主编

商务礼仪

清华大学出版社
北京

内 容 简 介

商务礼仪对于开拓商业经营、塑造企业形象、提升人格魅力具有重要作用，也是从事商务活动所必须遵循的礼仪规范。本书按照商务礼仪的基本要求和规定，具体介绍：商务礼仪概述、商务形象礼仪、商务举止礼仪、办公室礼仪、商务接待礼仪、商务沟通礼仪、商务宴请礼仪、谋职礼仪，并通过指导学生实训、强化应用技能培养。

本书具有知识系统、案例鲜活、继承传统、注重创新、强化社会实践和实际应用等特点。

本书既可以作为高职高专院校各专业素质教育的首选教材，也可以作为市场营销、工商企业人员的在职培训用书，对于广大社区居民也是一本有益的读物。

图书在版编目(CIP)数据

商务礼仪/李慧茹，王瑞春主编. --北京：清华大学出版社，2016 (2018.3重印)
全国高职高专商务应用规划教材
ISBN 978-7-302-41939-6

Ⅰ. ①商…　Ⅱ. ①李… ②王…　Ⅲ. ①商务－礼仪－高等职业教育－教材　Ⅳ. ①F718

中国版本图书馆 CIP 数据核字(2015)第 262492 号

责任编辑：田　梅
封面设计：傅瑞学
责任校对：刘　静
责任印制：沈　露

出版发行：清华大学出版社
网　　址：http://www.tup.com.cn，http://www.wqbook.com
地　　址：北京清华大学学研大厦 A 座　　**邮　　编**：100084
社 总 机：010-62770175　　**邮　　购**：010-62786544
投稿与读者服务：010-62776969，c-service@tup.tsinghua.edu.cn
质量反馈：010-62772015，zhiliang@tup.tsinghua.edu.cn
课件下载：http://www.tup.com.cn，010-62795764

印 装 者：北京九州迅驰传媒文化有限公司
经　　销：全国新华书店
开　　本：185mm×260mm　　**印　　张**：14.5　　**字　　数**：331 千字
版　　次：2016 年 3 月第 1 版　　**印　　次**：2018 年 3 月第 2 次印刷
印　　数：2001～2300
定　　价：34.00 元

产品编号：067535-02

前言

当前，随着国家“一带一路、互联互通”总体发展战略的制定和实施，随着全球经济合作越发密切，国际商务活动越发频繁，商务礼仪进入了一个全新的发展阶段，越来越受到各行业、各领域人士的普遍重视。据统计，目前在各种商务合作领域中，各类商贸公司需要大量熟练掌握商务礼仪的人才，以提高公司的竞争力，每年我国商务人才需要进行商务礼仪专门培训的人员达到 50～100 万人次。商务礼仪人才的需求量越来越大，商务礼仪人才具有广阔的市场发展前景。

商务礼仪属综合性学科，具有深刻的人文内涵，商务礼仪对于开拓商业经营、塑造企业形象、提升人格魅力具有重要的作用，学会沟通、激发创造思维、树立现代公众意识，提高自身交际能力，增强潜在竞争力；也是从事商务活动所必须遵循的礼仪规范。当前，加强商务礼仪教育已成为亟待解决的问题。

本书作为商务专业和大学生素质教育的特色教材，坚持科学发展观，严格按照教育部关于“加强国民素质教育”的要求，根据社会及企业用人要求与需求模式，注重加强商务礼仪素质教育。

本书共分为八章，以提高学习者商务交往素质能力为原则，本着在商务环境中学习礼仪，通过礼仪提高商务交往能力和自身素养的宗旨，为学员提供各种商务场景，将商务礼仪知识与技能融会贯通。并通过指导学生实训、达到学以致用、强化应用技能培养。

本书由李大军总体筹划并具体组织，李慧茹和王瑞春主编，李慧茹统稿，汪永芝、孟祥越为副主编；由具有丰富商务礼仪教学与实践经验的耿燕教授审定。作者编写分工如下：汪永芝（第一章、第七章），孟祥越（第二章），罗元浩（第三章），王瑞春（第四章、第八章），李慧茹（第五章、第六章），高炯（附录）；华燕萍（文字修改、版式调整），李晓新（制作教学课件）。

在本书编写过程中参阅了国内外有关商务礼仪的最新书刊和网站资料，精选收录了具有典型意义的案例，并得到有关专家教授及企业家的具体指导，在此一并致谢。为了配合本书的发行使用，我们提供配套的电子课件，读者可以从清华大学出版社网站（www.tup.com.cn）免费下载。因作者水平有限，书中难免存在不妥之处，故恳请同行和读者批评指正。

编　者

2016 年 1 月

目录

第一章

商务礼仪概述

【学习目标】

1. 了解礼仪的起源和发展，明确礼仪的原则与作用。
2. 充分认识商务礼仪的重要性。

【技能要求】

掌握商务人员应具备的基本礼仪修养，能够在生活及商务交往中展现并运用一定的商务礼仪技能。

引导案例　　　　商务礼仪对企业经营的重要性

日本著名企业家松下幸之助从前不修边幅，其企业也不注重形象，因此，企业发展缓慢。

一天，在理发时，理发师不客气地批评他不注重仪表，说："你是公司的代表，却这样不注重衣冠，别人会怎么想，连人都这样邋遢，你的公司会好吗?"从此，松下幸之助一改过去的习惯，开始注意自己在公众面前的仪表仪态，生意也随之兴旺起来。

现在，松下电器的各类产品享誉天下，与松下幸之助长期率先垂范，要求员工懂礼貌、讲礼节是分不开的。

案例分析：

仪表是礼节、礼貌的重要内容。人们对一家企业的认识，大多时候是从企业员工开始的。企业员工的仪表给他人留下的印象至关重要，不仅关系到企业的形象，而且在企业的发展中起到至关重要的作用。作为商务人士，注重仪表，是个人和企业成功的重要因素。

第一节　商务礼仪的概念与发展

中华民族具有优良的文明礼貌传统，素有"礼仪之邦"的美称，几千年来，形成了一整套完善的礼仪，为人类的文明做出了卓越的贡献。随着人类历史的发展、社会的进步，礼仪礼节延续到现代，已被更新和注入了许多新的形式和内容，成为现代人际交往中的重要桥梁。

如今我国已进入市场经济，社会经济各个领域正逐步与世界接轨，了解和掌握新时代下礼仪礼节的基本常识，具备商务礼仪活动的基本素养，对现代商务人具有更重要的意义和作用。要了解商务礼仪的含义，首先需了解礼仪的含义及礼貌、礼节、礼仪相互之间的关系。

一、礼仪的基本概念

（一）礼仪的含义

礼仪是指人们在一定的社会交往场合，为表示相互尊重、友好而约定俗成的、共同遵循的行为规范和交往程序。礼仪包括“礼”和“仪”两部分，“礼”指“事神致福”的形式，即敬神，现引申为表示尊敬。“仪”指“法度标准”，现引申为表率、标准。

礼仪是有形的，它存在于社会的一切交往活动中。其基本形式受物质水平、历史传统、文化心态、民族习俗等众多因素的影响。语言（包括书面的、口头的）、行为表情、服饰器物是构成礼仪最基本的三大要素。一般来说，任何重大典礼活动都需要同时具备这三种要素才能完成。

（二）礼貌、礼节、礼仪三者的关系

礼貌、礼节和礼仪三者之间从本质上是一致的，都是人们在相互交往中表示尊重、友好的行为，但是又有特殊的含义和要求，三者之间存在着既互相区别又相互渗透的关系。

礼貌是指人们在交往时，通过言语、动作向交往对象表示谦虚、恭敬和友好的行为规范。礼貌是一个人待人接物的外在表现，侧重于表现人的品质与素养。

礼节是礼貌的具体表现，通常是指人们在交际场合，相互表示尊重、友好的惯用形式。如我国古代的作揖、跪拜等。礼节与礼貌之间的相互关系是：没有礼节，就无所谓礼貌；有了礼貌，就必然伴有具体的礼节。

礼仪则是礼节、礼仪的统称，是社交活动中，自始至终以一定程序、方式来表现的完整行为。礼仪更具有文化内涵。

一般来说，礼貌是礼仪的基础，礼节是礼仪的基本组成部分，礼仪在层次上要高于礼貌、礼节，其内涵更深广。

（三）商务礼仪的含义

商务礼仪是公司或企业的商务人员在商务活动中，为了塑造良好的个人和组织形象而应当遵循的对交往对象表示尊敬与友好的规范或程序。它是一般礼仪在商务活动中的运用和体现，并且比一般的人际交往礼仪的内容更丰富，它不仅以尊重交往对象为基础，同时还提供符合消费者需求的商品和优质的服务来体现这种尊重。同一般的礼仪相比较，商务礼仪有很强的规范性和可操作性，并且与商务组织的经济效益密切联系。

二、我国礼仪的形成与发展

中国是世界文明古国之一，礼仪的形成和发展，经历了从无到有、从低级到高级、从零散到完整的漫长历史过程。礼仪在其传承沿袭的过程中不断发生着变革，从历史发展的角度看，其演变可分为如下六个阶段。

（一）礼仪的起源时期

礼仪的起源时期是夏朝以前(公元前21世纪前)。综合考古学、民族学的材料可以发现,礼仪起源于原始社会,整个原始社会是礼仪的萌芽时期,这一时期原始的政治礼仪、祭祀礼仪、宗教礼仪、婚姻礼仪等已有了雏形,但还不具有阶级性。

《礼记》曾对礼的起源和发展做出概括的描述,大意如下:远古时代,人们把黍米和猪肉放在石板上烤制而食;在地上凿坑作为酒樽,用手掬捧而饮,并且用茅草茎捆扎成鼓槌来敲击土鼓,以表示对鬼神的祭祀,这是远古时代拜神灵的礼仪,也是礼的开始。

（二）礼仪的形成时期

礼仪的形成时期是夏、商、西周三代(公元前21世纪—公元前771年)。

从夏朝建立起,中国进入了奴隶制社会。由于大规模地利用奴隶劳动,使生产力比原始社会有了更大的发展,与之相适应,社会文化也得到了较大的发展。在这个阶段,奴隶主阶级为了维护本阶级的利益,巩固自己的统治地位,修订了相对较完整的国家礼仪和制度,提出了极为重要的礼仪概念,如“五礼”,即吉礼、凶礼、军礼、宾礼、嘉礼,确定了崇古重礼的传统。

周代“礼”的内涵已由原始社会的祭神仪式演变为封建等级秩序,大到国家政治、小到家庭生活,无不按照一定的程序、仪式进行。如在西周,出现了中国历史上第一部记载礼的书籍——《周礼》。人们通常认为,传世的《周礼》和《礼仪》是周公的遗典,它们与其释文《礼记》成为后世称道的“三礼”,是各种礼制的百科全书。“三礼”涵盖了中国古代礼仪的主要内容,堪称我国古代礼仪的经典之作。

（三）礼仪的变革时期

礼仪的变革时期是春秋战国时期(公元前771年—公元221年)。

这一阶段是我国从奴隶社会向封建社会的过渡时期,三代之礼在许多场合废而不行,一些新兴利益集团开始创造符合其利益和巩固其社会地位的新礼。此阶段学术界百家争鸣,以孔子、孟子为代表的儒家学者系统地阐述了礼的起源、本质等问题,第一次在理论上全面、深刻地论述了社会等级秩序划分及其意义,以及与之相适应的礼仪规范。

作为儒家创始人的孔子,对礼仪非常重视,他提出的“六艺”包括礼(礼仪规范)、乐(音乐)、射(武功、射箭)、御(武功、乘马)、书(书法)和数(数学),提出“养国之道,乃教之以六艺。”从孔子制定六艺开始,礼作为六艺的重要内容,包含了孔子的政治理想和追求,并以此为一种工具,去维护统治阶级的利益。总之,这一阶段出现了礼崩乐坏的局面,并创造了新礼。

（四）礼仪的强化和衰落阶段

礼仪的强化和衰落阶段是秦汉到清末(公元前221年—公元1911年)。

这一时期的特点是尊君抑臣、尊夫抑妇、尊父抑子、尊神抑人。在礼仪漫长的历史演变过程中，礼仪在封建社会一直被统治阶级所利用，一直作为一种无形的力量制约着人们的行为，同时也逐渐成为妨碍人类个性自由发展、阻挠人类平等交往、窒息思想自由的精神枷锁。

（五）现代礼仪时期

现代礼仪时期是 1911—1949 年。从 1911 年辛亥革命以后，西方文化大量传入中国，在自由、平等、民主、博爱等思想的影响下，一部分传统礼仪制度和规范逐渐被时代所摈弃，符合时代要求的礼仪被继承、完善、流传。新的礼仪标准和价值观念得到推广和传播。

（六）当代礼仪时期

当代礼仪时期是 1949—1966 年。新中国成立后，经历了礼仪革新阶段（1949—1966 年），确立了同志式的合作互助关系和男女平等的新型社会关系。

礼仪退化阶段（1966—1976 年），“文化大革命”期间礼仪受到严重摧残，社会风气逆转。

礼仪复兴阶段（1977 年至今），十一届三中全会以来，随着改革开放和现代化进程的进一步加快，我国与世界的交往也日趋增多，西方的一些先进的礼仪也陆续传入我国，同我国传统礼仪一道构成了社会主义礼仪的基本框架。礼仪建设全面复兴，讲文明、懂礼貌蔚然成风，今后，随着社会的进步和国际交往的增多，我国当代礼仪在中华民族礼仪优良传统的基础上，同国际礼仪接轨，必将得到新的完善和发展。

三、商务礼仪的特征

（一）规范性

规范就是标准化的要求。没有规矩不成方圆，商务礼仪的规范性是一个舆论约束，实际上就是强调商务交往是商务人员待人接物的标准做法、标准化要求。当然，商务礼仪规范与其他的规范还是有所不同的，如果不遵守商务礼仪的规范，但不会受到制裁。这一点和法律规范不同，违法乱纪，必然会受到制裁，而商务礼仪是舆论约束，是自我约束，不是强制约束。但是如果不遵守商务礼仪，会让他人见笑。

总之，礼仪是约定俗成的一种自尊、敬人的惯用形式。因此，任何人要想在交际场合表现得合乎礼仪，彬彬有礼，都必须对礼仪无条件地加以遵守。另起炉灶、自搞一套或是只遵守个人适应的部分，而不遵守不适应自己的部分，都难以为交往对象所理解和接受。

（二）限定性

礼仪，主要适用于交际场合，适用于普通情况下的、一般的人际交往与应酬。在这个特定范围内，礼仪肯定行之有效。离开了这个特定的范围，礼仪则未必适用。这就是礼仪的限定性特点。理解了这一特点，就不会把礼仪当成放之四海而皆准的东西，也就不会在非交际场合拿礼仪去以不变应万变。

必须明确，当所处场合不同、所具有的身份不同时，所要应用的礼仪往往会因此而各有不同，有时甚至还会差异很大。对这一点是不容忽略的。一般而论，适合应用礼仪的主要是初次交往、因公交往、对外交往各种交际场合。

（三）技巧性

在商务活动中要讲究技巧性，这样才能事半功倍，更好地达到商务活动的目的。比如，在商务会议上，高管人员在台上的座位位置标准，应按照前排的人的职务高于后排、中央的人的职务高于两侧、左侧的人的职务高于右侧的原则来进行排位，这是官方活动和政务礼仪约定俗成的，不能随意更改。

而在辈分同等的亲戚、关系密切的朋友和同学间宴请时位次左右的确定，则是根据与当事人之间的相对位置，和当事人的喜好密切相关，随意性很大。但在涉外商务交往中则要严格按照国际惯例来进行，按照国际惯例，应遵循右高左低的原则。

（四）传承性

任何国家的礼仪都具有自己鲜明的民族特色，任何国家的当代礼仪都是在本国古代礼仪的基础上继承、发展起来的。离开了对本国、本民族既往礼仪成果的传承、扬弃，就不可能形成当代礼仪。这就是礼仪传承性的特定含义。

作为一种人类的文明积累，礼仪将人们在交际应酬中的习惯做法固定下来，流传下去，并逐渐形成自己的民族特色，这不是一种短暂的社会现象，也不会因为社会制度的更替而消失。对于既往的礼仪遗产，正确的态度不应当是食古不化，全盘沿用，而应当是有扬弃，有继承，更有发展。

（五）发展性

时代在发展，商务礼仪文化也在随着社会的进步而不断发展。20 世纪七八十年代，人们一般通过电报、信件等传递各种商务信息，而今，人们常用的则是电子邮件、网络、传真等现代信息手段进行商务信息的传递。在全球经济一体化的发展势头下，我国传统的商务礼仪必然要引入世界各国较先进的商务元素，与国际社会的商务礼仪接轨，发展形成一套既有中国传统特色，又符合国际惯例的商务礼仪规范。

第二节　商务礼仪的原则和作用

在商务场合中，如何才能有效地运用商务礼仪的规范，如何运用商务礼仪，发挥礼仪的沟通协调功能，建立良好的商务合作关系？应该遵循商务礼仪的七项原则。

一、商务礼仪的原则

（一）平等原则

在商务交往中，礼仪行为总是表现出双方性或多方性，你给对方施礼，对方也自然会还你礼。这种礼仪施行必须讲究平等原则。平等是人与人通过交往建立情感的基础，是保持良好人际关系的诀窍。遵循平等原则，应做到不要狂妄自大、我行我素、厚此薄彼，更不要目中无人、以貌取人，而应处处平等、谦虚待人。

（二）尊敬原则

尊敬是礼仪的情感基础。在我们的社会中，人与人是平等的，尊重长辈，关心客户，这不但不是自我卑下的行为，反而是一种至高无上的礼仪，说明一个人具有良好的个人素质。“敬人者人恒敬之，爱人者人恒爱之”，“礼”的良性循环就是借助这样的机制而得以生生不息。

礼貌待人也是一种自重，不应以伪善取悦于人，另外，尊敬人还要做到入乡随俗，尊重他人的喜好与禁忌。总之，对人尊敬和友善是处理人际关系的一项重要原则。

（三）适度原则

适度原则是指商务交往中应把握礼仪分寸，人际交往中要注意各种不同情况下的社交距离，也就是要善于把握住沟通时的感情尺度。在人际交往中，沟通和理解是建立良好的人际关系的重要条件，但如果不善于把握沟通时的感情尺度，即人际交往缺乏适度的距离，结果会适得其反。

例如，在一般交往中，既要彬彬有礼，又不能低三下四；既要热情大方，又不能轻浮阿谀；既要自尊自爱，又不能自大自负；既要老练沉稳，又不能圆滑世故。所谓适度，就是要注意感情适度、谈吐适度、举止适度。只有这样才能真正赢得对方的尊重，达到沟通的目的。

（四）真诚原则

在商务活动中，只有以诚待人，才易于为他人所接受。商务人员的礼仪主要是为了树立良好的个人和组织形象，所以，真诚是获得成功的重要保证。商务活动并非短期行为，从事商务活动讲究礼仪，要注重其长远利益，只有恪守真诚原则，着眼于将来，通过长期潜移默化的影响，才能获得最终利益。

也就是说商务人员与企业要爱惜其形象与声誉，就不应仅追求礼仪外在形式的完美，更应将其视为商务人员情感的真诚流露与表现。

（五）宽容原则

宽容，就是与人为善、心胸坦荡、豁达大度，能设身处地为他人着想，谅解他人的过失，不计较个人的得失，有很强的容纳意识和自控能力。中国传统文化历来把宽以待人视为一种为人处世的基本美德。从事商务活动，在人际纷争问题上应保持豁达大度的品格或态度。在商务活动中，出于各自的立场和利益，难免出现冲突和误解。只有遵循宽容原则，眼光看远一点，善解人意、体谅别人，才能正确对待和处理好各种关系与纷争，争取到更长远的利益。

（六）自信原则

自信原则是商务交往中的一个重要原则，商务人员不但要有从事商务活动的专业素质，而且一定要有良好的心理素质。一个自信的人，才能在交往中不慌不乱，不卑不亢，沉着应对，进而取得商务合作的成功。

（七）信用原则

信用原则即讲究信誉的原则，守信是中华民族的传统美德，信守约定也是国际商务交往活动中必须严格遵守的一项原则。要遵守信用，做到守时、守约、说话要算数、许诺要兑现，“言必信，行必果”。在商务活动中只有讲究诚信，才能赢得别人的尊敬。

二、 商务礼仪的作用

礼仪作为社会文明的重要标志，代表着人们的社会价值观和健康的生活方式，在社会生活中起着巨大的作用，已经成为社会交往以及国际间交往中必不可少的手段。在现代生活中，礼仪的重要作用主要体现在以下几个方面。

（一）礼仪是国家社会文明的标志

礼仪是国家富强、社会文明的标志，有助于推进社会主义精神文明的建设。古人曾指出：“礼义廉耻，国之四维”，将礼仪列为立国的精神要素之本。一个民族、一个国家的礼仪，往往反映着这个民族、这个国家的文明水平、整体素质。正如哲学家约翰洛克所言：“没有良好的礼仪，其余的一切成就都会被看成骄傲、自负、无用和愚蠢。”

当前，我国正大力推进社会主义精神文明建设，其中一项重要的内容就是要求全体社会成员要“五讲四美”，即讲文明、讲礼貌、讲卫生、讲秩序、讲道德，环境美、语言美、行为美、环境美。这些内容与礼仪完全吻合。因此，可以说礼仪是形成相互尊重的人文氛围、推动精神文明建设的有效保证。

（二）礼仪有利于提高自身修养

礼仪有利于塑造个人形象、提高人们的自身修养。商务礼仪与个人形象塑造密切相关，以商务礼仪规范自己的言行、仪表是展示良好形象的一条有效途径。

在商务交往中，不仅反映了一个人的交际技巧与应变能力，而且反映了一个人的气质风度、阅历见识和精神风貌。个人代表整体，个人形象代表企业形象，所以，正确规范地运用商务礼仪能够帮助我们树立良好的个人形象，提高自身修养，建立良好的商务关系，塑造良好的企业形象，从而为企业带来良好的个人形象。由此可见，学习并运用礼仪，有助于塑造个人形象、提高自身修养，真正提高个人的文明程度。

（三）礼仪有助于改善人际关系

礼仪是人与人之间的润滑剂，有助于促进人们交往，改善人际关系。古人认为："世事洞明皆学问，人情练达即文章。"这句话讲的就是交际的重要性。现代礼仪的基础是平等待人，礼仪本身表现了对他人的尊敬。

在商务交往中，由于人们立场、观点的不同，对同一问题会产生不同的理解和看法，恰当地运用礼仪可以消除差异，增进理解，达到情感的沟通。运用礼仪可以更好地向交往对象表达自己的尊重与友好，增进彼此了解与信任，进而建立和谐完美的人际关系。

复习思考题

1. 简述商务礼仪的原则。
2. 简述商务礼仪的作用。
3. 以自己的亲身经历谈谈礼仪在生活中的作用。

实践课堂

案例 1

《林肯传》中有这样一件事：一天，林肯总统与一位南方的绅士乘坐马车外出，途遇一老年黑人深深地向他鞠躬。林肯点头微笑并以摘帽还礼。同行的绅士问道："为什么你要向黑鬼摘帽？"林肯说："因为我不愿意在礼貌上不如任何人。"1982 年美国举行民意测验，要求人们在美国历届的 40 位总统中挑选一位"最佳总统"时，名列前茅的就是林肯。

思考题：请结合本章的知识点，分析林肯向老年黑人脱帽致礼说明了什么？

案例 2

乔·吉拉德是世界上最伟大的推销员。一天，一位中年妇女从对面的福特汽车销售部走进了吉拉德的汽车展销室。她很想买一辆白色的福特车。"夫人，欢迎您来看我的车。"吉拉德微笑着说。妇女兴奋地告诉他："今天是我 55 岁的生日，想买一辆白色的福特车作为送给自己的生日礼物。"

"夫人，祝您生日快乐！"吉拉德热情地祝贺道。随后，他轻声地向身边的助手交代了几句。吉拉德领着夫人边看边介绍，一会儿，助手走了进来，把一束玫瑰花交给了吉拉德。吉拉德把这束漂亮的玫瑰花送给夫人，再次对她的生日表示祝贺。那位夫人感动得热泪盈眶，当即在吉拉德这里买了一辆白色的雪佛兰轿车。

思考题：结合案例，说说乔·吉拉德成功地运用了哪些商务礼仪？商务礼仪对于他的汽车销售有何作用？

案例 3

一位美国经理被派往法国的高露洁分公司当经理，这位经理看到法国的同事就直呼其名，甚至拍他们的肩膀，也不愿花力气学法语，所以，在开会时翻译和速记员就成了他的左膀右臂。两年以后，公司的经营状况十分惨淡，于是总公司让一位法国人取代了他的位置。这位经理被免职的原因是，在美国同事见面后可以直呼其名，拍打对方的肩膀，但在法国只有非常熟悉的和关系非常好的人才直呼其名和拍打对方的肩膀。而且法国人也有坚持用法语的礼仪要求，而这位经理到了法国仍然坚持用英语沟通，这是伤害法国人的民族感情的，是对他们极不礼貌的行为。

思考题：请结合案例讨论商务礼仪的作用。

实训练习

1. 课堂中可让学生开展多种形式的模拟情景训练，设置各行业的各种场合，并分组点评、教师总结。

2. 以自己亲身经历谈谈礼仪在生活中的作用。

(1) 请学生到各行业去实地观察其工作人员的言行举止，反馈信息并相互进行交流，对照各行业的礼仪标准，加深对各行业礼仪规范要求的了解。

(2) 通过观看各行业人员的工作录像，重点学习各行业的礼貌文明用语，并反复学习和练习，以锻炼语言表达力和规范性。

(3) 开展形式多样的模拟情景训练，可通过多人组合自创情景模拟训练、即兴式情景模拟训练，或根据教师指定题目进行模拟训练。设置各行业的各种场合，如银行柜台、宾馆前台、商场柜台等，从表情、服饰、姿态、礼貌用语、热情接待服务等多面考察和训练，并分组互相点评、教师点评，纠正其不足之处并演示正确做法，以区别错误和不规范的做法，进一步感受行业气氛，熟悉其礼仪规范。

(4) 组织开展行业礼仪比赛，以调动学生的积极性和发挥他们的创造性，并在竞争和娱乐中更加熟练地掌握各行业的礼仪要求，以向更多的同学展示自己的风采，宣传其行业礼仪的重要性。

拓展阅读 1

顾客永远是对的

一天早晨9点时，上海某饭店大堂黄副经理接到806房间的客人的投诉电话："你们饭店怎么搞的，我要求叫醒服务，可是到了时间你们却不叫醒我，误了我乘飞机"，不等黄副经理回答，对方就"啪嗒"一声挂了电话，听得出，客人非常气愤。

黄副经理意识到这个投诉电话隐含着某种较为严重的势态，于是查询当日806房的叫醒电话记录，记录上确有早晨6点半叫醒服务要求，根据叫醒仪器记录和总机接机员回忆，6点半时确实为806房客人提供过叫醒服务，当时客人曾应答过。黄副经理弄清楚情况后，断定责任不在酒店，但他仍主动与806房的客人联系。

"孔先生，您好！我是大堂副经理，首先对您误了乘飞机而造成的麻烦表示理解。"黄副经理接着把了解的情况向客人作了解释。但客人仍怒气冲冲地说："你们酒店总是有责的，为什么不反复叫上几次呢？你们应当赔偿我的损失！"客人的口气很强硬。"孔先生，请先息怒，现在我们暂时不追究是谁的责任，当务之急是想办法把你送到要去的地方，请告诉我，您去哪儿，最迟必须什么时候到达”。

黄副经理的真诚，使客人冷静下来，告诉他明天早晨要参加西安的一个商贸洽谈会，所以今天一定要赶到西安。黄副经理得知情况后，马上请饭店代售机票处更改下午去西安的机票，而代售处下午去西安的机票已售完。黄副经理又打电话托他在机场工作的朋友，请务必想办法更改一张下午去西安的机票，后来又派专车去机场更改机票。

孔先生接到更改的机票后，才坦诚自己今晨确实是接过叫醒电话，但应答后又睡着了，责任在自己，对黄副经理表示歉意。

案例分析：

叫醒服务是饭店为方便客人乘飞机、火车或小睡后赴约、洽谈，应客人要求而提供的一项服务，要求客人填写叫醒记录单，话务员在受理此项服务时，应相当认真负责，慎重准时。

本案例的责任显然不在饭店，而客人又将责任推给饭店，大堂黄副经理在接受投诉时并未与客人争论是非，而是站在客人立场上，设法帮助客人解决首要问题。

饭店有一个原则：“客人永远是对的”。

第一，本案例中黄副经理严格遵循这一原则，有理也要让客人，同时也表现了黄副经理的服务意识强，例如：

① 当务之急是想办法把客人送到目的地。

② 打电话帮助更改机票。

第二，当客人无理要求赔偿时，黄副经理没有与客人论理是否该赔偿(这个要求是不合理的)，只是很真诚地请客人告诉他所要去的地方，以解决最需要解决的问题。体现出黄副经理处理投诉时的冷静、理智及大度大气。

第三，黄副经理处理投诉的效率高，如接到投诉电话后，马上调查了解，得知真实情况后，又主动与客人联系，处理问题果断、利索、灵活，整个过程思路清晰，环环相扣，最后问题得到解决，客人很满意，也为黄副经理的真诚而打动，因而主动承认了自己的过错。

案例小结：

本案例在处理客人的投诉中，黄副经理面对脾气大、将责任转嫁给饭店的孔先生，不予争辩，并采取相应补救措施来挽回客人的损失，在维护饭店利益的同时又没有损害客人的利益，体现了黄副经理处理投诉的冷静、理智与技巧，具有很强的职业道德。

拓展阅读 2

避免使客人难堪

这天上午 10 点多，药店里的顾客多了起来，店员小方给一位中年妇女拿了两盒感冒药后，转身又给另一个顾客介绍药品。等她回过头来时，发现前一个顾客已经快走到药店门口了，小方猛然想起还没收钱呢，“你还没给钱呢？”话到嘴边小方又咽下了，她觉得那样说有些不妥，顾客不一定是有意的，可如果自己的话一出口肯定会让双方都很尴尬。

于是她马上改口，甜甜地说：“大姐，对不起，你的药我还没有给你包装呢，这样让你拿着既不卫生也不方便，我给你用塑料袋包一下吧。”那位顾客闻声又走了回来，小方一边把药往塑料袋里放，一边说："这种药是 11 元，一天一次，一次 1 片；这种是 13 元，一天两次，一次 2 片，一共是 24 元，大姐您记好。"小方好像是告诉顾客用药方法，很随意地一说，那位顾客听了连忙说："呀，你看我光忙着走了，也忘了给你钱，不好意思，对不起啊！"边说边往外掏钱。"我也常常爱忘事，前天去市场买菜，拿了菜就走了，后来才想起忘了给钱。"小方一边找钱一边说着自己的趣事，两个人都笑了起来。

后来，那位顾客常来药店买药，混熟了，大姐告诉小方，其实她家门口就有一家药店，但她宁愿绕远路也要来这儿买药，因为小方善解人意，她一直记得第一次在这儿买药时忘记付钱的事。那次因为儿子生病自己心里着急，所以买了药却忘了付钱，可小方没有把她当贼一样防，更没有说让她难堪的话，反而说起自己也爱忘事的趣事，消除了彼此的尴尬，所以，她宁愿多跑路也要来小方的药店买药。

这件小事让小方深深体会到顾客偶尔也会有疏忽的时候，店员不要得理不饶人，尽量不要让顾客下不来台，说得高调一点就是店员要具备人文精神。反过来也体现了店员的服务水平，能给顾客留下好的印象。

案例分析：

小方一个"迂回术"很自然地把顾客请了回来，又借机给顾客介绍用药方法，很自然地把谈话引到药品价格上来，轻轻一点，顾客马上意识到自己的疏忽。在整个事件过程中，没有一句责怪、发难的话，也没有正面涉及"没付钱"的字眼，启发得自然，引导得巧妙。试想，如果小方冲着快到门口的顾客大喊一声："嗨，你还没付钱呢！"其结果会怎么样呢？

这位顾客故意赖账的可能性很小，然而在大庭广众之下，顾客肯定处于难堪的境地，即便她当时对小方的做法没有异议，但想必以后再登门的可能性也很小了。而小方的处理就让人感觉舒服多了，与顾客不仅未起冲突，反而赢得了顾客的好感，让更多的顾客欣赏到了一种服务的艺术。

第二章

商务形象礼仪

【学习目标】

1. 了解商务形象和服饰的重要性，知晓商务人员形象的基本原则。

2. 理解商务人员对仪容仪表的基本要求。

【技能要求】

掌握商务人员职业装的基本礼仪和配色要求，并在实际中学会应用，提高个人的职业素质。

引导案例

某公司秘书小陈一向喜欢名牌服装。有一次，领导让他陪同去见一位重要的新客户。那天，他专门穿上精心挑选的名牌西服。结果见面时，小陈被新客户误认为是领导，与其寒暄了几句，这使得一旁的领导十分尴尬与恼火。

案例分析：

小陈在上述案例中所犯的错误是其穿着与客户和在场领导不协调，衣着过于“突出”，颠倒了“主从关系”，不符合秘书身份。

小陈的着装应遵循展示个性、简洁大方、整体和谐的要求。

第一节　职业形象

一个人尤其是职场人士的形象将可能左右其职业生涯发展前景，甚至会直接影响到一个人的成败。据著名形象设计公司英国 CMB 对 300 名金融公司决策人的调查显示，成功的形象塑造是获得高职位的关键，形象的包装已不再是明星的专利，普通职场人士对自己的形象也越来越重视，因为好的形象可以增加一个人的自信，对个人的求职、工作、晋升和社交都起着至关重要的作用。

一、职业形象的重要性

（一）职业形象的含义

1. 形象

形象并不是一个简单的穿衣、外表、长相、发型、化妆的组合概念，而是一个综合的全面素质，一个外表与内在结合，在流动中留下的印象。

个人形象在构成上包括六个方面，也称个人形象六要素，包括：仪容、表情、举止、服饰、谈吐、待人接物。

2. 职业形象

职业形象是一个人在职业生涯中给人的长期印象的总和，即人们对他的视知觉和心理感受的程度。

（二）职业形象的重要性

1. 提升个人竞争力

良好的职业形象可以增加竞争实力，人与人见面产生的好恶取决于见面的头几秒钟。看到人的第一秒钟就会对他产生认同或不认同的印象。在眼球经济时代，人和外界沟通通过我们的五种感官，其中视觉占 80% 的比例，人在这样的时候完全应该把握自己，所以，竞争实力在一个良好的职业性形象的前提下，能够提升竞争实力是不言而喻的。

2. 决定职场命运

一项调查显示，形象直接影响到收入水平，那些更有形象魅力的人收入通常比一般同事高 14%。职场中一个人的工作能力是关键，但同时也需要注重自身形象的设计，特别是在求职、工作、会议、商务谈判等重要活动场合，形象好坏将决定成败。

3. 沟通的工具

俗话说"人靠衣服马靠鞍"，商业心理学的研究告诉我们，人与人之间的沟通所产生的影响力和信任度来自语言、语调和形象三个方面。它们的重要性所占比例是：语言占 7%；语调占 38%；视觉（即形象）占 55%，由此可见形象的重要性。服装作为形象塑造中的第一外表，而成为众人关注的焦点。你的形象就是你自己的未来，在当今激烈竞争的社会中，一个人的形象远比人们想象得更为重要。

一个人的形象应该为自己增辉，当你的形象成为有效的沟通工具时，那么塑造和维护个人形象就成了一种投资，长期持续下去会带来丰厚的回报，让美的价值积累，让个人消费增值。

4. 影响组织的发展

每个企业个体都是企业形象的代表，员工的职场形象与职场礼仪直接影响到企业的形象。他们处于组织业务活动和日常工作的第一线，是直接的产品创造者和服务提供者。他们是组织形象的基础，良好的组织形象正是通过他们长期扎扎实实的工作才得以实现。

潘石屹是 SOHO 中国有限公司董事长兼联席总裁，他总是穿着黑衣服，戴着黑框眼镜，而且是多家跨国公司的形象代言人。他说这种着装并不是什么特意的形象设计，只是觉得别的颜色驾驭不住，怕穿了不合适。而黑色很简单，在正式、非正式的场合都适合，尤其是一天当中参加很多活动时，黑色可以以不变应万变。着装没必要讲究名牌，保持形象的连贯性也很重要。千万不要今天这样，明天那样，否则会把自己的形象破坏掉。讲究个人形象的连贯性，会给人一种稳定、诚信的感觉。

二、职业形象的内容

（一）仪表和仪容

在个人形象中最直观和重要的就是个人的仪表和仪容。有一种现象叫“晕轮效应”，即你给别人的第一印象能直接影响对方对你的整体感受。在我们的个人形象中，前三秒的印象非常重要，主要印象的来源就是个人的仪容仪表。

1. 仪表

仪表是指人的外表，包括人的容貌、服饰、姿态和个人卫生等方面，它是一个人精神面貌的外在表现。仪表在人际交往的最初阶段，是最能引起对方注意的，人们常说的“第一印象”大多来自一个人的仪表。仪表端庄、穿戴整齐就显得有教养，也更懂得尊重别人。

行为学家迈克尔·阿盖尔曾做过这样的实验，一次他穿着西装以绅士模样出现在街上，与他相遇的陌生人，大多彬彬有礼，这些人看上去属上流社会，颇有教养。另一次，迈克尔装扮成无业游民，接近他的人以流浪汉居多，或是来借火或是来借钱的。实践表明，仪表虽是人的外表，却是一种无声的语言，在人们初次交往时能给人以鲜明的印象。

注重仪表是讲究礼节、礼貌的表现，是对他人的一种尊重，同时又是一个人自尊自爱的表现。如果一个人衣冠不整、不修边幅，会被认为是作风拖沓、生活懒散、社会责任感不强，因而，难以赢得人们的信任。

2. 仪容

仪容一般指人的面部和头部，对仪容的修饰即对人的面部与头部的修饰，通过修饰以展现或淡雅清秀或健康自然的富有个性的容颜。

（1）发式

头发处在人的仪表最显著的部位，头发整洁、发型大方会给人留下神清气爽的印象，而头发脏乱、发型不整会给人以萎靡不振的感觉。因此，除了保持头发整洁以外，发型的选择十分重要。一个好的发型，能弥补头型、脸型的某些缺陷，使人显得神采奕奕，体现出内在的艺术修养和良好的精神状态。

发式本身无所谓美丑，只要选择与自己的脸型、肤色、体型相匹配，与自己的气质、职业、身份、年龄相吻合就可以扬长避短，显现出真正的美。

（2）面容

面容是人的仪表之首，也是最为动人之处。

① 男士面容的基本要求。男士应养成每天修面剃须的良好习惯，切忌胡子拉碴就去参加各种社交活动，尤其是外事活动，因为这是对他人不敬的行为。

② 女士面容的基本要求。女士面容的美化主要是化妆。美容化妆是生活中的一门艺术，恰到好处的容妆，可以充分展示女性容貌上的优点。不同行业、不同层面的人，有不同的化妆风格，但从礼仪角度讲，社交妆宜淡不宜浓，宜雅不宜俗。

不论是公关活动、洽谈商务、出差公干，还是赴约聚会，化妆均应以“雅”为格。用优雅的淡妆与得体的着装，烘托出高雅的气质。切忌蓬头垢面或“加厚面部包装”，那样有失自尊，也有失礼仪。

3. 化妆礼仪及应注意的问题

(1) 化妆的浓淡要考虑时间与场合

根据参加活动时间、场合的不同，化妆也应有相应的变化。白天，在自然光下一般女士略施粉黛即可，职业女性的工作妆以淡雅、清新、自然为宜。夜晚，一般是娱乐活动时间，夜色朦胧，无论浓妆淡妆都能为众人所接受。

在正式场合，女士不化妆会被认为是不礼貌的。

(2) 不在公共场所当众化妆

我们经常会遇见一些女士对自己的形象过分在意，不论是工作、学习、上街、社交或是赴宴，一有空闲，就会拿出化妆盒对镜修饰，旁若无人。

在公共场所，众目睽睽之下修饰面容，是对他人的妨碍，也是对自己的不尊重，是没有教养的行为；特别不能当着男士的面化妆，以免引起误会，即便是男友或丈夫也不例外，应保持一定的距离。如果必须化妆或补妆，一定要到无人处或洗手间去完成。

(3) 不要非议他人的化妆

由于民族、文化传统的不同，个人审美情趣的不同，以及肤色上的差异，每个人的化妆会有不同，所以，切不可对他人的化妆评头论足。

(4) 不要借用他人的化妆品

借用别人的化妆品，不仅不卫生，而且也不礼貌。

(5) 正确美容

化妆美容，虽然能弥补个人容貌的一些缺陷，暂时增添几分妩媚，但这是消极美容。要想使容颜不衰，永葆花容月貌，并非浓妆艳抹。唯一正确的方法是采取体内调和、正本清源的积极美容法：即适当参加户外体育锻炼，促进表皮细胞的繁殖；保持良好的心态与充足的睡眠，这样有助于面部皮肤的新陈代谢；注意合理饮食，从内部给予皮肤营养；坚持科学的面部护理，促进血液循环，以使面容红润。积极美容能使自己长久地保持青春的光彩，充满朝气与活力。

（二）服饰

服饰是个人形体的外延，包括衣、裤、裙、帽、鞋、袜、手套及各类饰物。它们除了能起遮体御寒的作用，更重要的是起美化人体的作用。服饰是一种文化，它可以反映一个民族的文化素养、精神面貌和物质文明发展程度。服饰又是一种无声的语言，它显示着一个人的社会地位、思想修养、个性特征、心理状态、审美情趣等多种信息，也能表现出一个人对自己、对他人以至对生活的态度。

得体和谐的服饰有一种无形的魅力，它可以为一个人平添光彩。当服饰与穿戴者的气质、个性、身份、年龄、职业以及穿戴的环境、时间协调一致时，就能真正达到美的境界。古希腊“和谐就是美”的美学观点在服饰美中得到了最充分的体现。

案例

元世祖忽必烈一次召见应聘官员，应聘者中有一位学士叫胡石塘。此人生性粗心，不拘小节，歪戴着帽子也没有发现，就进去面见忽必烈。忽必烈看见他，问道：“你有什么本事啊？说来我听听。”胡学士回答说：“我有治国平天下的学识。”忽必烈听了哈哈大笑“你连自己头上的帽子都戴不平，还能平天下吗？”

胡学士因为歪戴帽子，不拘小节而葬送了前程，难道不足以说明服饰的重要吗？

案例分析：

服饰是一种无声的语言，不仅关系到个人形象，而且体现一个人的素养。

（三）举止

举止是指人的动作和表情。日常生活中人的一抬手一投足，一颦一笑，都可概括为举止。包括：站姿、坐姿、走姿、蹲姿、递物、握手和行礼等。

举止是一种不说话的“语言”，能在很大程度上反映一个人的素质、受教育的程度及能够被别人信任的程度。在社会交往中，一个人的行为既体现他的道德修养、文化水平，又能表现出他与别人交往是否有诚意，更关系到一个人形象的塑造，甚至会影响国家民族的形象。冰冷生硬、懒散懈怠、矫揉造作的行为，无疑有损良好的形象。相反，从容潇洒的动作，给人以清新明快的感觉；端庄含蓄的行为，给人以深沉稳健的印象；坦率的微笑，则使人赏心悦目。因此，我们在交往中应该使自己成为举止优美的人。

（四）表情

表情是人体语言中最为丰富的部分，是内心情绪的反映。人们通过喜、怒、哀、乐等表情来表达内心的感情。在人际沟通方面，表情起着重要的作用，现代心理学家总结出一个公式：感情的表达 = 7% 言语 + 38% 语音 + 55% 表情，优雅的表情，可以给人留下深刻的第一印象。表情是优雅风度的重要组成部分，构成表情的主要因素：一是目光；二是笑容。

1. 目光

目光是面部表情的核心。在人际交往时，目光是一种真实的、含蓄的语言。“眼睛是心灵之窗”，从一个人的目光中，可以看到他的整个内心世界。一个良好的交际形象，目光应是坦然、亲切、友善、有神的。在与人交谈时，目光应当注视着对方，才能表现出诚恳与尊重。

与人交往时，冷漠的、呆滞的、疲倦的、轻视的、左顾右盼的眼光都是不礼貌的。切不可盯人太久或反复上下打量，更不可以对人挤眉弄眼或用白眼、斜眼看人。

2. 笑容

笑有微笑、大笑、冷笑、嘲笑等多种，不同的笑表达了不同的感情。微笑是指不露牙齿，嘴角的两端略微提起的表情。发自内心的微笑是最美好的，人们的交往应是从微笑开始的。微笑是对人的尊重、理解和友善。与人交往时面带微笑，可以使人感到亲切、热情和尊重，使自己富于魅力，同时也就容易得到别人的理解、尊重和友谊。微笑的力量是相当巨大的，有人把微笑比作全世界通用的“货币”，因为它易被世界上所有的人类所接受。

（五）谈吐

语言是人类的交际工具和思维工具，是人们沟通信息、交流思想、联络感情、建立友谊的桥梁。语言是我们所知道的最庞大、最广博的艺术。在日常生活中，表达同样一个意思，在语言上却有美丑之分、文野之别。

谈吐礼仪的目的是通过传递尊重、友善、平等的信息，给人以美的感受。语言礼仪与一般语言的不同在于它不能使用侵犯他人的攻击性语言，而是通过文明、礼貌的语言建立起情感沟通的纽带。在使用轻松、诙谐、明快、幽默、委婉、庄严、赞美的语言所营造的自然、愉快、兴奋、亲切、可敬和舒畅的氛围中培植和增进友谊。

第二节　商务人员形象的原则

要想塑造一个真正美的自我，首先就要掌握服饰打扮的礼仪规范，用和谐、得体的穿着来展示自己的才华和美学修养，以获得更高的社交地位。由于每个人的喜好不同，打扮方式不同，产生的效果也不同，因此，也成就了五彩斑斓的服饰世界，但根据人们的审美观及审美心理还是有一些基本的原则可循的。

一、正式整洁原则

商务人员上班时的穿着要非常正式，有的公司对员工着装有着非常正规的要求。正式的着装主要是制服或西服。

整洁原则是指整齐干净的原则，这是服饰打扮的一个最基本的原则。一个穿着整洁的人总能给人以积极向上的感觉，并且也表示出对交往对方的尊重和对社交活动的重视。

整洁原则并不意味着时髦和高档，只要保持服饰的干净合体、全身整齐有致即可。美国的许多公司要求员工的衬衣和领带是每天都要换的。如果哪位员工连续两天穿同一件衬衫，打同一条领带，上司一定会对他怒目而视。在谈判、会议中更应该穿着非常正式。

二、个性原则

个性原则是指社交场合树立个人形象的要求。不同的人由于年龄、性格、职业、文化素养等各方面的不同，自然就会形成各自不同的气质，因此，我们在选择服装进行服饰搭配时，不仅要符合个人的气质，还要突显自己美好气质的一面，为此，必须深入了解自我，正确认识自我，选择适合自己的服饰，这样，才可以通过服饰尽显自己的风采。

要使打扮富有个性，还要注意：首先，不要盲目追赶时髦，因为最时髦的东西往往是最没有生命力的。其次，要穿出自己的个性，不要盲目模仿别人。如看人家穿水桶裤好看，就马上跟风，而不考虑自己的综合因素。

案例

一位明星曾因在与可口可乐签约广告的仪式上误穿了一条用英文写满脏话的裤子，引起媒体的指责。这位明星有着青春、清纯的外貌，健康、健美的体魄和很高的知名度，并且在年轻人中有良好的人缘，可口可乐公司选择她做广告代言人，也是看中了这一点，但是这件事却使她的形象大打折扣，也使请她做广告代言人的可口可乐公司跟着倒霉，使“可口可乐”品牌形象受到很坏的影响。

案例分析：

“可口可乐”花钱本来是要宣传自己的良好品牌形象，一不留神却被“脏裤”抢了“戏”。所以，服饰对商务人员和公司的形象是非常重要的，个性的原则也要建立在职业化的基础上。

三、TPO 原则

TPO 是英文 Time、Place、Object 三个词首字母的缩写。T 代表时间、季节、时令、时代；P 代表地点、场合、职位；O 代表目的、对象。着装的 TPO 原则是世界通行的着装打扮的最基本的原则。它要求人们的服饰应力求和谐，以和谐为美。着装要与时间、季节相吻合，符合时令；要与所处场合环境，与不同国家、区域、民族的不同习俗相吻合；符合着装人的身份；要根据不同的交往目的、交往对象选择服饰，给人留下良好的印象。

根据 TPO 原则，着装时应注意以下几个问题。

（一）着装应与自身条件相适应

选择服装首先应该与自己的年龄、身份、体形、肤色、性格和谐统一。年长者、身份地位高者，选择服装款式不宜太新潮，款式简单而面料质地则应考究些才与身份、年龄相吻合。青少年着装则着重体现青春气息，朴素、整洁为宜，清新、活泼最好，“青春自有三分俏”，若以过分的服饰破坏了青春朝气实在得不偿失。

形体条件对服装款式的选择也有很大影响。身材矮胖、颈粗圆脸形者，宜穿深色低“V”字形领、大“U”形领套装，浅色高领服装则不适合。而身材瘦长、颈细长、长脸形者，宜穿浅色、高领或圆形领服装。方脸形者则宜穿小圆领或双翻领服装。身材匀称，形体条件好，肤色也好的人，着装范围则较广，可谓“浓妆淡抹总相宜”。

（二）着装应与职业、场合、交往目的对象相协调

着装要与职业、场合相宜，这是不可忽视的原则。工作时间着装应遵循端庄、整洁、稳重、美观、和谐的原则，能给人以愉悦感和庄重感。从一个单位职业的着装和精神面貌，便能体现这个单位的工作作风和发展前景。

现在越来越多的组织、企业、机关、学校开始重视统一着装，是很有积极意义的举措，这不仅给了着装者一分自豪，同时又多了一分自觉和约束，成为一个组织、一个单位的标志和象征。

小贴士　　公司统一制服的四大基本作用

1. 树立企业形象

企业如人一样，有一个形象问题，这些形象可能是高楼大厦，也可能是铺天盖地的广告，但最能生动和随时随地体现企业形象的，首先是员工的形象，可以想象，一群素质低下、穿着打扮邋遢的人即便住在豪华的高楼大厦里，也会与硬件环境格格不入，这就是为什么一些高档宾馆要写上“衣冠不整，谢绝入内”的原因。可见，企业形象，首先是人的形象。

2. 提高企业凝聚力

当企业的员工为自己的企业而骄傲，感到企业在关心自己的利益的时候，自然而然就会加强对企业的向心力。好的职业装能够从一个侧面增强企业自豪感和体现企业对员工利益的关心。

3. 创造独特的企业文化

职业装在企业形象识别系统(CIS)中虽然属于视觉识别(VI)的范畴，但是服装是穿在人身上，也能反映员工的精神风貌，体现出一种企业的文化内涵，这是其一；其二，设计独特的职业装，同时还能体现企业的价值观，比如，深色调和保守的职业装能够体现企业的稳健作风，而颜色和款式设计大胆的职业装则能体现企业的创新精神，等等。

从企业员工的着装、言行举止，就能够看到一家企业的影子，能够反映企业文化。

4. 规范员工行为

穿上职业装，就能使员工马上意识到自己已经进入工作状态，如果企业能够恰如其分地将职业装与员工的行为联系起来，穿职业装的过程就相当于一次“岗前会”。

着装应与场合、环境相适应。正式社交场合，着装宜庄重大方，不宜过于浮华。参加晚会或喜庆场合，服饰可明亮、艳丽些。节假日休闲时间着装应随意、轻便些，西装革履则显得拘谨而不适宜。家庭生活中，着休闲装、便装更益于与家人之间沟通感情，营造轻松、愉悦、温馨的氛围。但不能穿睡衣拖鞋到大街上去购物或散步，那是不雅和失礼的。着装应与交往对象、目的相适应。与外宾、少数民族相处，更要特别尊重他们的习俗禁忌。

总之，着装的最基本原则是体现“和谐美”，上下装呼应和谐，饰物与服装色彩相配和谐，与身份、年龄、职业、肤色、体形和谐，与时令、季节环境和谐等。

四、协调原则

选择服装时不仅要与自身体形相协调，还要与年龄、肤色相配。服饰本是一种艺术，能掩盖体形的某些不足。我们借助于服饰，能创造出一种美妙身材的错觉。不论是高矮胖瘦，年轻的还是年长的，只要根据自己的特点，用心去选择适合自己的服饰，总能创造出服饰的神韵。

（一）服饰穿戴要与环境相协调

人置身于不同的环境、不同的场合时，就应该有不同的服饰穿戴，要注意所穿戴的服饰与周围环境的和谐。比如，身居家中，可以穿随意、舒适的休闲服。办公上班，则需身着端庄典雅的职业装。出席婚礼，服饰的色彩可鲜亮些，而参加吊唁活动，则以凝重为宜。不同场合服饰要求如表 2-1 所示。

表 2-1 不同场合服饰要求

场合	具体地点	着装要求	举例
公务场合	写字间、谈判大厅、外出公务	注重保守	套装、套裙
社交场合	工作之余和同事、朋友、商务伙伴交往应酬的场合	时尚个性	礼服、时装
休闲场合	在公共场合与不认识的人共处的场合	舒适自然	运动装、牛仔裤、非正式的便装

（二）服饰穿戴要与社会角色相协调

在社会生活中，每个人都扮演着不同的角色。不同的社会角色必须有不同的社会行为规范，在服饰的穿戴方面自然也有规范。例如，一位女性，在家时可以自由穿戴；上街购物，作为顾客，不作精心修饰也无可厚非，然而作为“上班族”的一员出现在工作场所，面对她的同事与上司时，就不能无所顾忌，随心所欲了。

总之，无论你出现在哪里，无论你干什么，必须先弄明白自己扮演的角色是什么，然后再考虑挑选一套适合这个角色的服饰来妆扮自己，这会使自己增强自信，更会使旁人对自己多几分好感。

（三）服饰穿戴要与自身条件相协调

人们追求服饰美，就是要借服饰之美来妆扮自身，即利用服饰的质地、色彩、图案、造型和工艺等因素的变化引起他人的各种错觉，从而美化自己。在了解服饰诸因素的同时，必须充分了解自身的特点，只有这样，才能达到扬己之美、避己之丑的目的。

例如，身材矮小者适宜穿着造型简洁、色彩明快、小花形图案的服饰。肤色偏黄者，最好不要选与肤色相近的或较深暗的服色，如棕色、土黄、深灰、蓝紫色等，它们容易使人显得缺乏生机。“V”形夹克衫适合双肩过窄的男性，而“H”形套裙对腰粗腹大的女性来说是再合适不过了。

（四）服饰穿戴要与时节相协调

注重环境、场合、社会角色和自身条件而不顾时节变化的服饰穿戴，自然也是不可取的。例如，寒风凛凛中身穿一条超短“迷你”裙的做法就不可取。比较理想的穿戴，不仅要考虑到服饰的保暖性和透气性，而且在其色彩的选择上也应注意与季节相适宜。春秋季节宜选用中浅色调的服饰，如驼色、棕色、浅灰色等；冬季服饰色调以偏深色为宜，如咖啡、藏青、深褐色等；夏装可选丝棉丝物，色调以淡雅为宜。

以上是服饰穿戴最基本的原则。除此之外，还应特别注意保持服饰的清洁与整齐。

小贴士 **不掩饰自己的缺陷**

外形有少许缺陷，适当的掩饰是可行的，但过分的掩饰反而适得其反。身材矮小的男士，如果穿上超出常规的高跟鞋，会让人觉得比身体矮小还滑稽。皮肤较黑的女士，如果涂上一层厚厚的白粉，容易让人产生粗俗不堪的印象。忘掉自己的缺陷，看到自己的长处，培养多方面的兴趣和爱好，把精力集中在更有意义的活动中，才是最好的办法。

五、得体原则

（一）服装的选择要得体

女士职业服装一般以西装、套裙为宜，男士以西装为宜，这是最通用、最稳妥的着装，不论年龄，一套剪裁合体的西装、套裙和一件配色的衬衣或罩衫，都会使人看起来显得优雅而自信，给人留下良好的印象。

女士切忌穿太紧、太透和太露的衣服。袒胸露背一般是西方女士参加社交活动的传统着装，但在我国却不一定适合；不要穿超短裙（裤），不要穿领口过低的衣服；夏天，内衣（裤）颜色应与外套协调一致，避免透出颜色和轮廓，否则，会让人感到不庄重、不雅致，也给人轻佻之感，这是商务着装之大忌。大量的实践表明，不论是在何种商务场合，得当的穿着会被视为有修养的人，会比穿着不得当的人更容易被接受。

男士西装一般以深蓝色为主，女性服装的颜色可有多种选择，穿黑色套装虽然十分稳重，但是现在社会已能接受一些较鲜艳的颜色。

小贴士

公关、秘书职位的女性穿黄色服装就容易被人接受，因为黄色通常表现出丰富的幻想力和追求自我满足的心理。红色能显示人的个性好动而外向，主观意识较为强烈而且有较强的表现欲望，这种颜色感染力强，容易打动人，令人振奋，让人印象深刻。不过，女性应该避开粉红色，这种颜色往往给人以轻浮、圆滑、虚荣的印象。

（二）鞋袜要恰当

面试时穿皮鞋较为合适。男士以黑色皮鞋为宜，系带皮鞋更为庄重，切忌以白色袜子搭配黑色皮鞋。

女士皮鞋在颜色和款式上与服装相配，使整体协调。面试时，不要穿长而尖的高跟鞋，中跟鞋是最佳选择，既结实又能体现职业女性的尊严。设计新颖的靴子也会显得自信而得体。但穿靴子时，应该注意裙子的下摆要长于靴端。

袜子不能有脱丝。时装设计师们都认为，肉色作为商界着装是最适合的。为保险起见，应在包里放一双备用，以免脱丝能及时更换。切忌在面试时露着光腿。

（三）饰物要少而精

1. 公文包或手提小包

男士可携带公文包，女士可以使用手提小包或公文包。在多数面试场合，携带公文包比手提小包体现出更多的权威。可以把手提包的基本内容放进一个无带小提包中，然后把它装进公文包内，但不要把包塞得满满的。如果个子较矮小，包则不宜过大，这样会极不协调。

2. 帽子

男士不宜戴帽子，女士对此必须持谨慎态度。假如帽子与全身很相配，应选择一顶既无饰边也不艳丽却很雅致的帽子为宜。一般有面纱的松软宽边的法式帽子在商务场所易使人心烦。

3. 配饰

男士的配饰主要是腰带和手表，一款合适的手表是男士品味的象征。女士首饰应尽量少戴，一般不超过三件。拇指戴戒指不能为人接受。耳环应当小巧且不引人注目。

为了感到舒适，注意力集中，戴的耳环不要过长，以免发出叮当的声响或者触及脖颈，甚至挂到衣服上。切忌戴假珍珠或华丽的人造珠宝，应以朴实无华的项链为宜。令人喜爱的手镯是完全可以接受的，但镯子上的小饰物应当避免，其他刻有名字首字母的首饰也应避免。面试时一定不要戴脚镯。总之，戴首饰的重要原则是：少则美。

案例

有一次我去参加一个宴会，对面一个女孩子把我看晕了，戴了四枚戒指，一枚是绿翡翠的，一枚玳瑁是黑色的，一枚玛瑙是咖啡色的，一枚是玫瑰金的。由于穿着高领衫，项链没看见。耳环则有两组：一紫一蓝。人家很大方地问我："好看吗?"

我说："远看像棵圣诞树，近看像个杂货铺。"

案例分析：

女性戴首饰一般不超过三件，过多的首饰不但没有起到应有的作用，反倒适得其反。

4. 眼镜

眼镜会使一些人外表增色，也可能使一些人显得不协调。尽量选择适合自己的镜框，式样宜新为好。另外，千万不可戴太阳镜（护目镜）去面试，当然更不能戴反光镜。假如你不适合戴眼镜，也可选择隐形眼镜。

5. 围巾、丝巾

一条漂亮的围巾对于女士有画龙点睛的妙用。丝巾飘逸清秀的特点最能烘托出女性的美，但选择丝巾时一定要注意与衣服的协调搭配。如花色丝巾可配素色衣服，而素色丝巾则适合艳丽的服装。

小贴士

一些女士喜欢蓝灰色服装，但穿蓝灰色衣服往往会使面部发暗，如果配上一条色彩浓郁、风格热烈的尼龙围巾，就能达到生气勃勃的效果。如果穿一套藏青色的西服，应围一条纯白色的围巾，既能衬托红唇黑眸，又能保持藏青色清爽如水的气质，衬托出女性的敏捷和果断。

另有一些女士喜欢穿银灰色的衣服。银灰色是高雅大方的色彩，但若围巾搭配不当，便会显得呆板平淡。

（四）发式要适宜

男士以短发为宜，除非艺术、设计、音乐、造型等特殊行业，不宜留长过后发根的发型。在选择发型之前，应该先分析研究一下自己的脸型，有了彻底的了解后，才能选择出最适合脸型的发型。一般来讲，掌握以下几个原则即可。

1. 高额角、低额角

如果脸型属高额角，发梢应向下梳，做刘海或波浪，让头发遮盖一部分前额；若是低额角，发梢应尽量离开前额往上梳，如果偏爱刘海，必须要短，决不能低于发线，避免使额头看起来更低。

2. 宽额角、窄额角

宽额角，发梢应从两边向中间梳，用波浪遮掩住太宽的额角。对窄额角的女士来说，情况正好相反，头发应沿两边向后梳，如果做了刘海，则发卷切不要伸延至太阳穴前。

3. 高颧骨、低颧骨

高颧骨，两鬓的头发往前梳，超过耳线，盖住颧骨，刘海不妨略长些，但不可梳中分式。至于低颧骨的年轻女士，两边的头发应往后梳，不要遮耳线，两鬓可以做发卷，以中间分开更好。

4. 大鼻子、小鼻子

大鼻子，头发应梳高或向后梳，避免中分，因为中分会使你鼻子显得更大，最好不要蓄刘海。小鼻子的年轻女士头发绝不要往上梳，应让刘海下垂，遮住发线，但刘海不可留得过长。

5. 突下巴、缩下巴

突下巴，两边及额前的头发都应该向上梳，让发线显露出来，脑后微微往上梳。缩下巴，额前和两鬓的头发都应向前梳，宜盖住刘海和波浪，脑后头发要低而丰满。

6. 粗短颈子、细长颈子

粗短颈子，头发四面向上梳，应蓄短发，永远不要让头发遮盖发线。细长颈子，头发要向后梳，避免选择较短的发式。

（五）女士化妆要淡而美

对于女性，化妆一定要坚持素而淡的原则，切不可浓妆艳抹。

1. 嘴唇

嘴唇是脸部最富色彩、最生动的地方，也是最吸引人的部分，所以，无论如何要使嘴唇显得有润泽感。年轻女士宜用紫色口红，避免用大红或橙红，过于刺目的嘴唇会给人以血盆大口的印象，使人唯恐避之不及。唇线不可画得太深，那样会使你的嘴显得突出和虚假。

2. 眼睛

眼睛是心灵的窗户，因此，眼睛在面试时的作用是举足轻重的。为了使眼睛在面试时能动人而传神，面试之前就应稍加修饰，例如，女士可以描一描睫毛，使之更加妩媚。

眼睛小的，可以在眼睛四周轻轻地描上眼圈，但不能描得太黑太深，不要露出修饰的痕迹。单眼皮者也未必一定要去拉双眼皮，有的单眼皮传达出的眼神更坦率、更亲切。如果你有近视、斜视和眨眼之类的毛病，就有必要戴上一副眼镜去面试，不要让眼睛的毛病贻误了你取胜的机会。

3. 鼻子

可以在鼻梁上略施淡粉，因为面试时如果灯光太亮，会使鼻子出油发亮，如果天气太热，鼻梁上也容易出汗。有粉刺鼻、酒糟鼻和鼻炎者，最好提前到医院去诊治，以免妨碍面谈的效果。平常鼻毛长的人，出门前要格外注意修剪，如果鼻毛横行，会让人感觉很不舒服。另外，鼻端上或眼角里不要留有污秽积物。

4. 香水

选择香水要与自身的气质相配，香味宜淡，闻上去要给人以舒畅的感觉。

（六）注意手和指甲

手通常是其气质外观的一个方面，尤其是女士的手。为充分显示其魅力，应保持干净，指甲应修剪好，千万不要留长长的指甲，也不要涂艳丽的指甲油。因为长指甲会使人联想起你是什么都不干的大小姐。

爱美之心，人皆有之，但对于求职者而言，其服饰除了要符合一般社交场合服饰的共同要求外，更要注重和突出服饰的职业特点，使着装打扮与职位相称，给人一种鲜明的职业形象感。

教师、工程师、干部等职业，打扮就不能过分华丽、过分时髦，而应该选择庄重、素雅、大方的着装，以显示出稳重、文雅、严谨的职业形象；导游、公关、服务等职业，可以选择华美、时髦的着装，以表现活泼、热情的职业特点。

充分掌握着装技巧，在仪态仪容等细节方面赢得别人的心，再加上出色的才能展现，自然能取得满意的结果。

第三节　商务男士的外在形象礼仪

一、男士礼服礼仪

（一）中山服

中山装是我国男士的传统礼服，着中山装可以出席各种外交、社交活动。一般情况下，中山装前门襟有五粒扣子，带风纪扣的封闭式领口，上下左右共有四个贴袋，袋盖外翻并有盖扣，一般应为上下身同色的深色毛料精制，如图 2-1 所示。

图 2-1　中山服

（图片来源：http://www.egou.com/product/08_80713947.html）

（二）晨礼服

晨礼服又称常礼服，适合白天参加各种典礼、婚礼及星期日去教堂做礼拜时穿。通常上装为灰色或黑色，后摆为圆尾形；下装为深灰色黑条裤；戴黑色礼帽；系灰色领带；穿黑色皮鞋，如图 2-2 所示。

图 2-2　晨礼服

（图片来源：http://www.yokamen.cn/style/）

（三）大礼服

大礼服也称燕尾服，是西式晚礼服的一种，如图 2-3 所示。大礼服由深色高级衣料制成；前身较短，后身较长，下端分开，像燕子尾巴。翻领上镶缎面；裤腿外侧有丝带，一般用背带；通常系白色领结；配黑色皮鞋、黑色丝袜；戴白手套。燕尾服是晚间最为正式的礼服，用于隆重、庄严的场合，如参加婚礼晚宴、观看歌舞剧、授勋仪式、授奖仪式等。

图 2-3　大礼服

（图片来源：http://shop.11665.com/list0/30/50011130/n_42291221138.html）

（四）小礼服

小礼服也称无尾礼服、便礼服，如图 2-4 所示。由于领结为黑色，因此有“黑领结”之说。这是晚间集体最常用的礼服，其上衣通常为全黑或全白，衣领镶有缎面，下装为配有丝腰带的黑裤。系黑领结，穿黑皮鞋，一般不戴帽子和手套。适用于参加晚上举行的宴会、晚会、音乐会，以及观看歌舞剧等场合。

图 2-4　小礼服

（图片来源：http://blog.sina.com.cn/s/blog_6fe4f4670100mygl.html）

二、男士西服礼仪

西装是一种国际性服装，是世界公认的男士正统服装，在商务场合穿着广泛，如图 2-5 所示。西服七分在做，三分在穿。穿着西服有一整套严格的礼节。

图 2-5 男士西装

（一）男士西装的穿着要领

1. 如何“穿西装”

① 选择西装以宽松适度、平整、挺括为标准。西装的选择最重要的不是价格和品牌，而是面料、裁剪、加工工艺等细节。在款式上，应选样式简洁的，同时注重服装的质料、裁剪和手工。在色彩选择上，以单色为宜。建议至少要有一套深蓝色的西装。

② 西装的样式很多，领型有大驳头、小驳头之分；前面有单排扣、双排扣之分；扣眼有一粒、两粒、三粒之分；口袋有明暗之别；套件还有两件套和三件套之异。出席正式场合的西装，应是上下身同色的深色毛料精制而成，系领带，穿黑色皮鞋。

③ 西裤作为西服整体的另一个主体部分，要求与上装互相协调，以构成和谐的整体。西裤立裆的长度以裤带的环正好通过胯骨上边为宜，裤腰大小以合扣后伸入一手掌为标准，西裤的长度应正好触及鞋面。裤带一般在 2.5～3 厘米的宽度较为美观，裤带系好后留有皮带头的长度一般为 12 厘米左右，过长或过短都不符合美学要求。

2. 穿西装的要领

(1) 熨烫平整

线条笔直、熨烫平整挺括的西装穿在身上显得美观而大方，而脏兮兮、皱巴巴、美感尽失的西装穿在身上定会“惨不忍睹”。所以若着装美观，除了定期对西装进行干洗外，还要在每次正式穿着之前，对其进行认真的熨烫，使其平整。要使西装平整还要做到细心呵护。无论什么时间、什么场合，都不要把西装上衣的袖子挽上去，也不要把西装当披风一样披在肩上。

（2）拆掉商标

在西装上衣左边袖子的袖口处，通常会缝有一块商标。购买后，一定要拆掉商标。有人误认为袖子上有此商标是名牌的标志。其实，西装穿了很久商标依旧没有拆掉，定会见笑于人，有特意以此招摇过市之嫌。所以，在正式穿西装之前，一定要先拆掉商标。

（3）系好纽扣

穿西装时，上衣纽扣的系法尤为讲究。西装有单排扣和双排扣之别，其系法也有不同的要求。一般来讲，单排扣西装的系法是“扣上不扣下”，即最下面的扣子不系。

单排一扣的西装——系上或敞开均可。

单排双扣的西装——系上面一粒扣或者不系；全扣和只扣第二粒不合规范。

单排三扣的西装——不扣或者只扣中间一个，即一、三颗不扣。

双排扣的西装——扣子要全部扣起。也可以只扣上面一粒，但是不可以不扣。

双排扣的西装是不能敞开怀的，无论站起来还是坐下，其纽扣都应系上。

而穿单排扣西装的要求是站起来时系好，以示郑重；坐下来之后则要解开，以防西装扭曲走样。

小贴士

西装系扣方法如图 2-6 所示。

图 2-6　西装系扣方法

第一颗叫 always，意思就是无论如何都是要扣上的。

第二颗叫 sometimes，意思是说有时候要扣上，有时候不用扣，具体视情况而定。

第三颗叫 never，就是永远都不要扣上的。

（4）少装东西

通常，西装上的口袋都有着各不相同的作用。

上衣左侧的外胸袋除可以插入一块用以装饰的真丝毛帕外，不应再放其他任何东西。

钢笔、钱夹或名片夹等可以放在内侧的胸袋中，但不要放过大过厚的东西或无用之物。

外侧下方的两只口袋，原则上以不放任何东西为佳。

总而言之，西装的口袋应该尽量少装东西，这样可以保证西装在外观上平整、不走样。如果西装的口袋被乱七八糟的东西塞得满满的，那无异于是对西装的践踏。

3. 穿西装的“三个三”

西装穿着要讲究“三个三”，即三色原则、三一定律、三大禁忌。

① 三色原则是指男士在正式场合穿着西装时，全身颜色不能多于三色。

② 三一定律是指男士穿着西装外出时，身上有三个部位的颜色必须协调统一，即鞋子、腰带、公文包的色彩必须统一起来。鞋子、腰带、公文包皆为黑色是最理想的选择。

③ 三大禁忌是指在正式场合穿着西装时，袖口上的商标未拆、穿着夹克打领带、袜子出现了问题。

（二）衬衫与西装的搭配艺术

衬衫应该是所有男士衣橱里最不可缺少的基础服饰，衬衫看起来很简单，但却能在无形中体现男人的品质。

1. 正装衬衫的特征

与西装相配的衬衫，应当是正装衬衫。一般来讲，正装衬衫具备以下几个特征。

(1) 面料

正装衬衫主要以高织精纺的纯棉、纯毛制品为主。以棉、毛为主要成分的混纺衬衫也可以考虑。最好不要选择以条绒布、水洗布、化纤布制作的衬衫，这类衬衫容易起皱、起球、起静电。

(2) 色彩

一般而言，正装衬衫的颜色首选白色。此外，在正规的商务应酬场合还有一个可以考虑，就是选择与西装同色系的衬衫。艳色衬衫正式场合不可以穿。

从图案上来讲，男士正式场合穿的衬衫最好是无任何图案的，有时也可以选较细的竖条纹的衬衫。需要注意的是，穿条纹衬衫时，要避免穿条纹西装，打条纹领带，否则就成了“斑马”式搭配。正式场合，男士不宜穿格子衬衫，因为格子衬衫以及带有人物、动物、植物、文字等图案的衬衫，均属于休闲衬衫。

(3) 衣领

衬衫领子的形状多种多样。正装衬衫的领型一般为方领、短领和长领。在选择时，需兼顾本人的脸型、脖长以及所打领带结的大小，不要使它们相互之间反差太大。

扣领的衬衫也可以选用，它是一种美式衬衫，就是领尖有扣；还有一种立领衬衫，去掉了外面的那圈领，只保留里面的那个领，实际上是一种时装衬衫；还有一种翼领衬衫，它实际上是把一般领型的领尖翻了一下，适合打蝴蝶结、穿燕尾服。立领、翼领的衬衫，通常都不适合同正式的西装相配。

(4) 衣袖

正装衬衫必须是长袖衬衫。就其袖口而言，衬衫有单层袖口和双层袖口的区别。双层袖口的衬衫称为法国式衬衫，主要作用是可以佩戴装饰性袖扣。

(5) 衣袋

正装衬衫以无胸袋者为佳，即便是穿有胸袋的衬衫，也要尽量少往胸袋里装东西。

2. 穿衬衫的要领

在正式的商务应酬场合，男士衬衫的穿着要注意以下几个要点：

① 在正式场合，衬衫要配西装外套。穿长袖衬衫可以打领带，而穿短袖衬衫则最好不要打领带。值得注意的是，不管外面是刮风下雨还是酷热，一定要穿外套，因为长袖衬衫只限于室内活动。

② 男士在穿衬衫时，不要将衬衫下摆露在外面，也不可随便塞在裤腰里，要把下摆均匀地掖到裤腰里。

③ 穿衬衫时，袖子不可以挽起来。一般情况下，衬衫袖子要长于西装袖子，最好在西装袖子外面露出 1～3 厘米。一般而言，衬衫领应高出西装领 1 厘米左右。

④ 衬衫的纽扣系法有讲究。在打领带的情况下，所有纽扣都应扣好，只有在不打领带时，才能解开衬衫的领口纽扣。

⑤ 衬衫一定要大小合身，不能短小紧身，也不能过分宽松肥大。衬衫的衣领和胸围要松紧适度，下摆不能过短。

(三) 男士佩戴领带的艺术

1. 领带的选择

(1) 面料

在条件允许的范围内，应尽量选择真丝或者羊毛制成的领带。其次是工艺较好的棉、麻制成的，而以皮、革、绒、塑料等物制成的领带，在商务活动中均不宜佩戴。

(2) 质量

一条好的领带，必须具有良好的质量。其主要特征为：外形平整、美观，无疵点、无跳丝、无线头，衬里为毛料，不变形，悬垂挺括，显示厚重。

(3) 颜色

在商务活动中，灰色、蓝色、黑色、棕色、紫红色等单色领带都是十分理想的选择。紫红色显得比较喜庆，而灰色、蓝色显得比较庄重。商界男士在正式的场合，应尽量少打艳色或浅颜色的领带。另外，领带的选配应与个人的年龄、爱好以及西装的颜色和谐一致，如图 2-7 所示。

(4) 图案

在商务活动中，应尽量选择单色无图案的领带，或者是以圆点、方格、条纹等规则的几何图形为主要图案的领带。若选择条纹领带，应尽量选择斜纹、纵纹、横纹等，其中斜花纹使用者较多。

(5) 款式

领带的款式有箭头和平头之别。箭头领带就是领带的顶端有一个三角形的箭头，属于正装领带；平头领带就是领带的下端是平的，适应于非正式场合。另外，领带还有宽窄之分。进行选择时，应注意使领带的宽度与自己身体的宽度成正比，不宜反差过大。

图 2-7　领带的选择

(6) 佩饰

领带佩饰的基本作用是固定领带，其次是装饰。常见的领带佩饰有领带夹、领带针和领带棒，但一次只能选用一种，切不可同时使用。选择领带佩饰时，应多考虑金属质地的制品，并以素色为佳，形状和图案要求简洁大方。

2. 领带与西装、衬衫的搭配

一位男士，如果只有一身西装，只要经常更换不同的领带，往往也能给人耳目一新的感觉。这就是领带与西装、衬衫的搭配之道。具体搭配如表 2-2 所示。

表 2-2　领带与西装、衬衫的搭配

西装颜色	衬衫颜色	领带颜色
黑色	白色为主的淡色	灰、蓝、绿色
灰色	白色为主的淡色	灰、绿、黄、砖色
浅蓝色	白色、明亮蓝色	蓝、胭脂红、橙黄色
深蓝色	乳黄、粉红、银灰和明亮蓝色	浅蓝、灰、胭脂、黄、砖色
褐色	白、灰、银色和明亮的褐色	浅褐、灰、绿、黄色

3. 领带的系法

商务男士要出席正式场合，系领带也是一门艺术。领带有平结、交叉结、双环结、温莎结和双交叉结五种打法。

(1) 平结

平结是男士选用最多的领带打法，几乎适用于各种材质的领带。

要诀：领带下方所形成的凹洞需让两边均匀且对称，具体打法如图 2-8 所示。

(2) 交叉结

交叉结是单色素雅质料且较薄领带适合选用的领结打法，对于喜欢展现流行感的男士不妨多使用“交叉结”。具体打法如图 2-9 所示。

图 2-8 平结的打法

图 2-9 交叉结的打法

(3) 双环结

一条质地细致的领带再搭配上双环结颇能营造时尚感，适合年轻的上班族选用。该领结完成的特色就是第一圈会稍露出于第二圈之外，不要刻意给盖住了。具体打法如图 2-10 所示。

图 2-10 双环结的打法

(4) 温莎结

温莎结适合用于宽领型的衬衫，该领结应多往横向发展。应避免材质过厚的领带，领结也勿打得过大，具体打法如图 2-11 所示。

图 2-11 温莎结的打法

(5) 双交叉结

这样的领结很容易让人产生高雅且隆重的感觉，适合正式场合选用。该领结应多运用在素色且丝质领带上，若搭配大翻领的衬衫会有一种尊贵感，具体打法如图 2-12 所示。

图 2-12　双交叉结的打法

（四）鞋袜和西装的搭配艺术

在配西装时，鞋子和袜子也要注意。对商界男士来说，鞋袜在正式场合也被视作“足部的正装”，所以，鞋袜的穿着要和西装相协调，要遵守相关的礼仪规范。

1．鞋子的选择

（1）面料

选择与西装相配的鞋子，只能是皮鞋，不能穿凉鞋，更不能穿拖鞋。与西装相配的皮鞋，应当是真皮制品而非仿皮制品。一般而言，牛皮鞋和西装最为般配，羊皮鞋和猪皮鞋则不甚合适。

（2）颜色

商界男士在正式场合所穿的皮鞋，应当没有任何图案、装饰，按照惯例应为深色、单色。正装皮鞋的颜色一般选黑色，黑色鞋被认为是万能鞋，它能配任何一种深颜色的西装。休闲场合可以选择与裤子同样颜色的皮鞋。

（3）款式

皮鞋通常有时装皮鞋、休闲皮鞋和正装皮鞋的分法。一般正装皮鞋都是光面的、三接头的、系带式的皮鞋。商界男士的皮鞋款式，理当庄重而正统。根据这一要求，系带皮鞋是最佳的选择，船形皮鞋、盖式皮鞋、拉锁皮鞋等各类无带的皮鞋，都不符合这一要求。再者，厚底皮鞋、高跟皮鞋或坡跟皮鞋，若穿在正式场合中会显得不伦不类。

2．袜子的选择

① 首选黑色的纯棉袜子。袜子与西装的搭配不能忽视。通常，深色的袜子可以搭配深色的西装，也可以配浅色的西装。浅色的袜子能配浅色的西装，但不宜配深色西装。切勿用白色袜子配西装。

② 无论什么场合，一定要穿成双的袜子。千万不要把原非一双的袜子随意穿在一起，尤其是色彩和图案有差异时，更是贻笑大方。

③ 袜子务必要一天一换、洗涤干净，以免有异味，令自己难堪，令他人难忍。

④ 穿袜之前，一定要检查有无破洞，有无跳丝。如果有，一定要及时更换。

（五）男士如何佩戴饰物

在商务活动中，男士的饰物应少而精致。男士的饰品首先是手表；其次，男士的公文包也很有讲究。除此之外，如钱夹、领带夹、装饰性袖扣、名片夹等，都是比较讲究的饰品。

1. 男士的手表

商务男士在社交场合佩戴手表，通常意味着时间观念强，作风严谨；而不戴手表，动辄向他人询问时间的人，则总会令人嗤之以鼻。有人强调说："手表不仅是男人的首饰，而且是男人最重要的首饰。"在正式场合，商务男士所戴的手表往往体现其地位、身份和财富状况。

在重要的场合穿西装时，要佩戴正装手表。正装手表一般是机械表，在款式上比较庄重，而不是电子表。要避免戴时装表、大腕表之类的手表。在颜色上，一般宜选择单色手表或双色手表，不应该选择三种颜色或三种颜色以上的手表。

不论是单色手表还是双色手表，其色彩都要高贵、典雅、清晰。金色表、银色表、黑色表，即表壳、表带带有金色、银色、黑色的手表，是最理想的选择。另外，表的品牌要尽量与自己的社交地位、收入及身份相吻合。

2. 公文包

公文包被称为商务男士的"移动式办公桌"，是其外出之际不可离身之物。

商务男士所选择的公文包，有很多特定的讲究。手提式的公文包是最标准的公文包。一般要使用真皮的公文包，以牛皮、羊皮制品为最佳。色彩以深色、单色为好，一般情况下，黑色、棕色的公文包，是最正统的选择。除商标之外，商务男士所用的公文包在外表上不宜带任何图案、文字，否则有失自己的身份。

平时放下公文包也是有讲究的，以放在自己右手下面的地板上为佳，这样，拿东西时可以手到擒来。公文包切勿随便乱放，放在桌子上、沙发上，都不合适。

公文包里放什么东西也颇有讲究。手机、名片、通讯录诸如此类，都应放在公文包内。无用之物千万别放在包里，尤其是不能使之"过度膨胀"。放在包里的物品，一定要有条不紊地摆放整齐。

3. 皮夹和名片夹

对于商务男士来说，皮夹是重要的随身物品。皮夹一般有皮制的和人造革的两种。如果经济实力允许，可以购买好的皮料、好的品牌。颜色上，深咖啡色和黑色有华贵之感，是最理想的选择。

名片夹是用来装自己的名片或他人给予的名片的，以皮制的最好，金属的次之。

4. 装饰性袖扣

所谓装饰性袖扣，是在法式衬衫袖口中用的。装饰性袖扣一般都是贵金属材质，纯金、白银甚至白金之类的，价格不菲。一般在正式的场合才戴。如果有可能，建议用装饰性袖扣；如果你是董事长、总经理，最好用装饰性袖扣。

5. 领带夹

在正式场合中，领带夹是可用可不用的饰物。专业的说法，用领带夹的人往往是有特殊身份的人，一种是穿制服的人，另一种是大人物。一般人是可以不用的。

当然，用领带夹也是有讲究的。夹领带夹的标准位置是领带打好之后的黄金分割点，也就是领带的 2/3 处。

小贴士

图 2-13 至图 2-17 所示为西装穿法正确、错误对比。

错误　　　　正确

图 2-13　错误 1：西装大一码

问题：大一码的西装会看起来臃肿。

解决方案：在买西装时从大码开始往小码试，一直试到穿着太紧时，就买比该尺寸大一码的。这样穿起来既修身、舒服又现代。

错误　　　　正确

图 2-14　错误 2：平价领带

问题：领带虽小，佩戴在胸前却非常抢眼。一条平价的粗糙印花设计的领带，不仅降低品位也不会节省开支，因为用料低廉，数次佩戴后就会变形。

解决方案：一条优良的丝质领带能够打出结实的结，在图案上尽量选取简洁的设计。

错误　　正确

图 2-15　错误 3：裤子过长

问题：一套有型有款的西装，如果裤脚像布袋一样堆在鞋面，给人以不修边幅的印象。

解决方案：找个好裁缝，将多余的裤脚改掉。在改之前记得穿上系带皮鞋，因为较为保险的西裤裤脚长度应该要盖住鞋带的结，裤脚后面要盖住鞋口。

错误　　正确

图 2-16　错误 4：耷拉的领子

问题：耷拉下来的、压在西装衣领下的衬衫领子给人感觉很垂头丧气。不注重穿着的细节会毁了一件好西装。

解决方案：选购衬衫时应该选择带硬衬领的正装衬衫，最好加领撑(插进领尖背面的那对小胶片)。

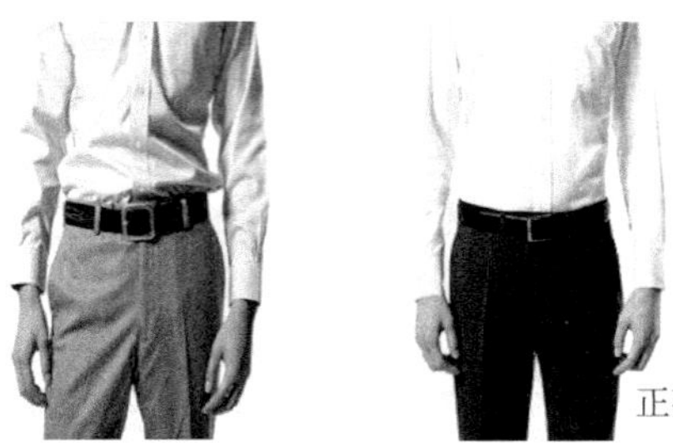

错误　　正确

图 2-17　错误 5：突兀的皮带

问题：缝线的皮带不适合配搭西装裤和衬衫。

解决方案：钱包、皮带和皮鞋是男人三宝，正装就应该搭配正装皮带，黑色和棕色简单设计的皮带一般来说都是较为安全的选择。

(资料来源：http://www.neonan.com/articles/2708?skip_device)

小贴士　　男士西服十忌

一忌西裤短，标准的西裤长度为裤管盖住皮鞋。
二忌衬衫放在西裤外。
三忌衬衫领子太大，领脖间存在空隙。
四忌领带颜色刺目。
五忌领带太短，一般领带长度应是领带尖盖住皮带扣。
六忌不扣衬衫扣就佩戴领带。
七忌西服上衣袖子过长，应比衬衫袖短 1 厘米。
八忌西服的上衣、裤子袋内鼓鼓囊囊。
九忌西服配运动鞋。
十忌皮鞋和鞋带颜色不协调。

第四节　商务女士的外在形象礼仪

商务女士着装要体现出道德魅力、审美魅力、知识魅力及行为规范魅力。

一、女士礼服礼仪

（一）旗袍

旗袍是最常用的中式女礼服，有各种不同的款式和花色。旗袍的特点如下：紧扣的高领；贴身；衣长过膝；两旁开衩；斜式开襟。在礼仪场合穿着的旗袍，其开衩不宜太高，应到膝关节上方一寸到两寸为最佳。旗袍的长度最好是长及脚面。着旗袍应配穿高跟鞋或半高跟鞋，或配穿高级面料、制作考究的布鞋或绣花鞋，如图 2-18 所示。

图 2-18　旗袍

（二）晨礼服

晨礼服也称常礼服，主要在白天穿，通常由质料、颜色相同的上衣和裙子搭配而成，也可以是单件连衣裙，一般以长袖为多，肌肤的暴露很少；可佩戴手套和帽子，也可携带一只小巧的手包或挎包。晨礼服适用于参加在白天举行的庆典、茶会、游园会或婚礼时穿着，如图2-19所示。

图2-19　晨礼服

（三）小礼服

小礼服也称小晚礼服或便服，通常是指长至脚面而不拖地的露背式单色连衣裙。其衣袖有长有短，着装时可根据衣袖的长短选配长短适当的手套，通常不戴帽子或面纱。小礼服主要适合于参加晚上六点以后举行的宴会、音乐会或观看歌舞剧时穿着，如图2-20所示。

（四）大礼服

大礼服也称大晚礼服，是一种最正式的礼服，为袒胸露背的单色拖地或不拖地的连衣裙；配颜色相同的帽子和长纱手套以及各种饰物，如图2-21所示。主要用于晚间举行的最正式的各种活动，如官方举行的正式宴会、酒会、大型正式的交际舞会等场合穿着。

图 2-20 小礼服

图 2-21 大礼服

二、最具代表性的商务女性服装

（一）职业装

在一些正式的商务场合，商务女士应该选择职业套装；而在一些宽松的职业环境中，可以选择造型感稳定、线条感明快、富有质感的服装。但所选的服装均应以舒适、方便为主，以适应整日的工作强度。在办公室里，服装的色彩不宜过于夺目，应以纯色为主，以免干扰工作环境，影响整体工作效率。服装款式的基本特点是端庄、简洁、持重和亲切，如图 2-22 所示。

图 2-22 职业装

（二）外出职业装

商务女士在外出时，服装的款式应注重整体和立体的职业形象，注重舒适、简洁、得体，便于走动。不宜穿着过紧或过宽松、不透气或面料粗糙的服饰。正式的场合仍然以西服套裙为主；较正式的场合也可选用简约、品质好的上装和裤装，并配以女式高跟鞋；较为宽松的场合，可以在服装和鞋的款式上稍作调整，切不可忘记职业特性是着装标准。

外出工作时，色彩不宜复杂，并注意与发型、妆容、手袋、鞋相统一，不宜咄咄逼人，干扰对方视线，甚至造成视觉压力。所用饰品不宜夸张，手袋应选择款型稍大的公务手袋。

（三）晚礼服

晚礼服是参加庆典、正式会议、晚会、宴会等礼仪活动的最佳选择。晚装服饰的特色、款式和变化较多，要根据不同的场合和需求的风格而定。闪亮的服饰是晚礼服永恒的风采，晚装应该尽量选择能够显示出风采优雅、雍容华贵的。在选择首饰时，亮点不应该超过两个，否则容易显得浮夸。

（四）公务礼服

公务礼服是用于较为正式、隆重的会议时迎宾接待用的服饰。它是服饰中品位和格调最具代表性和典型性的。

在选择公务礼服时，应尽量选择以黑色和贵族灰色为主色的颜色，最好不要选择轻浮、流行的时尚色系。做工要精致得体，并应特别注意选配质地优良的鞋子。

三、 女性职业装礼仪

（一）女士职业装的穿着艺术

所谓职业女装，是指公司、企业的女性从业人员，即办公室工作人员，也就是所谓的白领，在其工作场合所穿着的正式的服装。它是一种职业女性的最正规的商务着装或工作装。作为商界女性，在职业装的穿着方面有很多讲究，如图 2-23 所示。

穿职业装要区分场合，不同场合有不同的穿着要求。

1. 工作场合

工作场合着装要求庄重保守，最好穿套装或套裙。如果天气比较热，可选择长裙、长袖，至少是有袖的服装，以体现自己比较端庄稳重的一面。牛仔裤、旅游鞋、健美裤之类的不要在工作场合穿。

2. 社交场合

社交场合是指宴会、舞会、音乐会。在这种场合，如果穿着很正式的制服，会破坏整体气氛。在社交场合，穿着应追求尚个性，与众不同，标新立异。这是强调着装个性的时候，而工作时则强调着装的共性。

图 2-23 商务女性的职业装

3. 休闲场合

休闲场合是指像逛街、锻炼身体、游玩等与工作无关的时间。这时候，着装强调舒适自然，只要不违背伦理道德，不影响个人安全，可以随便穿。

总之，商界女性的着装，在工作场合一定要注意保守庄重，避免过分前卫、与众不同的穿法。

（二）女士如何选择套裙

套裙分为两种基本类型。一是随意型，用女士西装上衣和任何一条裙子进行自由搭配组合而成；二是成套型，由女士西装上衣和裙子成套设计制作而成。选择套裙时需要注意几个问题。

1. 面料

套裙面料的选择要求为：套裙所选面料最好是纯天然质地且质量上乘的面料；上衣、裙子以及背心等应选用同一种面料；套裙的面料在外观上要匀称、平整、滑润、光洁、丰厚、柔软、悬垂，不仅弹性、手感要好，而且应当不起皱、不起毛、不起球。

组成套裙的上衣、裙子以及背心等面料一致性是很被看重的。因为这样可以使套裙浑然一体、朴素自然、高雅美观、赏心悦目。目前，制作套裙的面料除了薄花呢、人字呢、华达呢、法兰绒、凡立丁等纯毛面料外，高档的丝绸、麻纱、亚麻以及一些化纤面料，均在选择之列。

2. 款式

从总体上来讲，套裙的款式大致上可以分为："H"形、"X"形、"A"形和"Y"形四种。

(1)"H"形造型套裙

上衣较为宽松，裙子多为筒式。这种套裙的上衣与下裙给人浑然一体的感觉，既可以让着装者显得优雅、含蓄、帅气，也可以为身材肥胖者扬长避短，如图 2-24 所示。

(2)"X"形造型套裙

上衣多为紧身式，裙子则大都是喇叭式。这种套裙多用上宽下松的设计突出着装者的纤细腰部，它的轮廓清晰生动，能让着装者看上去婀娜多姿、楚楚动人，如图 2-25 所示。

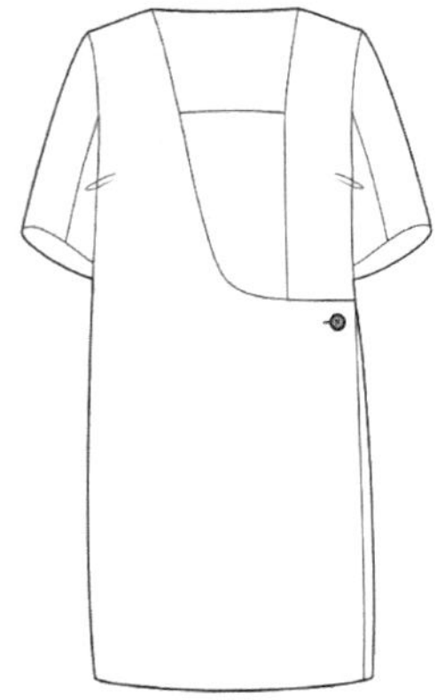

图 2-24 “H”形造型套裙

(3) “A”形造型套裙

上衣为紧身式，裙子则为宽松式。此种上紧下松的造型，既能体现着装者上半身的身材优势，又能适当地遮掩其下半身的劣势，它在总体造型上显得松紧有致、富于变化和动感，如图 2-26 所示。

(4) “Y”形造型套裙

上衣为松身式，裙子多为紧身式，并且以筒式为主。这种套裙的基本造型是上松下紧，它能遮掩着装者上半身的短处，也能展示下半身的长处。此种造型往往会令着装者看上去亭亭玉立、端庄大方，如图 2-27 所示。

图 2-25 “X”形造型套裙

图 2-26 “A”形造型套裙

图 2-27 “Y”形造型套裙

3. 色彩

在色彩上，套裙应当以冷色调为主，借以体现着装者的典雅、端庄与稳重。标准的套裙色彩不仅要考虑着装者的肤色、形体、年龄与性格，还要与着装者从事活动的具体环境协调一致。深色，蓝、灰、棕、黑、炭黑、烟灰、雪青等冷色，是商务女士套装色彩的最佳选择。套裙的色彩有时可以不受单一色彩的限制，上衣和裙子可以是一色，也可以采用上浅下深或上深下浅两种不相同的色彩。

有时，即使上衣裙子是同一色的，也可以采用不同颜色的衬衫、领花、丝巾等来加以点缀，以避免套裙的呆板。需要注意的是，一套套裙的颜色最多不要超过两种，否则会给人一种杂乱无章的感觉。

4. 图案

商务女士在选择套裙时，讲究的应是朴素与简洁。商务女士在正式场合穿着的套裙，应不带有任何图案。如果出于个人喜好，则可选择以各种或大或小的圆点、或明或暗的条纹，或宽或窄的格子为主要图案的套裙。但不应选择以符号、文字、花卉、宠物、人物为主体图案的套裙。

5. 尺寸

一般来说，套裙的上衣与裙子的长短并没有具体界定。传统的观点是：裙短则不雅，裙长则无神。最为理想的裙长是裙子的下摆正好抵达着装者小腿肚子上最为丰满之处。商务女士在选择时，主要考虑的是个人偏好、身材特点以及流行时尚，但选择时尽量上衣不宜过长，下裙不宜过短。套裙中的超短裙，裙长应不高于膝盖 15 厘米。

6. 点缀

商务女士的套裙上不宜添加过多的点缀，否则会显得烦琐、杂乱，还会使穿着者有失稳重。总的来说，套裙上的点缀宜少不宜多、宜简不宜繁、宜精不宜糙。

（三）商务女士职业装穿着六禁忌

一般来讲，商务女士在正式的场合穿裙装有以下六方面的禁忌。

1. 忌穿黑色皮裙

在商务场合和其他正式场合是不能穿着黑色皮裙的，否则会让人啼笑皆非，因为在外国，黑色皮裙是街头女郎标准的装扮。尤其与国外人打交道或出访欧美国家时，在正式场合穿着黑色皮裙是绝对禁止的。

2. 忌鞋袜与裙装不协调

一般情况下，与套裙配套的鞋子是皮鞋，最佳选择是黑色牛皮鞋，也可选择和套裙同一色彩的皮鞋。式样则选择高跟、半高跟的船式皮鞋或盖式皮鞋，不宜选择系带式、丁字式皮鞋以及皮靴、皮凉鞋等。

和套裙配套的袜子，一般为尼龙丝袜或连裤袜。颜色宜为肉色、黑色、浅灰、浅棕色等几种常规选择。切勿将健美裤、九分裤等裤装当成长袜来穿。

袜子应当完好无损，可在皮包内放一双备用丝袜，以便当丝袜被弄脏或破损时可以及时更换，避免难堪。不论是鞋子还是袜子，其图案和装饰都不宜过多。

3. 忌穿裙装时光腿

在正式场合，有讲究的女士都不穿凉鞋，即使穿也应穿那种前包脚趾，后包脚跟的女士正装凉鞋。同时穿凉鞋的标准穿法是不穿袜子，所以正式场合不穿凉鞋，以避免光腿。

4. 忌“内衣”外穿

穿着居家便服很舒适，但是在公共场合这样穿着则显得非常失礼。在家里或宾馆的房间里接待来宾和客人时，绝对不要只穿睡衣、内衣、短裤或浴袍。

5. 忌三截腿

所谓三截腿，是指穿半截裙子时，穿半截袜子，裙子和袜子之间露出一段腿肚。如果说，男士穿西装最容易丢人的地方是白袜子配西装，那么女士穿裙装最容易“露怯”的地方便是三截腿了。总之，男士白袜子，女士三截腿是职业装里最容易贻笑大方的。

6. 忌穿着暴露

在正式场合穿着过露、过紧、过短和过透的衣服，如短裤、背心、超短裙、紧身裤等，容易分散他人的注意力，同时也显得你不够专业。还要注意切勿将内衣、衬裙、袜口等露在外衣外面。

（四）女士如何佩戴饰物

1. 佩戴饰物的原则

饰物的选择要以服装为依据，要与服装整体风格保持一致，并且饰物应简单大方，这样更容易达到一种完整性、和谐性。佩戴饰物应遵循以下原则。

(1) 点到为止，恰到好处

装饰物的佩戴不要太多，如果浑身上下珠光宝气，挂满饰物，就没有了美感，会给别人一种庸俗的感觉。

(2) 扬长避短，显优藏拙

装饰物是起点缀作用的，要通过佩戴装饰物突出自己的优点，掩盖缺点。例如，脖子短而粗的人，不宜戴紧贴着脖子的项链；个子矮的人，不宜戴长围巾，否则会显得更加矮小。

(3) 突出个性，不盲目模仿

佩戴饰品要突出自己的个性，不要盲目地追随别人，别人戴着好看的东西，不一定适合自己。比如，西方女性嘴大、鼻子高、眼窝深，戴一副大耳环显得漂亮；而东方女性适合戴小耳环，以突出东方女性含蓄、温文尔雅的特点。

2. 商务女士佩戴饰物的种类

(1) 项链

项链是受到女士青睐的主要饰物之一，它在改变脸型、颈部轮廓方面具有很好的效果。一般来说，短项链可以使脸部变宽、脖子变粗。对于大多数商界女士来说，长脸长脖子的人应佩戴颗粒大而短的项链，这样在视觉上能减少脖子的长度；脖子短的人要佩戴颗粒小而长的项链；方形脸短脖子的人应佩戴长项链，穿领口大一点、低一点的上衣，使项链充分显露出来；瓜子脸的人可佩戴稍粗的、中等偏短的粗犷型项链。项链的佩戴还应和年龄及体型相协调。

一般来说，中老年人以选择质地上乘、工艺精细的金银、玉饰等项链为好；而青年人肤色滋润、朝气蓬勃，以选择质地颜色好、款式新的项链为佳。另外，与项链配套的项链坠，其形状、大小各异，选择时，要优先考虑它是否与项链般配、协调。在正式场合，商务女士不要选用夸张怪异的项链坠，也不要同时佩戴两个或两个以上的项链坠。

(2) 戒指

戒指在首饰中是最受欢迎的。但戒指戴在不同的手指上有不同的含意，要严格区分，避免失礼。戴在食指上，表示想恋爱；戴在中指上，表示正在恋爱中；戴在无名指上，表示已订婚或已结婚；戴在小指上，表示独身；拇指上一般不佩戴戒指。

戒指的种类繁多，从造型上讲，商务女士佩戴戒指讲究小巧玲珑，注重艺术化。戴戒指时，一般只戴在左手，而且最好只戴一枚，最多可以戴两枚。戴两枚戒指时，既可戴在左手两个相连的手指上，也可戴在两只手对应的手指上。戴薄纱手套时戴戒指，应戴于其内。

(3) 耳环

耳环也是商务女士的主要饰物之一。每一位商务女士都必须根据自己的肤色、脸型、发型、服装等来选配耳环。瘦脸形的人可戴大而圆的耳环，其可以对瘦而窄的脸庞进行弥补；圆脸型可戴方形、三角形、水滴形耳环、耳坠，这样使脸型修长、俊俏，看上去更为协调；方脸型可戴长椭圆形、弦月形、新叶形、单片花瓣形等耳环，这样使方形脸庞多一点曲线美；瓜子形脸的女性可戴圆形或重坠形耳环；三角脸型的人适合戴宝石扣状耳环等。

(4) 手镯、手链

通常情况下，手镯可以仅戴一只，也可以同时戴两只。戴一只时，应戴在左手腕上；戴两只时，可以一只手戴一只，也可以两只都戴在左手腕。在一般情况下，手链应仅戴一条，并应戴在左手腕上。

(5) 胸针

胸针的选择要以质地、造型、做工精良为标准，胸针式样要注意与脸型协调。通常，长脸形宜配近于圆形的胸针；圆脸型应配以长方形胸针；如果是方脸型，则适宜配用圆形胸针。胸针可别在胸前，也可别在领口、襟头等位置。佩戴领针，数量以一枚为限。而且不宜与纪念章、奖章、企业徽记等同时使用。

此外，在选择佩戴饰物时，要注意造型款式和色彩上的协调。在正式场合中选用与服装相称的饰品显得隆重而气度不凡。再者，饰物的选择佩戴还要因人而异，根据不同的体型规则选配不同的饰物，使饰物为自己的体型扬长避短。

第五节　服饰的色彩搭配

一、服饰色彩搭配的作用

(一) 突出重点

色彩的搭配可以突出和提醒焦点，假设某人全身上下都是黑的、白的、灰色的，但穿一双红鞋，则人们会非常想看她的脚，所以颜色的搭配很重要。颜色本身很美，但是如果佩戴的饰品的颜色非常突出、醒目，就会将别人的眼光吸引到这个饰品上，效果就不好了。

所以，色彩的整合重点应在人的脸部。例如，使用一条围巾，不管用什么方式放在身上，它都可能不是很显眼，但却可能因为它的花纹而将他人的眼球吸引到围巾上，而不是脸部本身了。

（二）包含意蕴，传递信息

现在很流行讲究色彩分析，在找出适合自己的颜色后，最主要的是要懂得怎么去应用这些颜色，放在一起进行色彩搭配，这会出现多种不同的效果。最简单是单色，最好不要太过鲜艳。要注意色彩的意义，因为色彩本身有传递信息的作用，如果穿黑的，会有高贵、专业的感觉；如果穿白的，相对地就觉得明亮，给人一种很干净、很舒服的感觉，所以，黑跟白就是完全不一样的味道。

例如，美国总统的衣服每天穿出来都是经过专人指导的，后面有一个甚至一群形象顾问帮他策划。作为领导人，他们在重要的场合，都要用颜色来传达某种信息。美国总统小布什在第一任总统的时候，曾经发动过海湾战争，第一次开关于宣战的记者会上，穿的西装是很深的深灰色，而衬衫和领带是鲜红色的。他用这样的颜色搭配出来的就是要表现作战的决心。

几个月后休战了，记者会上又见他穿着的颜色看上去就平和一点，是深蓝色的西装加浅蓝色的衬衫，系上一个水蓝色的领带，是以蓝色为主的搭配。到第二次又宣战的时候，国际社会不太支持他，所以他仍然打着红领带，但是这个红色大概暗了两层左右，不再是鲜红的颜色了，而是稍微酒红色的。而且在画面的右边出现的是美国国旗，左边出现的是全家福的照片，这是卫国卫家的象征，就是让自己的行为合理化，这就是视觉形象的一些操作。

一般公司的员工，长期以来可能着装都处于一种摸索的阶段。所以，如果可能，员工的着装最好有一个系列，以掌握一般日常和工作场合的着装搭配。

二、服饰色彩搭配的原则

（一）视觉连贯法概述

视觉连贯法通常是用颜色去创造，例如，男性平常在穿西装的时候，西装裤多半是深色，鞋子、袜子也是深色，皮带也是深色。男士在穿衣服的时候，要很注意这些服饰的搭配，从皮带一直到长裤、鞋子、袜子，颜色都是连起来的，这种是视觉连贯。

女性穿衣服，如果要创造视觉连贯，有一些方式必须掌握。例如，长裤以下是连贯，但上身没有连贯，不仅如此，还要故意切成三段，这是现在流行多层次的穿法。但如果身材比较高，这种穿法就欠妥当。

（二）视觉连贯法的色彩搭配原则

单色的用法一定要适合自己，最好不要太过鲜艳，留意色彩的意涵，双色搭配时要多用中性色来搭配，黑色和白色最好配，灰色、卡其色、深蓝色、深咖啡色均是谐调式，配色较安全，若用对比色一定要整合，可通过服装设计（滚边口袋等）来整合或用配件（围巾、皮带等）整合。

例如，一个女性穿了白衬衫、黑裙子、白袜子、黑鞋子，这等于切成了四节，白的、黑的、白的、黑的，岂不成了斑马吗？所以，色彩搭配要很小心，要让每一节看起来不会变得都很短。

（三）男性着装的色彩搭配

1．服装的搭配

在职场上，对男士而言，长袖比短袖显得更正式，圆领的比有领子的衬衫显得更休闲一些，而深色的裤子不会让别人觉得很随便。在正式场合，如果穿粉红色的衬衫，一定不会提高人的说服力和专业形象，但是穿粉红色的休闲服，会使人更显年轻，给人很温暖的感觉。

例如，现在我国台湾很多年轻男士为了时髦，穿粉红色衬衫，有些还是鲜艳的粉红色。但在职场上，粉红色却是比较糟的选择。

男性服装只有两种颜色，一种是灰色，一种是蓝色。所有的咖啡色系，包括卡其色、咖啡色、土黄色，都属于休闲色系列。

2．服装配件的搭配

（1）皮带

皮带的皮质最好是比较光滑的，不能是很粗糙的，且一个简单的金属接头就可以了。再搭配上休闲一点的长裤，看起来会更休闲一点。

（2）领带

蓝色的衣服就用蓝色的领带来配，职场上的领带可能有很复杂的花纹和斜纹，搭配要以看起来很顺为原则。蓝色的衣服可以配红色的领带，或者暗红色、酒红色等，如果要上台做报告，就要用显眼和亮一点的颜色。

颜色是非常重要的因素，如果蓝色的衣服搭配上有一点点粉红色的领带，就不好看，如果用卡其色的小型的重复图案的领带，尽管这是男性职场上常常用到的，但这样的搭配就更失败，因为这样颜色完全不搭配。

穿正式的西服和衬衫的时候，领带的作用就更重要了，因为领带传递着很多信息。所以要注意，一是颜色要配好，颜色要整合起来，要与衬衫颜色相关；二是可以用领带本身的色彩和花纹来传递你想要传达的信息，例如，如果想要让人家觉得自己非常热情，就要用看起来稍微热情一点的颜色的领带。

（3）袜子

袜子要和服装的颜色搭配相一致，对于男性职业装而言，深色或浅色都可以。

(4) 鞋子

男士职场上穿的鞋子一定要比较光亮,因为平常人不会那么注意这件事情,可是如果出现在某些重要场合,皮鞋就要擦得亮一点。如果穿球鞋,则表示休闲。东方人是黑头发,永远都可以穿黑鞋。例如,如果灰的衣服配黑鞋,也有整合上下的感觉,所以也完全没有问题。

(四) 女性着装的色彩搭配

女性着装的色彩整合,主要是三种颜色的搭配,即黑、白、灰三色的搭配。如果衣服是灰的,则要选其他另外两种颜色的裤子,所以,黑、白、灰这三种颜色可以反复出现。

1. 单色着装

在日常穿着中,全身一种颜色是可以的,如全黑、全白、全灰或全身米色。但是如果全身红色或全身大黄色,就会吓到别人。如果全身只有一个颜色,一定不能太鲜艳。

颜色一定要适合个人的性格,这涉及色彩分析学的知识,需要做很系统的色彩分析,然后用最适合自己的颜色做一个单色的穿着。单色的穿着是一种高雅的感觉,因为它看起来很简单。

2. 双色着装

双色是通常的穿着方法,在做双色打扮的时候,比较不容易出错的颜色是中性色,也就是不鲜艳的颜色。两种颜色都是中性色,如黑白配、灰的和蓝的等,这样不容易配出问题。例如,红的配灰的,怎么配都是好看的。但是黄的配红的,就是很失败的搭配。

服装色彩的整合是指这两件衣服有点相关,双色要用到中性色。黑的,白的最好。另外,卡其色、深蓝色、咖啡色、深咖啡色等都属于中性色,比较好搭配。协调式的配色比较安全,对比色的效果是两个颜色的视觉效果很好,但搭配不容易成功。

例如,红配绿,这样的搭配就不好。如果一定要用对比色就要整合,如果非穿红配绿不可,就要穿绿裤子、红上衣,然后把裤子的绿颜色搭配在红色上衣上来,就会看起来比较顺眼一点。也可以用滚边做整合,或者配件整合,使用美丽的花朵等进行整合。

头发对整体的衣服装饰也是影响很大的,喜欢做装饰的人,发型最好是短发,或者就盘起来,越简单的,发挥的空间就越大。假设没有头发的因素,可以把头发稍微往后面拢一下,然后做一些小装饰。

3. 花布搭配法

使用花布搭配法最好选花布中的色彩来搭配,太少的颜色整合效果不佳,太多的颜色则不够出色,可用两种花纹但色彩需统一,或用相同花纹不同色彩。身上有花布的,例如花的衬衫、格子长裤等,都是比较容易搭配的,大部分颜色跟花布配起来都好看。

如果上衣绣的花是银白的,披肩要与之相适应,这样就比较亮丽。如果上衣是镶灰边的,一定要找灰的裙子搭配才好,如果找不到灰裙,下半身唯一可以穿的就是黑的,其他的颜色都是不可以配的。在这样的装配下,如果项链太明显也不好,所以,项链要用比较细的、小的才刚刚好。

黑的永远都可以配,而且怎么配都可以,黑色只有和深蓝色相配显得丑,但牛仔裤除外,如果男性穿黑的西服,内穿一件蓝色的衬衫,再配一个黑长裤,则不好看,因为颜色太相近，又不相同，看起来觉得比较笨拙。

4. 三色着装

三色配色法是高难度配色，初学者需小心使用，其中最好有两种中性色，至少也要有一种中性色，若都为非中性色，会有特殊效果。

如果要用三色搭配，可以用“胆小鬼的三色”，就是黑、白、灰三色，也可以用黑、白再去配另外一个颜色，例如，黑白红、黑白绿、黑白黄都很好看。但是红、黄、绿就要小心使用了，如果颜色都鲜艳，搭配起来效果就很糟糕。

复习思考题

1. 职业形象的重要性是什么？
2. 商务人员形象的 TPO 原则是什么？
3. 穿西装的“三个三”的内容有哪些？
4. 女士职业装要区分哪些场合？

实践课堂

案例 1

李刚大学毕业，进入了一家公司，被分配到销售部，做产品推销工作。他早就听说过公司职员的个人形象在业务交往中备受重视，因此，第一次外出推销产品时，便穿上了一身刚买的深色西装、一双黑色的皮鞋和一双白色的袜子，希望自己形象不俗，并且有所收获。令小李大惑不解的是，他虽然跑了不少地方，但与接待他的人刚一见面，对方往往朝他打量几眼，便把他支走了。有的大厦的保安，甚至连门都不让他进去。小李思量再三，却找不到屡屡被拒之门外的原因，这究竟是为什么呢？

思考题：

1. 小李屡屡被拒之门外的原因是什么？
2. 你如果去公司求职，应该怎样着装？

案例 2

郑小姐在一家国内的公司工作。有一次，上级派她代表公司前往南方某城市参加一个大型的外贸商品洽谈会。为了给外商留下良好的印象，郑小姐在洽谈会上专门穿上了一件粉色的上衣和一条蓝色的裙裤。然而，正是她新添置的这身服装，使不少外商对她敬而远之，甚至连跟她正面接触一下都很不情愿。

思考题：

1. 郑小姐为什么遇到这样的尴尬呢？
2. 在与外商交往的场合，应当怎样着装？

实训练习

两人为一组，准备一条领带，相互练习领带的打法。

第三章

商务举止礼仪

【学习目标】

1. 知道身体语言的作用。

2. 注重标准站姿、标准坐姿的培养，掌握握手礼仪的要求。

【技能要求】

1. 学会运用举止礼仪的知识，练习标准站姿、标准坐姿、标准行姿和正确握手。

2. 培养举止礼仪，要理论与实践相结合，不断练习和坚持，让自己变得优雅、得体、端庄、大方，在商务交际中赢得机会。

引导案例　　　　举止不当引发的后果

某知名国际酒店欲与中方某家酒店洽谈合作事宜，前面的商谈都很顺利，马上就要签约了，外商提出来要到中方的酒店去看一下。在中方经理的带领下，外商参观了中方的酒店。从服务员到酒店的装潢与环境，外商都很满意，接下来，中外双方准备签约。

在洽谈室里，中方酒店经理眼看这笔业务就要谈成了，非常兴奋，也非常得意，开始靠在椅子后背上，松了松领带，跷起了二郎腿，习惯性地抖动起来……这让外商们感觉很陌生，也很不舒服，提出要再考虑一下……

案例分析：

举止指的是人们在外观上可以明显被观察到的活动、动作，以及在活动中身体各部分所呈现的姿态，也叫举止或仪态。在商务交往中，行为举止对商务交流有很大的影响，不同的姿势有不同的作用，反映着人的不同心态，甚至可以代替口语、表达口语难以表达的信息。

在商务交往中，行为举止都要符合一定的规范，才能体现出商务人员本身的修养，以及对交往对象的尊重。不当举止会给商务伙伴留下不良的印象，使合作伙伴觉得不受尊重，同时对你的品质、修养产生质疑，甚至对你所代表的企业产生怀疑，进而不愿合作。

本案例中，外商本来对中方酒店的管理很满意，就要准备签合作协议了。但是，中方酒店的“得意忘形”所产生的不当举止，即靠在椅子后背上、松了松领带、跷起了二郎腿、习惯性地抖动起来……让外商对中方酒店的经理很失望，进而对中方酒店的管理能力产生了质疑，最终导致合作不能进行，可谓“煮熟的鸭子飞走了”。由此可见，商务人员的举止礼仪有多么重要。

第一节 身体语言的作用

小贴士

一个天生的身体语言专家，他的领导作用是运用成熟的身体语言而不是言辞。

——英格丽

言语交际和非言语交际是人类社会交际的两种手段，身体语言是非言语交际的手段之一，它是用表情、动作、姿态、手势等传递语义信息、交流思想感情的“无声语言”，因此，身体语言又被称为仪态语言。身体语言专家惠斯代尔的研究表明，在人际沟通中，有65%的信息是通过身体语言表达的。优美的身体语言比口头语言更生动、真实且容易接受。在商务礼仪中，身体语言的作用具体体现在以下几个方面。

一、强调有声语言的信息

身体语言中的面部表情、身体姿态、手势和动作等，有些是有意识的表现，有些可能是无意识的流露，但在表情达意上都与有声语言协调一致，它们与有声语言一起共同完成交际者传递思想感情的任务。在这一过程中，身体语言以其独有的方式，有力地对有声语言加以烘托、映衬、加强了有声语言的情感的生动性和思想的鲜明性。

案例

中国复关和加入世贸谈判谈了 13 年，龙永图率中国代表团，就市场准入议定书与主要缔约方进行了激烈的“讨价还价”，其中美国困难最大，他们财大气粗，咄咄逼人，谈判进行得非常艰苦。有一次令他怒不可遏，那次，他与美国人谈肉类进出口问题。

美国人傲慢地说，“美国的肉很好，不用你们检疫，你们中国的肉在我们美国只能做狗食。”当时，龙永图觉得受到莫大的侮辱，拍案而起：“请你出去，我需要冷静一下。你必须道歉，否则我们没法谈下去。”

案例分析：

拍案而起的身体语言，强调了要求美国谈判代表道歉的语言信息，也显示了中国在一个大国面前的尊严和姿态。

二、补充有声语言的信息

在语言交际中，有时候由于主观和客观因素的影响，表达者要表达丰富的思想感情，却往往难以用有声语言非常完美、充分地表达出来，或“言不尽意”，使语义信息、情感信息含量不足、匮乏；或“词不达意”，造成信息传递的中断，甚至使对方误解。身体语言在一定情境下，可以用身体的动作、表情来弥补言语表达的不足。

案例

有一次，马雅可夫斯基在莫斯科综合技术博物馆大厅举行演讲会。在演讲过程中，一个矮胖子挤到主席台上，斥责诗人带有极大的偏见："我应当提醒你，马雅可夫斯基，拿破仑有一句名言'从伟大到可笑，只有一步之差'。"马雅可夫斯基突然目测了一下自己与那个讲话人的距离，然后赞同地说："不错，从伟大到可笑，只有一步之差。"他边说边用手指着自己与那个矮子，顿时全场哗然。

案例分析：

马雅可夫斯基巧妙机智地借用对方的攻击语言，用自指和他指的手势动作来指代自己与对方——一个是伟大的，一个是可笑的，使有声语言的内容和性质发生了根本变化，有力地讽刺和回击了对方，收到了意想不到的效果。试想，如果没有手势动作的辅助，只能表明诗人对矮个子的赞同，意思就完全相反了。

三、 替代有声语言的信息

当语言信息受到严重干扰，有些思想感情难以或不宜用有声语言表达时，身体语言可以直接替代有声语言，独立地完成交际任务这种不宜于用有声语言表达的特定场合，是受不同因素的制约所造成的。身体语言在特定场合下替代有声语言，对于直接表达语义内容，迅速表达复杂感情起了"此时无声胜有声"的作用。

案例

周恩来陪越南领导人长征吃工作餐，女服务员端来擦手毛巾，周恩来使眼色让她先给长征同志……总理那么使眼色，她只是发愣，却没反应过来，端着盘子又递给周总理，总理不接盘子里的毛巾，再次朝长征那边用眼色示意。

在这里身体语言发挥了独特的作用。一般来讲，对外服务的原则是"先宾后主"，女服务员没有认出长征是外宾，结果先给总理递毛巾，在这种对外场合下，总理不便于直接说明，只好两次用眼色示意，要先给外宾递毛巾，这种示意是外宾和其他人不易察觉的，非常隐讳。用隐讳的暗示形式表示明确的语义内容，体现了身体语言的修辞作用。

在商务交往中，身体语言要求美观大方、自然优雅。它不但透露出一个人良好的仪态修养，是人的内在品质、知识修养的真实外露，而且能赢得对方的好感，获得更多的合作机会。

第二节 标准站姿

优美的站姿是培养身体语言的起点，是培养动态美的基础，站立时保持端正的姿势，优雅的神态和怡然的表情，会给人一种挺拔健美、精力充沛和积极向上的印象。

一、 标准站姿简介

标准的站姿，从正面观看，全身笔直，精神饱满，两眼正视，两肩平齐，两臂自然下垂，两脚跟并拢，两脚尖张开 45°～60°，身体重心落于两腿正中；从侧面看，两眼平视，下颌微收，挺胸收腹，腰背挺直，手中指贴裤缝，整个身体庄重、挺拔。采取这种站姿，不仅会使人看起来稳重、大方、俊美、挺拔，它还可以帮助呼吸，改善血液循环，并在一定程度上缓解身体的疲劳。

标准站姿的关键要看三个部位：一是髋部向上提，脚趾抓地；二是腹肌、臀肌收缩上提，前后形成夹力；三是头顶上悬，肩向下沉。这三个部位的肌肉力量相互制约，才能保持标准站姿。

二、男士标准站姿

（一）男士标准站姿要求

根据标准站姿的要求，男性站立时，身体要立直，挺胸抬头、下颌微收、双目平视、两膝并严、脚跟靠紧，脚掌分开呈“V”字形。挺髋立腰、吸腹收臀、双手置于身体两侧自然下垂，从头到脚成一条线；或者两脚微分，但不能超过肩宽。这样站使男士如挺拔的青松，显得刚毅端庄，精神饱满。具体而言：

① 头正，双目平视，嘴角微闭，下颌微收，面部平和自然。

② 双肩放松，稍向下沉，身体有向上的感觉，呼吸自然。

③ 躯干挺直，收腹，挺胸，立腰。

④ 双臂放松，自然下垂于体侧，手指自然弯曲。

⑤ 双腿并拢立直，两脚跟靠紧，脚尖分开成 45°～60°，双脚可分开但不能超过肩宽。

（二）男士站姿礼仪

1. 不同场合的站姿要求

升国旗、奏国歌或接见等庄严的场合，必须采取“肃立”的姿势：身体直立、双手置于大腿外侧，双腿自然并拢，脚跟紧靠，脚掌分开成“V”字形，神情严肃，中途不能乱动；门迎、侍应人员往往站的时间很长，双腿可以平分站立，右手握住左手手背，垂放于腹部并稍微上提，或者放在后腰处，如图 3-1 所示。

图 3-1　男士站姿

（图片来源：http://lc.licheng.gov.cn/shtml/lc/20120406/7604.shtml）

在站着进行商务交谈时，如果空着手，则可双手在体前交叉，右手放在左手上。若手上拎着皮包，则可利用皮包摆出优美的姿势。同时还要注意，不要双臂交叉，更不能两手叉腰，或将手插在裤袋里或下意识地做小动作，如摆弄打火机、香烟盒等。

当与外宾交谈时，要面向对方站立，且保持一定的距离，太远或过近都是不礼貌的。站立的姿势要正，可以稍弯腰，但切忌身体歪斜、两腿分开的距离过大或倚墙靠柱、手扶椅背等不雅与失礼的姿态。

在向长辈、朋友、同事问候或做介绍时，不论握手或鞠躬，双足应当并立，相距约10厘米，且膝盖要挺直。在穿礼服时，最好不要双脚并列，要让两脚之间前后距离5厘米，以其中一只脚为重心。

在等车或等人时，两脚的位置可一前一后，保持45°角，这时的肌肉要放松且自然，但仍要保持身体的挺直。

2. 站姿变化

为了维持较长时间的站立或稍事休息，在上身保持挺直的情况下，标准站姿中双脚的姿势可稍作变化：一种方式，两脚分开，但是两脚外沿宽度以不超过两肩的宽度为宜；另一种方式，以一只脚为重心，另一只脚稍曲以休息，然后轮换。

（三）男士站姿禁忌

1. 双手摆放

双手不要叉腰或交叉抱于胸前，更不要放在裤子口袋里。双手交叉抱于胸前容易使人产生距离感，特别是对方身材较低时，尤其不能使用这种手位；在接待客人与人交谈时双手叉腰，容易形成一种盛气凌人之感；另外，双手叉腰是一种含进犯性意识的态势，如在男女之间，这种姿势还有“性的侵犯”的潜意识。

双手放在裤子口袋里，会给人轻率的感觉，显得不够庄重，应力求避免。双腿不要交叉站立，不要斜靠在树干、墙壁或栏杆上，更不能抖动。

2. 双腿站立

双腿交叉站立或抖动都是一种轻浮、漫不经心的举动，极不严肃；同时这种交叉腿的动作也是一种防卫性信号。有时一只脚踝紧靠在另一条腿上，而以脚尖或脚掌触底，也会给对方一种缺乏自信、紧张的感觉，至少是不够大方。应采用开放式姿态——两脚分开，两脚成正步或一前一后，抬头挺胸，眼睛看着对方，给人以坦率、自信的感觉或印象。

3. 双脚站立注意

双脚站立时，不要呈“人”字步或“登踩式”。

在正常情况下，“V”字步、“丁”字步或平行步均可采用，但要避免“人”字步和“蹬踩式”。“人”字步也就是“内八字”步；“蹬踩式”指的是一只脚站在地上的同时，把另一只脚踩在鞋帮上，或是踏在其他物体上。

4. 不要弯腰驼背

在站立时，一个人如果弯腰驼背，除其腰部弯曲、背部弓起之外，通常还会同时伴有颈部弯缩、胸部凹陷、腹部凸出、臀部撅起等一些其他的不良体态。它显得一个人缺乏锻炼、无精打采，甚至健康不佳。

5. 不要浑身扭动，东张西望

与别人站立谈话时，如果站得疲惫了可建议与对方一同坐下，再继续谈话，也可采取稍息姿势，切不可浑身扭动，东张西望，斜肩叉腰。因为这些举动均属于轻薄浮夸的行为，必须力求避免。

三、 女士标准站姿

女性的标准站姿是全身直立，双腿并拢，双脚微分，双手贴放在腹前，抬头、挺胸、收腹、目视前方。这种站姿会使女士在站立时优雅动人。

（一）女士标准站姿要求

1. 双脚

双脚的脚跟应靠拢在一起，两脚的脚尖应相距 10 厘米左右，其张角为 45°，成“V”形。两只脚还可以一前一后，前一只脚的脚跟轻轻靠近后一只脚的脚弓，将重心集中于后一只脚上，成“丁”字步，切勿两脚分开，甚至平行状，也不要将重心分配在两只脚上。

2. 双膝

在正式场合双膝应挺直，在非正式场合则伸在前面的那一条腿的膝部可以略为弯曲，以为“稍息”。但是不论处于哪一种场合，双膝都应有意识地靠拢。这样才能确保双腿自上而下的全方位并拢，并使髋骨自然上提，避免双腿“分裂”、臀部撅起等极不雅观的姿势。

3. 双手

站立时若非拎包、持物，则最好是将右手搭在左手上，然后贴在腹部，同时应当注意放松双肩，使双肩自然下垂，不要耸肩、斜肩或是弯臂、端肩。在非正式场合双手自然下垂贴放在身体两侧，但在正式场合就毫无美感而言。

站立时，不要把手插在口袋或袖子里，也不要双手相握，背在身后。前一种做法显得自由散漫，后一种做法则看起来老态龙钟。

4. 胸部

在站立时胸部应略向前方挺出，同时注意收紧腹肌，并挺直后背，使整个身体的重心集中于双腿中间，不偏不斜。这样不仅看起来精神振奋，线条优美，而且也不会出现凹胸、挺腹、弓背等难看的姿势。

5. 下颌

下颌要微内收，脖颈要挺直，双目要平视前方，以便使自己显得自然、放松。不要羞于抬头正视于人，好像做了“亏心事”一样；也不要下颌高扬，用鼻孔“看人”，给人以目空一切之感。此外，还要避免探脖的恶习。

（二）女士站姿礼仪

1. 不同场合的站姿要求

升国旗、奏国歌或接受接见等庄严场合，女士站姿与男士站姿相同，也必须采取“肃立”的姿势，如图 3-2 所示。礼仪小姐的站立，一般采用立正的姿势或“丁”字步，这时“丁”

字步的重心不一定要放在前面的左脚上，可以同时放在左、右腿上，右手握住左手手背，垂放于腹部并稍微上提。

图 3-2　女士站姿

向人问候或做介绍时，无论握手或鞠躬，双脚应当并立，相距 10 厘米，膝盖要挺直；等车或等人时，两脚的位置可一前一后，保持 45°，身体要挺直。

穿礼服或旗袍时，双脚之间前后相距约 5 厘米，以一只脚为重心，不可双脚并立。工作期间，带文件时，应把文件放在身侧，双手轻抚；双手拿文件时，应将文件放在身体一边，用双手轻抚；没有文件时，右手轻轻叠放在左手手背上，双手轻靠在腰下，眼光平和地注视对象或正前方，略含微笑，给人以优美、亲切的感觉。

2. 站姿的变化

站立时间较长时，为了避免身体僵直硬化，女士可以自然变换站立的姿势，双脚除了选择并拢的站立姿势，也可以“丁”字步站姿。无论何种站姿，只有脚的姿势及角度和手的位置在变，而身体一定要保持挺拔俊美。

（三）女士站姿禁忌

女士在站立时，切忌双脚叉开、交叠或呈内外八字；脚不可在地上不停地画弧线；姿势不要常常变更，也不要东倒西歪地将身体倚在其他物体上；不要躬腰驼背或挺腹后仰，也不要与别人勾肩搭背地站着；两手不要插在裤袋里或叉在腰间，也不要抱臂于胸前。

小贴士　　**练习站姿的要领**

① 抬头，颈挺直，双目向前平视，下颌微收，嘴唇微闭，面带笑容，动作平和自然。

② 双肩放松，内气向下压，身体又向上的感觉，自然呼吸。

③ 躯干挺直，直立站好，身体重心应在两腿中间，防止重心偏移，做到挺胸、收腹、立腰。

④ 双臂放松，自然下垂于体侧，手指自然弯曲，或将右手搭在左手上，然后贴在腹部。

⑤ 双腿立直，保持身体正直，膝和脚后跟靠紧。

第三节 标准坐姿

正确规范的礼仪坐姿要求端庄而优美，给人以优雅、稳重、自然、大方的美感，传递着热情、自信和友好的信息。男士的坐姿要“坐如钟”，即坐相要像钟一样端庄、稳重；女士的坐姿要“坐如芍药”，优雅大方。

一、标准坐姿基本要求

脊背挺直，肩放松，两膝并拢，双手自然放在膝上或椅子的扶手上，上体直挺，勿弯腰驼背，也不可前贴桌边，后靠椅背，上身与桌边、椅背应相距一拳左右，头平稳，目平视，双膝并拢，双脚自然着地。

（一）男士坐姿

男士入座后，人体重心要垂直向下，腰部挺起，上身垂直，不要给人以“瘫倒在椅子上”的感觉。坐时，大腿与小腿基本上成直角，两膝应并拢，或微微分开一拳左右的距离，两脚平放地面，两脚间距与肩同宽，手自然放在双膝上或椅子扶手上，头平稳，目平视。如图3-3所示。

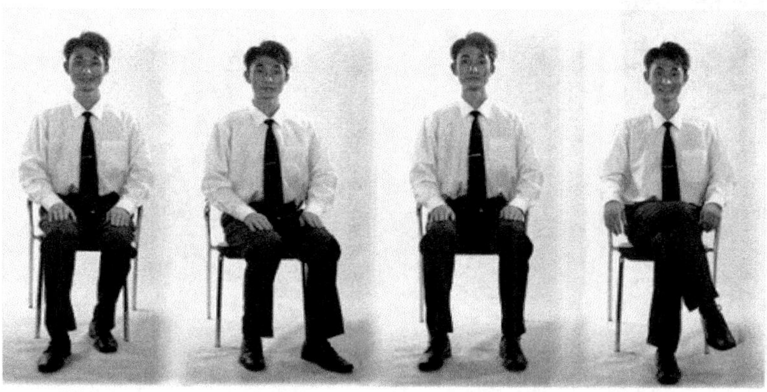

前伸式　侧身前伸式　标准式　重叠式

图 3-3　男士正确坐姿

（图片来源：http://www.huayou.com/comcontent_detail）

需要侧坐时，应让上体与腿同时转向一侧，头部向前方。如有需要，可交叠双腿，但一般是右腿架在左腿上。注意，一般社交场合最好避免使用这一姿势，因为这样会给人以显示自己地位和优势的不平衡感。

（二）女士坐姿

男女坐姿大体相同，只是细节上略有些差别。女士就座时，要根据座椅的高低调整坐姿，双脚可正放或侧放，并拢或交叠，但要切记：女士的双膝应并拢，任何时候都不能分开。穿裙装入座前要用手拢一下裙子再坐。

女士入座，通常有以下几种坐姿。

1. 双腿垂直式

具体姿势是双腿垂直于地面，双脚的脚踝、膝盖直至大腿都要并拢在一起，双手自然放在双腿上。这是正式场合的最基本坐姿，可以给人以诚恳、认真的印象。必须注意，这种坐姿脊背一定要伸直，头部摆正，目视前方。注意，双膝不能张开，否则会给人很散漫的印象，如图3-4所示。

2. 双腿叠放式

这种坐姿要求上下交叠的膝盖之间不可分开，两腿交叠呈一条直线，给人一种纤细的感觉。双脚放置的方法可视座椅的高矮而定，既可以垂直，也可以与地面成45°角斜放。脚尖不能跷起，更不应直指他人。采用这种坐姿时，切勿双手抱膝，更不能两膝分开。穿短裙时应慎用这种坐姿，如图3-5所示。

图3-4 女士双腿垂直式坐姿

图3-5 女士双腿叠放式坐姿

（图片来源：http://www.huayou.com/comcontent_detail）

3. 双腿斜放式

坐在较低的椅子上时，如果双脚垂直放置，膝盖可能会高过腰部，很不雅观。这时就可采用双腿斜放式，即双腿并拢后，双脚同时向右侧或左侧斜放，并且与地面成45°左右的夹角，这样，就座者的身体就会呈现优美的"S"形。坐沙发时，这种姿势最适宜。注意，两膝不宜分开，小腿间也不要有距离，如图3-6所示。

4. 双脚交叉式

具体姿势是双腿并拢，双脚在踝部交叉后略向左侧或右侧斜放。坐在主席台上、办公桌后面或公共汽车上时，比较适合采用这种姿势，感觉比较自然。应当注意的是，采用这种姿势时，膝部不宜打开，也不宜将交叉的双脚大幅度地分开，或者是向前方直伸出去，否则，可能会影响从前面通过的人，给别人带来困扰，如图 3-7 所示。

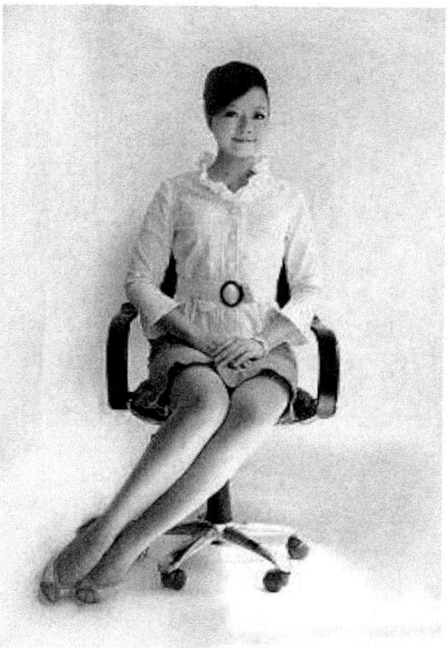

图 3-6 女士双腿斜放式坐姿

图 3-7 女士双脚交叉式坐姿

（图片来源：http://cul.asean168.com/a/20150504/4882.html）

5. 双脚内收式

具体要求是两条小腿向后侧屈回，双脚脚掌着地，膝盖以上并拢，两脚稍微张开。这也是变化的坐姿之一，尤其是在自己不受瞩目的场合，这种坐姿显得轻松自然。

6. 脚踝盘住收起式

椅子较低时，除了可斜坐之外，还可以将脚踝盘起，往椅子下面靠。但是像沙发这样下面没有空间的坐具，就不可采取这种姿势；若是柜台或酒吧内的高脚椅，就可以采用这种坐姿。

一般而言，女士坐姿主要以前三种姿势为主。

二、坐姿礼仪

（一）一般坐姿礼仪

就座时，要和客人一起入座或同时入座，要分清尊卑，先请对方入座，自己不要抢先入座。正式场合一般应从座位左侧入座，入座要轻柔缓和，人走到座位前，转身背对，从容地慢慢坐下，然后把双脚跟合拢。坐下后不要随意挪动椅子。坐在椅子上，应至少坐满椅子的 2/3，宽座沙发则至少坐 1/2，如图 3-8 所示。

谈话时应根据交谈者方位，将上体双膝侧转向交谈者，上身仍保持挺直，不要出现自卑、恭维、讨好的姿态。讲究礼仪要尊重别人，但不能失去自尊。离座时要自然、稳当，右脚向后收半步，然后站起，缓慢起身，从椅子左边离开，动作轻柔，尽量不要碰得桌椅叮当响。

正确沙发坐姿　　　　错误沙发坐姿

图 3-8　一般坐姿

(图片来源：http://blog.sina.com.cn/s/blog_598f1fa90100xwdn.html)

1. 女士入座礼仪

女士入座时，若是裙装，应用手将裙子稍稍拢一下，不要坐下后再拉拽衣裙，那样不优雅。一般应从椅子的左边入座，离座时也要从椅子左边离开，这是一种礼貌。

女士入座要娴雅、文静、柔美，两腿并拢，双脚同时向左或向右放，两手叠放于左右腿上。如长时间端坐，可将两腿交叉重叠，但要注意上面的腿向回收，脚尖向下，以给人高贵、大方之感，如图 3-9 所示。

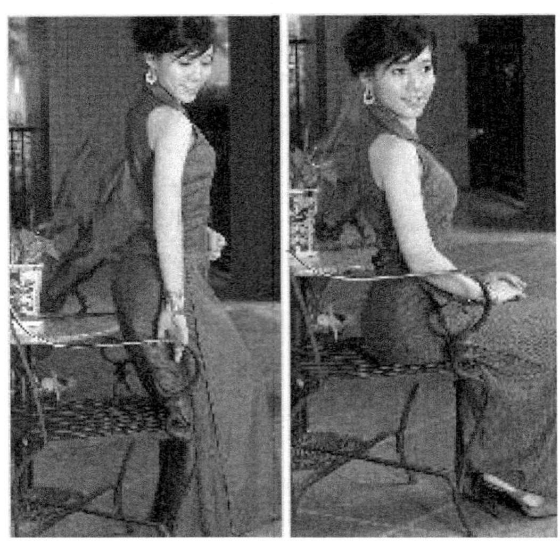

图 3-9　女士入座

(图片来源：http://blog.sina.com.cn/s/blog_598f1fa90100xwdn.html)

2. 就餐坐姿礼仪

在餐厅就餐时最得体的入座方式是从左侧入座。当椅子被拉开后，身体在几乎碰到桌子的距离站直，领位者会把椅子推进来，腿弯碰到后面的椅子时，就可以坐下来了。

就座后，坐姿应端正，上身可以轻靠椅背。不要用手托腮或双臂肘放在桌上。不要频频离席，或挪动座椅。用餐时，上臂和背部要靠到椅背，不要随意摆弄餐具和餐巾，腹部和桌子保持约一个拳头的距离。两脚交叉的坐姿最好避免。

（二）坐姿禁忌

1. 上身不要后靠椅背

椅背的依靠主要用于休息，工作时不要把上身完全依靠着座椅的背部，最好一点都不依靠。一般不宜坐满椅子的 2/3 以上，特别是在尊长面前，若是只坐椅子的 1/2，那么对长辈的敬意尽在不言中。交谈的时候，为表示重视，不仅应面向对方，而且应将整个上身朝向对方。

2. 双脚不要张开、交叉或抖动

不可将双脚直伸出去，更不能将腿放在桌椅上。特别是身穿裙装的女士，不论大腿叉开还是小腿叉开，都非常不雅。女士最好不要跷起二郎腿，若跷了二郎腿时，悬空的脚尖应向下，切勿脚尖朝天。坐沙发要注意臀部的位置，沙发座位较大较深时不要太靠里面，特别是小腿不要紧贴边沿，否则，小腿会被挤成两个“大萝卜”，很不雅观。

3. 双手不要随意摆放

双手不要交叉放在桌上或胸前，也不要单手或双手托额。手可放在前面的桌子或椅子扶手上，男士还可以放在两条大腿上。女士可以双手叠放后放在一条大腿上，如图 3-10 所示。但是，双手夹在两腿间、双手抱在腿上、双手垫在臀部下面、双手抱在胸前、双手抱在脑后、双手前伸趴在桌上或以手抚腿摸脚等动作，都是不雅观的，也是非常失礼的。

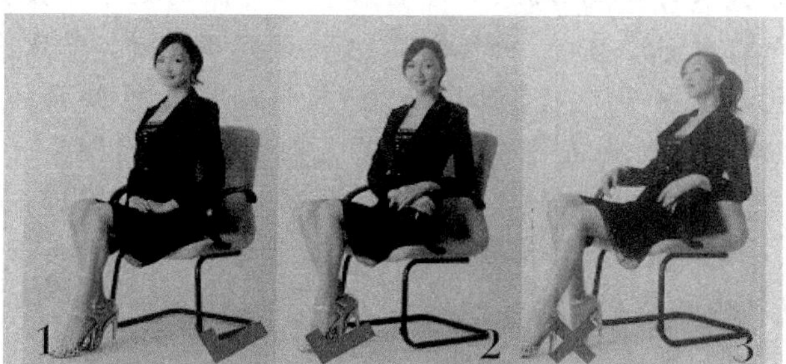

扶手椅

图1：正确。扶手椅较大时，可以只坐椅子前一半或1/3。可以选择最标准的姿势，把双手叠放在腿上，不去利用扶手。

图2：正确。可以把一只手放在一边的扶手上，另一只手搭放在这只手上，注意手心朝下。

图3：错误。入座后应避免分开两手分别搁在左右扶手上。

图 3-10　女士坐姿

（图片来源：http://blog.sina.com.cn/s/blog_598f1fa90100xwdn.html）

4. 要避免一些不合礼仪的举止体态

例如，随意脱下上衣，摘掉领带，卷起衣袖；说话时比比画画，或挪动座椅；头枕椅背打哈欠，伸懒腰，揉眼睛，搔头发等都是不合礼仪的举止。

小贴士 **错误坐姿的危害**

1. 肩膀

错误坐姿首先容易伤害的部位是双肩，有时候因为办公桌的高度不合适，导致我们在坐着工作的时候不得不把双臂抬高放在桌子上做事，时间长了容易引起肩周炎。

解决：可以在休息的时候做耸肩动作。

2. 颈部

颈部的毛病是坐姿不正确造成的，当头水平线向上或是向下保持一个姿势时间过长，而且不加调整时，很容易导致颈部的疾病，比如颈椎增生等。

解决：在休息的时候做左右摆头的动作。

3. 膝盖

错误的坐姿对膝盖的伤害是无形的，总是让膝盖与小腿保持紧张的状态，膝盖的韧带得不到充分的放松是根本原因。

解决：经常故意跷跷二郎腿就可以在很大程度上缓解，另外也可以站立起来，在小范围内散散步。

4. 小腹

办公桌前的人们很少能保证8个小时都后背挺直地坐着，稍微一松懈就可能形成肚腩。

解决：工作闲暇，经常做蹲下起来的动作，效果很明显。

5. 腰肌

长期久坐不动，容易不自觉地弯腰，弯腰将加重腰部肌肉的紧张度。长时间处于紧张状态，不仅会导致腰部肌肉易于疲劳，出现酸胀感和疼痛不适感，并且使得腰部的支撑力和稳定性降低，容易受到损伤而产生急性腰痛发作，从而成慢性腰痛的可能较大。因此，长期久坐不动是导致腰肌劳损发病率的重要原因。

解决：坚持进行腰背肌功能锻炼。双脚与肩同宽站立，双手掐腰，身体后仰、直立、再后仰、再直立，如此反复。身体俯卧，双手抱于头部，使身体尽量抬离床面，双腿同时伸直后翘，呈鲤鱼打挺状，如此反复。

（资料来源：http://henan.qq.com/a/20131028/009608.htm）

第四节 标准行姿

行姿也称走姿，是指人在行走的过程中所形成的姿势，规范的走姿具有动态美，是流动的造型，最能体现一个人的精神面貌。古人说“行如风”，即走起路来要像风一样轻盈、矫健。商务人员走路应步伐轻快、不慌不忙而显得稳重大方，如图3-11所示。

一、标准行姿基本要求

正确的行姿应该是步履自然、轻盈、稳健，腰身挺拔，头要平稳，肩要放松，两眼平视，面带微笑。基本要领是以胸领动肩轴摆，提髋提膝小步迈，跟落掌接趾推送，双眼平视背放松。具体应该注意以下几点。

1. 头正颈直

双目平视，面带微笑收下颌，表情自然平和。

2. 肩平臂垂

双肩平稳，两臂自然下垂，手指自然弯曲，摆动时要以肩关节为轴，上臂带动前臂向前，手臂要摆直线，肘关节略屈，小臂不要向上晃动，向后摆动时，手臂外开不超过 30°，前后摆动幅度为 30～40 厘米。

3. 挺胸收腹

上身挺直，重心稍向前倾。在行走时，身体要保持平稳，不要左右摆动，要使自己的腰部至脚部始终保持挺拔的形态。

4. 步位直

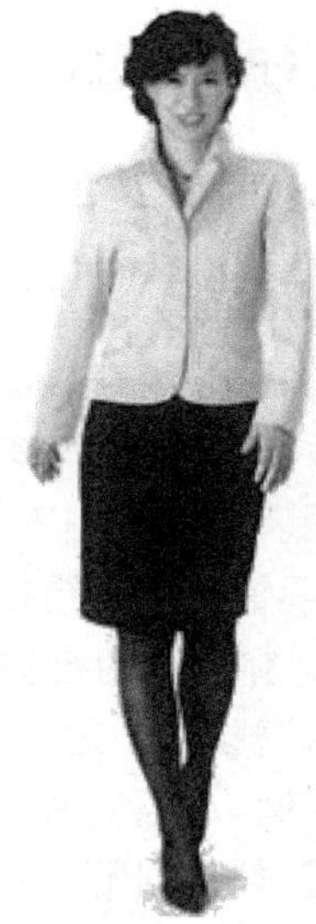

图 3-11　女士行姿

步位是指行走时，脚落在地上的位置。在行走时，向前伸出的脚应保持脚尖向前，不要向内或向外，双脚行走的轨迹大体保持在一条直线上。女士行走时，最好的步位是两只脚踩在一条直线上；男士则是两脚的轨迹是两条平行线。

5. 步幅适度，步韵平稳

步幅是指行走时两脚间的距离，具体是指一脚踩出落地时，脚跟离后脚尖的距离。一般来说，步幅等于自己的脚长，身高超过 1.75 米以上的人，步幅约为一脚半长。在商务活动中，商务人员要展示自身沉稳、大方的气质，行走时必须保持匀速前进，同时显得有节奏感。男士要挺拔干练，显出阳刚之美，步幅通常较大；女士要优雅大方，显出阴柔之美，通常步幅较小，如图 3-12 所示。

图 3-12　女士行姿分解

（图片来源：http://blog.sina.com.cn/s/blog_c6b46bb80101cg6p.html/）

二、 行姿礼仪

（一）不同着装的行姿

一般来讲，以直线条为主的服装要展现矫健、庄重、大方的特点；以曲线为主的服装要表现妩媚、柔美、优雅、飘逸的气质。

1. 穿西装的行姿

西装以直线为主，穿西装要注意腰身挺拔，保持后背平直，两腿直立，走路的步幅可略大些，手臂放松伸直摆动，女士注意行走时臀部不要左右摆动。

2. 穿旗袍的行姿

旗袍以曲线为主，反映出东方女性柔美的风韵，穿旗袍要求身体挺拔，下颌微收，不要弯腰撅臀，走路幅度不宜大，走成一条直线，两手臂在体侧自然小幅摆动，用腰力把身体重量提起，臀部可随脚步和身体重心的转移，稍左右摆动，但上身依然平稳。

3. 穿裙子的行姿

女性长裙使人显得修长，步幅频率不能过快，走路要平稳，保持裙摆的摆动与脚步协调，有韵律感，转动时要注意和身体协调配合，调整头、胸、腰三轴的角度，塑造整体美。穿短于膝盖的裙装要表现出轻盈、敏捷、活泼、洒脱的特点，行走步幅不宜大，频率可稍快，给人以活泼、灵巧的风格。

4. 平底鞋与高跟鞋的行姿

穿平跟鞋时走路要脚跟先着地，注意脚跟到脚掌的过渡，用力均匀适度。

穿高跟鞋时由于脚跟提高，身体重心前移，为了保持身体的平衡，要求直膝，立腰收腹、收臀，挺胸抬头略收颌，行走时步幅不宜大，膝盖不要太弯，两腿并拢，不强调脚跟脚掌的推送过程，两脚跟前后才在一条直线上，如图 3-13 所示。

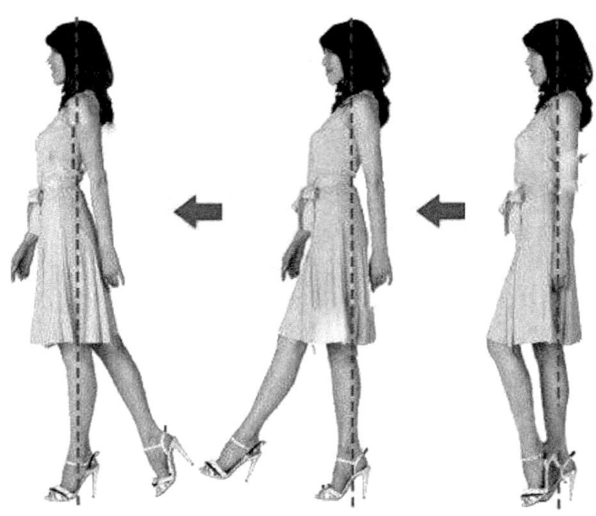

图 3-13 穿高跟鞋的正确走姿

（图片来源：http://www.duitang.com/people/mblog/64447536/detail/）

（二）不同场合的行姿

不同的行姿会体现一个人不同的精神状态。行走时弯腰驼背，拖拖拉拉，会显得精神不振、垂头丧气；而轻盈欢快的行姿会体现出充满自信和喜悦的精神状态。

因此，不同场合的行姿应有所不同。具体而言：迎接宾客时，步伐应稳健大方；参观展览时，脚步应缓慢轻柔；参加喜庆活动时，步态可轻盈欢快；参加吊丧活动时，步态宜缓慢、沉重；办事联络时，步伐要快捷稳重，以体现效率，特别是男士走路，适当加快步伐有利于提升个人魅力；而在办公场所，脚步应轻而稳，除非有紧急情况，不宜火急火燎地以小跑代替走路，可加快步伐。

（三）行姿禁忌

1. 方向不定，忽左忽右

在行走时应该明确方向，不可忽左忽右，举棋不定，让人觉得心神不定，缺乏信心。

2. 抢道先行，横冲直撞

在行走时，要注意照顾和方便他人，通过人多路窄之处，应该讲究"先来后到"，对他人"礼让三先"；切忌在人群中乱冲乱撞，甚至碰撞他人的身体。

3. 速度多变，勾肩搭背

在行走时，不要忽快忽慢，更不要勾肩搭背。太慢会阻挡道路；太快会令人感到莫名其妙，甚至会制造紧张气氛；勾肩搭背会有失风度。

4. 声响过大，制造噪声

行走时声响过大，会妨碍或惊吓他人。因此，行走时要步履轻盈，落脚时不要过分用力，走得"咚咚"直响；不要穿带金属鞋跟或钉有金属鞋掌的鞋；穿鞋一定要合脚，不要太大，否则，会发出啪嗒的噪声。

5. 身体僵硬或过分摇摆

身体僵硬会给人一种内心保守顽固，思想僵化之感；身体过分摇摆会给人一种轻佻、浅薄，矫揉造作之感。

6. 双手插兜或背在生后

双手插兜给人一种狂妄自大或偏狭小气，缺乏教养的感觉；双手背于身后则会给人一种自恃优越，高于他人的感觉。

7. 膝盖僵直，双脚擦地

行走时，膝盖僵直，双脚擦地，会给人一种拖沓、迟钝，缺乏朝气和活力的感觉。

8. 内八字或外八字

行走时，脚尖向内或向外就会构成内八字或外八字，看起来非常不雅观。

三、蹲姿礼仪

蹲姿一般以下列两种为宜。

（一）交叉式蹲姿

下蹲时，右脚在前，左脚在后，右小腿基本垂直于地面，全脚着地，左腿在后与右腿交叉重叠，左膝由后面伸向右侧，左脚跟抬起，脚掌着地，两腿前后靠紧，合力支撑身体。臀部向下，上身稍前倾。

（二）高低式蹲姿

下蹲时左脚在前，右脚稍后，两腿靠紧往下蹲。左脚全脚着地，小腿基本垂直于地面，右脚脚跟提起，脚掌着地。右膝低于左膝，右膝内侧靠于左小腿内侧，形成左膝高右膝低的姿势，臀部向下，基本上靠一只腿支撑身体。一般在弯腰捡东西时采用，如图 3-14 所示。

图 3-14　正确蹲姿

（图片来源：http://blog.sina.com.cn/rss/1786851202.xml）

（三）不雅的蹲姿

下蹲时一定要注意不要有弯腰、臀部向后撅起的动作；切忌两腿叉开，两腿展开平衡下蹲，以及下蹲时露出内衣裤等不雅的动作，以免影响姿态美。因此，当要捡起落在地上的东西或拿取低处物品的时候，不可有只弯上身、翘臀部的动作，而应首先走到要捡或拿的东西旁边，再使用正确的蹲姿，将东西拿起。

第五节　握手礼仪

握手礼是大多数国家相互见面和离别时的礼节，是在商务活动中使用最多的也是最灵活方便的行为语言，有极强的表现力。既大方又优雅地与人握手，是一种交际艺术。一个令人愉快的握手，感觉是坚定、有力，代表能够承担风险，更重要的是能够负责任，以诚挚、热情的握手，来显示认识别人是多么高兴。

一、标准握手姿势

（一）标准握姿

在人们互致问候之后或问候之时，双方各自伸出自己的右手，彼此之间保持一步左右的距离，上身要略微前倾，注视对方，伸出的右手应四指并拢，拇指自然向上张开，紧握对方的手，伸出手时稍带角度，双方虎口（大拇指与手掌连接的关节处）应互相接触。一旦接触，应轻轻放下拇指，用其余四指包住对方的手掌。

握手要坚定有力，上下轻摇，晃动2～3下即可，然后松开。握手时间，一般3～5秒为宜，如图3-15所示。如果初次见面，时间不宜过长，以不超过3秒为宜。男士与女士握手时间不宜过长，握住女士的手不放，是很不礼貌的。

图3-15　握姿礼仪

握手时双方的目光应热情友好地注视对方，不要东张西望、心不在焉、上下打量，也不要嘴叼香烟或一只手插在口袋里，尤其是对待女士，最好是边握手边问候致意："您好！""见到您很高兴！""恭喜您！""辛苦啦！""谢谢！"……

（二）令人反感的握手

死死握住别人的手不放；用力过大，捏疼对方的手；左右摇晃；手心有汗，湿乎乎的；手过于冰冷；犹豫、不爽快、好像在告诉别人我不是做决定的人，让人觉得你软弱、狡猾、没有生气；戴着手套与人握手都是令人反感的。

小贴士　　**不同握手姿势的含义**

不同的握手姿势含义不同，给人的礼遇也不同，一般只要适合双方的情义即可。握手时掌心向下，往往显得傲慢，居高临下，是一个"控制式"的握手姿式；握手时掌心向上，则表示谦卑与恭敬，是"乞讨式"的握手方式；双手去握对方的手，即可表示更加尊重、亲切，也可表示更加感激，有求于人之意，是"手套式"的握手姿式；握手漫不经心，是"死鱼式"的握手方式；握手过于用力，是"蛮横式"的握手姿式；握手时轻轻触一下对方的手，给人以清高冰冷的感觉，是"抓指尖式"的握手姿式。无论采用哪种握手方式，关键要看握手者所要表达的意思，一般以标准的握手姿式为好。

二、握手礼仪

（一）握手的顺序

在正式场合，握手时伸手的先后顺序颇为讲究，一般讲究"尊者决定"，即由身份尊贵的人决定双方有无握手的必要。

正确的顺序是：上下级之间，上级伸手后，下级才能伸手相握；长辈与晚辈之间，长辈伸手后，晚辈才能伸手相握；男女之间，女士伸手后，男士才能伸手相握。然而，在朋友、平辈人之间，一般是谁伸手快，谁更有礼。此外，祝贺对方、宽慰对方或谅解对方时，应主动伸手。但是，无论什么人，如果忽略了握手礼的先后次序而已经伸出了手，对方都应该毫不迟疑地回握。

（二）握手的时机

一般来说，握手的时机包括被介绍给某人，以及与别人道别时；当客户、顾客、卖主或其他人进入你的办公室时（当然与你共进午餐、多次出入你的办公室的人不必握手）；碰见一个很久未见的人，比如其他部门的一位同事时；走进某个会场被介绍给与会者时；会议结束后互相道别，以及重申已达成协议时，等等。

无论何时握手，或以何种姿势握手，双方均应以温暖的掌心相握，流露出诚挚、温暖、亲切的笑容。男士切勿用力过大，女士切勿过于冷漠。请记住：盈盈一握，包含了是否令人愉快、信任、接受的契机。

三、 握手的禁忌

与人见面时，不可戴手套与人握手。女士戴薄手套是许可的，但是摘下手套，未必有失身份，与长辈、嘉宾握手时更是如此。

不要左手相握。穆斯林和印度人均认为，左手只适合为自己洗浴或者去洗手间方便，右手才负有高雅的使命。

握手时间不要太久或太短。握手的时间通常是3～5秒。匆匆握一下就松手显得敷衍；长久握着不放，尤其是与异性握手时，则给人“爱不释手”的感觉。

应该站着握手或者两个人都坐着。如果你坐着，有人走来和你握手，你必须站起来。如果多人同时握手致意，不要交叉，待别人握完再伸手。

不要心不在焉地握手。握手时要热情，面带笑容，注视对方的眼睛，握手时切不可东张西望或低头俯视地面，也不可把一只手放在口袋里。握手后切记用手帕擦手。

四、 世界各国的握手习惯

国家不同，人们握手的方式、方法也有所不同。握手时，谁先伸手、握手力量、握手时机、握手用单手握还是双手握，以及是否应与女人握手都应根据各国的风俗而定。当出访异国时，最好尊重当地人的风俗习惯；同样，在招待外国友人时，一个熟悉的问候会使他深感亲切和温馨。

在哥伦比亚，男人进屋或离开时，必须与在场的每一个人一一握手，以示礼貌；女人也必须与在场的每一位女性握手为礼。日本人习惯轻轻地握手，这并不代表虚弱，在日本，要注意本人的暗示，以决定是握手、鞠躬还是两者兼用。在韩国，握手就足矣。

在阿拉伯国家，男人每天都要握好多次手，即使刚分手又见面也不例外。他们先与最重要的人握手，再与其他人依次握手，并注视着对方。有力、稳健、上下摇动3次，这是标准的美式握手，而在欧洲并不适应。欧洲人只是用力适中地握一下就够了。

谨慎起见，握手时一定用右手，而不要用左手。因为在非洲、亚洲和中东一些国家和地区，人们忌讳使用左手，认为它是“不洁净的手”，那是用来上厕所和洗澡的。

在阿拉伯国家，男子不与妇女握手，所以，女士要注意不要主动与阿拉伯人握手。不过有一些男子在与女士握手时，会把手缩到袖子里面，隔着衣服将手伸出。这是为了避免肌肤的接触，女士可以就这样隔着垂下的袖子与他们握手。印度男子通常也不与妇女握手。世界各地的犹太教虔敬派男子也是如此。因为教规规定他们不能触摸妻子以外的其他女人。

在瑞典、俄罗斯、德国、法国、比利时和包括东欧在内的其他许多欧洲国家，到达和离开时必须与每一个人握手，切忌中途停止。握手时应从地位最高或年岁最大的人开始。地位最高的人一般会先伸手。特别是当你离开时，不要只简单地挥手告别，一定要握手。在亚洲，虽然不必与每个人一一握手，但仍需考虑场合。在泰国，人们问候一般不握手，而是双手合并，放在胸前，行鞠躬礼，以示尊敬，这和当地的宗教信仰有关。

以前人们认为握手意味着谈判成功，但是现在，这种象征意义被具有法律效力的协议和合同所取代。因此，在当今的世界各国中，握手只是表示谈判成功的符号，而不具有法律效力。

复习思考题

(1) 男士站立，脚后跟不用紧靠在一起，显得太拘谨，不妨双脚打开，超过肩宽，这样显得刚健洒脱，有男人味。

(2) 女士站时间长了很累，不妨靠在旁边的墙壁、柜子、门等物体上休息一下。

(3) 男士坐在椅子上，一般不要跷起“二郎腿”，更不要晃动，这样会显得漫不经心。

(4) 女士的坐姿一定要优雅，要在椅子上体现女性的柔美，上身不用挺直，可以靠在椅背上。

(5) 就座时，要和客人一起入座或同时入座，要分清尊卑，先请对方入座，自己不要抢先入座。

(6) 正式场合一般应从座位右侧入座，入座要轻柔缓和，人走到座位前，转身背对，从容地慢慢坐下，然后把双脚跟合拢。

(7) 男士与女士握手时间不宜过长，握住女士的手不放，是很不礼貌的。

(8) 冬天，天气太冷，人们握手可以戴着手套。

(9) 在泰国，人们喜欢见面握手，以表示对人的尊敬。

(10) 在非洲、亚洲和中东一些国家和地区，人们忌讳使用左手，认为它是“不洁净的手”，那是用来如厕和洗澡的。因此，谨慎起见，握手时一定用右手，而不要用左手。

思考题：以上说法有错误的，正确的做法是什么。

实践课堂

案例 1

在一个寒冷的冬天，某照明器材工厂的业务员小李(男士)到某贸易公司与业务部张经理(女士)洽谈业务。在贸易公司的门口遇到了正在与人交谈的张经理，还未脱手套，急忙上前用手牢牢握住张经理的手，进行寒暄。张经理在惊吓之余，急忙把手抽出来。小李见状，急忙道歉，然后斜靠在贸易公司门边等候。与他人告别后，张经理很有礼貌地将小李领进洽谈室。

洽谈室里，小李拿出自己工厂的新产品向张经理介绍，张经理见到这个新产品非常喜欢，也很感兴趣，对新产品爱不释手。见到张经理对新产品欣赏的眼神，小李如释重负，便往沙发上一靠，跷起二郎腿，一边晃着腿，一边环视着洽谈室的周围……

当张经理问他电源开关为什么装在这个位置时，小李用手挠了挠头皮。尽管小李作了较详尽的解释，张经理仍然半信半疑。最后，张经理托词离开了洽谈室，只剩下小李一个人。过一会，门被推开了，进来的不是张经理，而是办公室的秘书。

思考题：小李的这次推销能否成功？小李有哪些失误之处？

案例 2

一位旅美华人在家乡举办一次酒会，宴请当地几个房地产界的商人，希望借此机会增加彼此间的了解，寻找合适的合作伙伴。郑先生是本地房地产大户，声名远扬，是旅美华人最看好的合作对象。但是，遗憾的是旅美华人与郑先生握手时，感受到的是一只潮湿柔软、被动无力的手，这只“死鱼手”与主人洒脱热情的外表极不相称。

握手后，旅美华人对郑先生产生了巨大的失望与厌恶。最终，这次合作机会被另一个实力稍逊的地产商获得。郑先生在地产界丢了面子，却百思不得其解。

思考题：为什么郑先生失去了商机？

实训练习

学员进行彼此纠正，培养各小组的举止礼仪。

① 实训内容：将学生按性别和人数（5～6人）分成两两不同的小组，练习站姿、坐姿、行姿、握手，互相指出存在问题，并进行示范。

② 实训目的：通过组织各种举止姿势练习，提供站姿、坐姿、行姿、握手等自我表现，纠正不正确的举止，掌握正确的举止礼仪。

③ 技能要求：熟知商务人员应该具有的标准站姿、标准坐姿、标准行姿、标准握姿等基本的举止礼仪常识，树立良好的形象。

拓展阅读

谈谈行为举止

我们大概都有过这种经历，一个人西装革履、仪表堂堂，但行为粗鲁，举止猥猥琐琐、鬼鬼祟祟，小里小气，令人侧目。这说明一个人的不良行为举止将有损其端正的仪表、文明的语言。行为举止大方适度也是文明社会对人的最基本的要求。

中国古代对于人的行为举止是很重视的，修身、齐家、治国、平天下就说明了这一点，个人的修养是第一位的。如果个人的修养不够，其他都无从谈起。

孔子说：“君子不重则不威，学则不固”。就是说，只有庄重才有威严。如果做不到这一点，即使学习了，也不能得到巩固。

具体说到行为举止，古人要求做到“站如松，坐如钟，行如风，卧如弓”，就是站要站得直，坐要坐得稳，动起来要利索，不要拖泥带水，所谓“静如处子，动如脱兔”。有的人站在那里一站三道弯，肩斜腰扭，坐在那里东倒西歪、前仰后合，这都是不雅观的站姿和坐姿。

上古时代是没有椅子的，人们是席地而坐。我们的先人是在地上铺个席子，双膝着地，臀部坐在两个脚后跟上，这就是席地而坐了。后来有了椅子，这个坐姿并没有改变。中国传统的太师椅和方凳是最符合坐姿要求的了。坐在太师椅和方凳上，必然是端端正正、腰直胸挺的，不可能弯腰驼背。

另外，卧如弓，就是说，睡觉的姿势以侧身而卧为佳。这也是得到现代科学证明是最健康的睡姿的，人趴着睡肯定是不好的，仰睡也不舒服，只有侧卧，身子绻起，全身肌肉骨骼才能得到最好的放松休息。

祖先的文化很多是很有科学道理的，取之不尽，用之不竭。

除了站姿和坐姿外，古人还认为，一个有修养的人在公众场合举止不可轻浮，不可亵渎，应该庄重、谨慎而又从容，做到“非礼勿视，非礼勿听，非礼勿言，非礼勿动”，处处合乎礼仪规范。

下面介绍一下不雅观的举止。

① 打哈欠、伸懒腰、挖鼻孔、掏耳朵、咬指甲等。在大庭广众之下做这些小动作都是十分不雅观的，应该在私下做，打哈欠时要把嘴捂上。

② 走在路上吸烟，或走在路上吃东西。就算吃冰棍儿，最好也要站在那里吃，吃完再走。

③ 袒胸露肚，挽袖卷裤。这主要是男士的问题。夏天天热的时候，我们经常可以看到一些男士，将扣子全解开，敞着怀，如果穿着背心或T恤衫，则全卷起来，露着啤酒肚，非常不雅观。

④ 坐在椅子或沙发上双腿分开。这是女士一定不能做的一个坐姿，很不雅观。女士坐姿，要双腿并拢，微微侧向一边。"二郎腿"可以跷，但不要抖动。这也是从席地而坐延伸出来的。古时席地而坐是跪坐，如果两腿向前直伸而坐是失礼的。

⑤ 吃饭时嘴里发出声音。很多人在吃饭、喝汤时，喜欢发出声响，显得吃得很香。这是很失礼的，虽然你吃得很舒服，但却没有了风度。

解决的办法，食物吃到嘴里后嘴不要张开，闭着嘴咀嚼。喝汤时，或用勺将汤送入口中，或嘴贴在碗边，将汤徐徐咽下。

⑥ 平时讲话或交谈时，嘴里也不要发出其他声音。有人吃完饭喜欢打一个大大的饱嗝，这是极不礼貌的。当然如果是不可抑制的生理现象，如打嗝、咳嗽、打喷嚏等，也是不可避免的。这时，应该用手把嘴挡住，同时说声"对不起"。

⑦ 背着手讲话。有些人喜欢背着手和别人谈话，感到很气派。这样的行为最令对方反感，是一种居高临下的交谈方式，日常交往中不可用。

⑧ 讲话交谈时手摸头摸脸摸鼻子，摆弄手边的小东西、铅笔文具等。这也是一种不良的习惯性动作，很不礼貌，也容易让对方认为你很不成熟。

⑨ 讲话时抖动腿脚，有些人在开会、看电影时，会无意识地抖动腿脚。这是一种缺乏社交文明修养的行为，会令别人很不舒服，要注意克服。

除此之外，还有一些人们共同承认、遵守，约定俗成的行为规范，如不要随地吐痰、不要践踏草坪、横穿马路要走斑马线、不要翻越栏杆、礼让行人等都是最基本的社会公德。

有些人认为这些都是小事情，没什么大不了。切记古人之言：勿以善小而不为，勿以恶小而为之。

（资料来源：http://blog.sina.com.cn/s/blog_656a9edf0100mf4n.html）

第四章
办公室礼仪

【学习目标】

1. 了解办公室个人举止言谈礼仪要求。

2. 理解办公室人际交往礼仪技巧。

3. 掌握办公室工作礼仪要求。

【技能要求】

1. 能按照办公室必备的礼仪规范，达到办公室礼仪的要求。

2. 能自觉培养良好的风度修养，积累职业素质和个人魅力，在办公室成为受人欢迎的人，在职场中形成良好的人际关系。

引导案例　　不要成为职场"烦客"

一位职场新人(以下简称A)进公司后，很快就成了同事们的"烦客"。她只要对哪位上司有意见，很快就会有不少这位上司的小道消息、绯闻和大家"分享"；看不惯哪个同事，就会跟办公室所有同事逐个"我只跟你讲"。而她一旦在某个方面获得不错的业绩，就马上对业绩差的同事逐一表达"关心"，指出不足……很快她就变成了公司里人见人烦的人。

(资料来源：http://ly.weleve.com/zw/jpal/47308.shtml)

案例分析：

办公室里不要乱说话，不要乱开玩笑，不要随便谈私事，不谈薪水，不做无谓的对比，不当众炫耀，工作中说话要对事不对人，等等，都是办公室礼仪的基本要求。A之所以成为"烦客"，是因为她不懂办公室的礼仪及谈吐原则，犯了职场禁忌，不受欢迎是理所当然的事情。

第一节　办公室人际交往礼仪

办公室的礼仪不仅是对同事的尊重和对组织文化的认同，更重要的是每个人为人处世、礼貌待人的最直接表现。办公室礼仪能让职员赢得大多数人的好感，并尽快融入其中，营造良好的人际关系，使得职业生活愉快并且富有效率。

一、人际交往原则

（一）平等的原则

人与人之间只有社会分工和职责范围的差别，而没有高低贵贱之分。不论职位高低、能力大小，还是职业差别、经济状况不同，人人享有平等的政治、法律权利和人格的尊严，都应得到同等的对待。因此，人与人之间的交往要平等相待，一视同仁，相互尊重，不卑不亢。只有尊重别人，别人才会尊重自己。

（二）相容的原则

相容的原则即人与人之间的融洽关系，主要是指与人相处时的容纳、包含及宽容、忍让。主动与人交往，广交朋友，交好朋友，不但交与自己意趣相似的人，还要交与自己性格相反的人，求同存异、互学互补、处理好竞争与相容的关系，更好地完善自己。

（三）互利的原则

互利的原则是指交往双方的互惠互利。人际交往是一种双向行为，故有“来而不往非礼也”之说，只有单方获得好处的人际交往是不能长久的。所以，要双方都受益，不仅是物质的，还有精神的，交往双方都要讲付出和奉献。

（四）信用的原则

交往离不开信用。信用是指一个人诚实、不欺诈、信守诺言。古人有“一言既出，驷马难追”的格言。朋友之间，言必信，行必果，方能取得别人的信赖。

小贴士　　**学会悦纳人的差异性**

这个社会是由形形色色的人组成的，其性格、爱好、习惯和信仰会迥然不同，各有各的魅力。在交往中，要善于从对方的角度认知对方的思想观念和处事方式，设身处地地体会对方的情感，发现对方处理问题的独特个性方式等，从而真正理解对方，找到最恰当的沟通和解决问题的方法。

只有求同存异，悦纳人的差异性，取人之长补己之短，才能成为一个更受欢迎的人。在与不同性格类型的人沟通时必须注意运用相应的相处方法，如表 4-1 所示。

表 4-1　人的性格分类及沟通办法

性格分类	优　　点	缺　　点	相处办法
分析型	对人彬彬有礼，藏而不露，说话办事井井有条，讲逻辑，重事实，具有很强的责任心。分析型的人注重精确，讲求完美。另外，勤奋、谨慎、有毅力、讲条理等也都是他们的长处	自我封闭，缺乏情趣，不肆张扬，离群索居，有时甚至会显得有点郁郁寡欢。如果分析型的人表现出犹豫不决的神情，那么就说明他（或她）们还需要分析所有的数据。如果分析型的人过于极端，那么完美主义便会成为一种缺陷。这个类型的人肯定不会去冒险	• 要讲求系统条理，完全彻底，深思熟虑，准确无误。 • 要专心致志。 • 要准备好回答很多个“怎么办”。 • 要摆事实，重于分析。 • 不要过于亲近。 • 要认识到并承认讲逻辑求准确的必要性。 • 不要操之过急。 • 要有反复说明自己观点的准备。 • 要留点思考评估的时间。 • 要大量运用各种证据。 • 要赞扬一下他（或她）某些工作做得多么准确无误

续表

性格分类	优　　点	缺　　点	相处办法
能言型	态度热情，口齿伶俐，魅力十足，殷勤随和，乐于助人，口才雄辩，擅长交际；能言型的人看重的不是工作任务，而是人与人之间的关系	缺乏耐心，以偏概全，言语犀利伤人，有时还会做出一些不理智的举动。能言型的人也可能比较自私自利，工于心计，放荡不羁，报复心较强，办事无章法，易与他人发生摩擦	• 要注重发展双方的关系。 • 要让他（或她）看到你的建议对他（或她）有哪些好处。 • 要热情坦诚，有问必应。 • 要善待他（或她）们希望与人分享信息、趣事和人生经历的愿望。 • 要做到友善、健谈。 • 要多问多答带有“谁”字的问题。 • 要随时注意保持热情友善、平易近人的形象。 • 要采取措施尽量减少与能言型的人在细节和个人在接触时发生冲突
进取型	对人很感性，说话很率直，目标意识非常强，性格外向，意志坚强，果断务实，从不绕弯子。他（或她）们总是在告诉别人应该如何做，而且说起话来头头是道。他（或她）们以工作任务为重，办事立竿见影，并不看重各种人际关系	固执己见，独断专行，缺乏耐心，感觉迟钝，而且脾气暴躁，常常无暇顾及一些形式和细节。一般他（或她）想到什么，就要想方设法达到目的，甚至为了达到目的不怕得罪人，而且也不会顾及其他人的感受。他（或她）还可能对别人要求较高，不愿采纳他人意见，控制欲较强，从不妥协，甚至有些傲慢专横，冷酷无情。进取型的人珍爱的是权利、控制和他人的尊敬。失去别人的尊重，没有取得结果，以及感到受了他人的利用则是他（或她）们最大的痛苦	• 满足此人的控制欲。 • 专心研究工作任务。 • 探讨预期结果。 • 行为规范，言之有据。 • 表达简洁、准确、有条有理。 • 研究回答带有“什么”的问题。 • 说话要有事实根据，不要仅凭感觉。 • 不要浪费时间。 • 不要纠缠细节。 • 提供多种选择方案。 • 要当一名好听众
亲近型	喜欢与人相处，专心致志、持之以恒，忠实可靠，具有合作精神，易于相处，值得信赖，反应敏捷，而且还是一位很好的听众。亲近型的人会尽量避免与人发生对抗和冲突	犹豫不决和缺乏冒险精神。这种类型的人常常过于重视他人的意见，循规蹈矩、不肆声张，往往处于被动的状态。他（或她）们通常不会为自己说话或者辩护，过于顺从迎合他人，决策时常常会反复权衡，犹豫不决	• 要做到放松、随和。 • 要保持事物的原有状态。 • 要讲究逻辑和系统方法。 • 要按照书面指导原则去制定具体计划。 • 要做好回答“为什么”的准备。 • 要有预见性。 • 要时常明确地表示赞同。 • 要用“我们”这个词。 • 不要催促。 • 不要急于求成。 • 要赞扬他（或她）具有的团队精神

二、 上下级交往礼仪

处理好上下级关系，有利于团结稳定，提高工作效率，促进事业的发展。良好的上下级关系是团结的基础。良好的上下级关系需要双方的共同努力。

（一）对待上级的礼仪

1. 尊重领导

（1）支持领导工作

这是尊重领导最重要的一点。凡是领导交办的工作，要尽心尽力去完成。千万不要采取消极的态度，要么不去做，要么推诿、拖拉，要么敷衍了事，无论哪一种情况都会给工作带来损失。领导布置工作时要认真听，必要时还要认真做好记录，不明白的地方要问明白。然后简明扼要地向领导复述一遍，看是否还有遗漏或者自己没有领会的地方，并请领导予以确认。

（2）多请示勤汇报

要定期汇报工作的进展，遇到问题也要及时请示，以便领导全面掌握情况和更深层次地思考解决问题的办法，并且及时听取领导的意见和建议。如果遇到问题，自己乱做主张，工作进度也不适时向领导汇报，领导就无法掌握工作的进程。

汇报工作一定要事先认真准备，理清头绪，让上级领导一听就能够明白。不可以事先什么都不准备，临时想到哪儿说到哪儿，或者喋喋不休，浪费领导的时间。

（3）参加会议要专心

在开会的时候，要认真倾听，必要时还要做记录。如果领导在上面讲话，而你却和别人窃窃私语或者打瞌睡，就是不尊重领导，也会给领导留下不好的印象。

2. 维护领导的尊严

（1）不在背后评价领导

背后评价领导不仅不道德，而且也不利于问题的解决，如果遇到别有用心的人进行传播，还会造成领导的误会，加深矛盾，不利于以后工作的开展。

（2）开玩笑要适度

在与领导交往时，特别是在非工作场合，偶尔开个玩笑也很正常。但是开玩笑一定要适度，不能损害领导的形象。如果不分场合地点乱开玩笑，尽管也许能够让在场的人开怀大笑，但是如果玩笑是建立在损害领导形象的基础上就很不恰当。

（3）接受批评要虚心

要学会站在领导的角度考虑问题，多设身处地为领导着想，然后积极主动地改正错误。如果确实是被冤枉，也尽量不要当面与领导争执，更不要吵闹。以后找个恰当的时机把问题澄清，然后提出解决问题的方法。

3. 与领导正确交往

（1）卑躬屈膝不可取

与领导的和谐关系应该建立在相互平等的基础上，不应该为了讨好领导而放弃自己做人的原则，更不能在领导面前卑躬屈膝，点头哈腰，阿谀奉承，在领导出现错误时也唯唯诺诺。这种市侩作风，不仅会让同事瞧不起，也会让领导感到虚假。正确的做法是坚持自己的工作原则，认真勤奋，保持自己的优点，不要过度取悦领导。

（2）保持距离很重要

与领导交往要保持适当的距离。不要认为和上司亲密无间，事业就会有前景。与异性的上司交往，更要主动避嫌。在与异性领导接触时，时刻保持自尊自爱，举止言谈都不要过于亲密，交往止于工作关系，尽量不要成为工作之外亲密的朋友，给别人造成误会甚至引起不必要的麻烦。

（3）发生矛盾多自省

与上司发生矛盾时，要静下心来认真反思，分析矛盾产生的原因，找出问题的根源，多做自我批评。不要一味地指责领导，更不能夸大矛盾，到处说领导的坏话，甚至去找领导的上司反映。要积极从自身找问题，找到解决矛盾的方法。

（4）出现问题多沟通

工作中出现问题应该直接找领导解决，同时自己也要想办法协助解决，不要认为问题与自己关系不大，领导愿意解决就解决，不解决自己也不必操心。要积极和领导沟通，给领导提供必要的信息，让领导了解详细的情况，帮助领导做出正确的决策。

在向领导反映问题之后，如果领导没有及时回复，应允许领导有一个调查和思考的过程，要耐心等待。在等待的过程中可以多和领导沟通，不要急于越级反映问题。

4. 注意小节

（1）尊重领导的隐私

在领导办公室里，如果领导正在忙别的事，就要耐心等待。等待时不要未经领导同意就随便翻阅领导桌子上的文件资料等。有的文件可能需要保密。

（2）注意日常礼仪

① 电梯礼仪。和领导同时乘坐电梯时，要站在离操作键近的地方，主动为领导操作按键，领导出电梯时要扶住电梯门，避免挤着领导。同乘时，不要往里挤，越靠近里面，越是尊贵的位置，应让给领导站。

② 礼让礼仪。与领导一起走路时，要走在领导后面，斜后一两步；楼梯上遇到上司或同事时，要点头致意。会见客户或出席仪式站立场合时，在领导面前不得把手交叉抱在胸前。在通道、走廊里遇到领导要礼让，不能抢行。

③ 递物礼仪。递交物件时，最好站立并且双手递交物品，如文件等，要把正面、文字对着领导的方向递上去，双手奉上。如果是钢笔之类的物品，要把笔尖向自己，不能指向领导。

④ 拜访礼仪。进领导办公室之前，要先轻轻敲门，听到应答再进。进入后，回手关门，不能大力、粗暴。进入房间后，如对方正在讲话，要稍等静候，不要中途插话，如有急事要打断说话，也要看准机会。

（二）对待下级的礼仪

1. 尊重下属的人格

和下级说话要态度和蔼、保持笑容。不以教训人的口吻谈话，不用讽刺、嘲笑、挖苦的口吻或摆出盛气凌人的架势。心平气和地对待每一位下属，一视同仁，即使有的下属对自己心存戒备，依然要表现出一个领导应有的风度，同时对这些心里有想法的下属还要多表扬，多鼓励，特别是在公共场合，要表达真诚的赞美，正面引导下属放下戒备的心态。

2. 维护下属的尊严

把下属当作独立的个体，多顾及他们的感受。礼貌体贴地对待下属会提高下属的士气，使他们能够把精力放在工作上。如果利用职位优势和权力来欺凌下属，就会失去下属对自己的忠诚。如果抓住下属的一点过失大做文章，不给下属下台的机会，或者动辄发号施令，拿下属撒气，就会引发下属的抗拒心理甚至是敌对行为。

3. 尊崇下属的才干

(1) 正确评价下属

领导不可能在各个方面都出类拔萃，而下属在某些方面也必然会有过人之处。对下属的长处要及时地给予肯定和赞扬。与下属平等相待，用欣赏的眼光、鼓励性的话语去真诚而积极地评价下属。只有对下属的业务特长和各方面的素质都有深入的了解，才能给人员安排最适合、最能发挥其优势的工作，用人之所长，避人之所短，更好地实现工作目标。

(2) 爱护下属的才能

爱护下属的才能是正确用人的前提，只有爱惜人才，才有可能正确适当地调配和使用人才，更好地完成各项工作任务。只有尊重下属的才干，才能进一步激发下属的工作积极性，更好地发挥他们的才干。

当下属在某方面表现出超出自己的机智和才能时，不能心存妒忌、暗中排挤，学会着眼大局，并对下属提出表扬。如果领导嫉贤妒能，压制人才，就会造成领导和下属的关系紧张，就有可能激发矛盾，引起下属的消极反抗，不利于工作的顺利开展。

(3) 表扬下属的成绩

作为上级，要用心发现下属的优点和下属工作过程中值得称赞的地方，并肯定下属的价值，使下属的信心不断增加，能力不断增强。表扬要及时，而且要用心，对下属的赞美应该是经过思考的、真正具有肯定的价值的地方，要言之有物，公平公正。不在赞扬中夹杂批评的语言。

4. 听取下属的意见

(1) 全面了解情况

认真听取下属的意见和建议是领导对下属的一种礼仪，要本着有则改之，无则加勉的态度，采取或公开或私下或集体或个别的多种方式倾听。通过听取下属的意见，上级可以获得一些必要的参考信息，拓宽自己信息获取的渠道，更全面地了解情况，了解下属的愿望，更好地调整自己的决策，更加和谐地开展工作。

要做到虚心纳谏、平易近人，才有可能听到真实的、真诚的话语，而且能够对下属在工作过程中出现的挫折情绪做到及时了解、及时沟通，把负面后果消灭在萌芽阶段。

(2) 及时有效沟通

与下属及时有效的沟通是解决问题比较好的方式。它不仅可以缩短上下级之间的心理距离，有助于下属理解上级的各种难处，还能使上级拥有号召力和凝聚力，有助于上下一条心，形成一个有序、有节、有度、有竞争力的集体；使本来不容易处理的问题在平和的气氛中得以顺利解决，使工作事半功倍，得心应手，卓有成效，并且达到预期的效果。

（3）开放的心态

沟通时如果下属提出异议和意见，要有良好的接受态度和端正的心态。要坚持听完下属的意见，不能表现出不耐烦的情绪而中途退出和下属的交谈。也不要表现轻蔑，要及时记录下来，并向下属表示会认真考虑。不要自圆其说，推卸责任。

对合理的意见，要承认错误并提出改正的具体做法；对不合理的意见要给出令人信服的解释，不要恼羞成怒，更不能打击报复。不管下属提什么意见，都要向下属表示感谢。

（4）及时进行答复

在得到意见后及时对意见进行分析，尽快对下属提出的意见做出答复。如果可以独自处理，就及时对下属的意见给出客观的分析评价，如果意见涉及的问题比较重大，就尽快召集管理人员一起讨论。主动公布意见处理结果，亲自向下属传达改进方法，并立刻实施处理方案。对于指出公司或企业重大失误的下属给予嘉奖。

5. 宽待下属的过失

（1）调查过失的起因

在批评下属之前，上司应该深入调查，多方了解，对事件的过程认真调查，搞清楚下属出现问题的真正原因，调查清楚是否下属的某些错误情有可原，以便在批评下属的时候，对症下药，让下属明明白白地接受批评，做到以理服人。

（2）端正批评的目的

必须端正心态，意识到批评是先批后评，批评的最终目的是让下属意识到错误，是为了让下属更好地发展，应该重评而不重批。只有当下属的行为触犯了规定，工作没有做好，言行不当的时候，才批评下属。批评是对犯了错的下属的一种关心和负责，帮助他们及时纠正出现的错误，避免以后再犯。

公平对待下属，不仅会使下属客观地认识到自己工作上出现的错误和问题，也会得到下属的尊敬，做到口服心服。如果把下属的人品或其他事情联系到一起，就有失公允。

（3）把握批评的尺度

批评时要做到对事不对人。批评时还要选择正确的批评场合，除非下属的问题已经严重到威胁整个公司的正常工作，否则不要使用当众点名批评的方式。

不能不分时间和场合当面批评下属；要注意批评的态度，把批评看作纠正某些不当行为的内部沟通，如果言辞过于刻薄，容易伤害下属的感情，甚至引起下属的敌对情绪。

（4）采取恰当批评方式

对于犯了错的下属，批评的方式一定要因人而异，最大限度地做到尊重对方，对于比较敏感的下属，不要直接就事论事地批评，可以通过讲故事或者举例子等方法，让下属领悟到自己的不足。对于不便当面进行批评的下属，可以通过他的朋友或者他比较信任的人进行提醒。

对于好心办坏事的下属，要充分肯定他们的正面因素，然后用探讨的方式和他们一起讨论。对于责任心很强、很有上进心的下属，很多情况下可不必做出批评的姿态，而让他们自己认识到自己错在了哪里。

小贴士

试着比较：不同沟通，不同感受

序号	错误	正确
1	你要我做到几点钟？	也许我可以加班把事情做完……
2	这根本行不通！	我不确定这样是不是能够实行……
3	胡说！	真的吗？
4	你问问别人吧！	或许你可以去询问一下别人的看法……
5	这件事跟我没关系。	不好意思，我并没有参与这项计划……
6	这是什么东西？	嗯，这很有意思……
7	你怎么不早一点儿交代？	我会试着把这件事插进工作进度中……
8	他什么都不懂！	他可能不太熟悉这件事情……
9	你想累死我啊？	我手边的工作量可能有一点过重了……
10	这是什么工作！	我喜欢接受挑战……
11	这会有什么问题？！	我觉得这应该不会有问题……
12	你什么都不知道！	你可能还不太了解……
13	又要开会啊？	是，我们是应该讨论一下……

三、同级间交往礼仪

（一）相处原则

1. 相互尊重

自己对待同事的态度往往决定了同事对待自己的态度，因此，若想取得他人的好感和尊重，首先必须尊重他人。说话和态度都应掌握分寸，既不过分亲昵，也不要冷淡。彼此保持合适距离，才能成为一个真正受同事欢迎的人。

2. 真诚合作

同事之间属于互帮互助的关系，俗话说“一个好汉三个帮”，只有真诚合作才能共同进步。保持健康积极的心态，用理智驾驭情绪。如果和同事志趣、情趣、性格很相投，那就可以多接触多交谈，如果不相投，也不要排斥，要保持礼貌。

不要和同事钩心斗角，针锋相对，经常起摩擦；也不要和同事在工作中相互拆台；不要用暗地里告黑状或者使手腕等不正当竞争手段对付同事。

3. 宽以待人

同事之间经常相处，因为观念、文化、知识、性格等方面的差异，而使彼此的处世态度和交际方式发生碰撞，一时的失误在所难免。要本着宽容以待、海纳百川的态度，做到心底无私天地宽，尽量避免矛盾的产生。如果出现失误，应主动向对方道歉，征得对方的谅解；对双方的误会应主动向对方说明，不可小肚鸡肠，耿耿于怀。

4. 同甘共苦

真诚地分享同事的快乐，祝贺同事的成绩，恭喜同事升迁，等等，积极发现同事的优点、长处和成绩，真诚地赞美和鼓励他们，从而营造一种和谐的氛围，使同事之间和睦相处。同事遇到困难，应主动帮忙。

对力所能及的事应尽力帮忙，这样会增进双方之间的感情，使关系更加融洽。

小贴士　　季羡林谈交友

我交了一辈子朋友，究竟喜欢什么样的人呢？约略是这样的：质朴、淳厚、诚恳、平易；硬骨头，心肠软；怀真情、讲真话；不阿谀奉承，不背后议论；不人前一面、人后一面；无哗众取宠之意，有实事求是之心；不是丝毫不考虑个人利益，而是多为别人考虑；关键是个“真”字，是性情中人。

（资料来源：http://blog.sina.com.cn/u/2448646251）

（二）相处细微礼仪

1. 私人空间莫打扰

虽然同事之间长期同处一室，但是任何时候都要记得尊重别人的私人空间。例如，不私自翻看他人的物品、文件，甚至不坐他人的座椅。

2. 公务拜访有礼貌

去别的办公室拜访同样要注意礼貌。一般需要事先联系，准时赴约，进入其他办公室时，要谨记先敲门，经过许可，方可入内。在别的办公室里，没有主人的提议，不能随便脱下外套，也不要随意解扣子、卷袖子、松腰带。未经同意，不要将衣服、公文包放到桌子和椅子上。

公文包很重的话，则放到腿上或身边的地上。不要乱动别人的东西。在别的办公室停留的时间不宜太久，初次造访以 20 分钟左右为宜。

3. 与异性共事要检点

对待异性同事，既不过分热情，也不过分冷淡，也不能带有性别歧视和偏见。要有风度，举止大方得体即可。不要过分严肃、不苟言笑，否则会让人觉得难以接近和相处。对待年长的异性同事，要尊敬有加；对待比自己年龄小的异性同事，要自重，不使对方产生不恰当的想法和误会。

男女同事一同工作时，还要注意避嫌，尽量不为流言制造机会。

4. 轻手轻脚少噪声

在办公室工作时，动作宜轻、细。进出门、坐立、打开电脑、拉开抽屉，都不要旁若无人地制造噪声，尤其是在开放式的办公环境里，不要非常大声地打电话、整理材料、互相交谈，更不能在工作时间吃响声很大的零食，这些都会影响他人工作。

5. 手机使用不干扰

手机是私人随身物品，如果在上班期间使用手机大声谈笑会影响其他同事工作。在办公室手机最好设为震动，而且离开座位时最好随身携带，以免有人来电时漏失信息，也避免干扰同事的工作。

开会期间和在休息室，都应该将手机关闭或调至静音状态，而且开会时尽量不要接听手机。不要选择与自己身份不符的铃声，会有失身份，也会对其他同事产生干扰。

6. 同事秘密要遗忘

保守同事的秘密，不传播秘密。不管是同事本人亲自告诉我们的，还是通过其他途径得知的秘密。我们都要做到“严防死守”。不亵渎同事对我们的信赖，即使其他同事来打听，也要守口如瓶。不把同事秘密当作茶余饭后的谈资，更不能拿所谓的秘密去要挟同事。

7. 物质往来要细心

同事之间如果有财务往来，比如相互借钱、借物或馈赠礼品等，最好每一项都记清楚，不能马虎，即使是很小的往来也要记在备忘录上，提醒自己不要因为遗忘而失礼，引起一些不必要的误会和不愉快。如果借钱，要主动打借条。如果不能按期归还，隔一段时间要向同事说明一下情况。

第二节　办公室仪态仪表礼仪

一、着装礼仪

（一）穿着得体

上班穿的服装，要整洁、大方、高雅、完好、协调、无污渍。不穿奇装异服，不过分引人注目。上班时也要避免穿需要经常整理的衣服，否则容易使自己工作分神。如果上班穿规定的制服或工作服，要保证衣扣完整、无破损。

男士最适宜穿黑、灰、蓝三色的西服套装领带，穿着西装时，如需系领带则应打好领带，扣好领扣；并做到不挽袖口和裤脚。尽量不穿印花或大方格的衬衫，也不穿背心、短裤、运动服凉鞋或拖鞋等，以示对女同事的尊重。

女士则最好穿套装、套裙等，裤鞋袜尽量配套。在办公室的着装不宜薄、露、透，也不能过分短小和紧身，类似超短裙之类的衣服就不宜在办公室穿着；穿鞋最好穿不露脚趾的鞋，同时不能赤脚穿鞋，也不能穿有残破的丝袜，以示自尊以及对办公室男士的尊重。

（二）装饰适宜

不戴夸张的饰物。女士佩戴首饰不宜过多，以少为佳，每种两件，三种以内。最好是相同的质地、相同的颜色。不宜戴叮当作响的耳环和手镯，否则容易分散他人注意力。总之，佩戴的首饰要与所从事工作的职业形象相符合，与身份相符合，表现出稳重、干练和富有涵养。如果要佩戴公司标志，那么一定要把公司标志佩戴在显要位置，并把私人饰品移开，不能并列佩戴。

（三）仪表端庄

不论男女，上班时都应做到头发梳理整齐，不染彩色头发，不理怪异发型。眼镜端正、洁净明亮。不戴墨镜或有色眼镜。办公室里的男士不宜留光头，但也不能太长，要做到长不覆额、侧不掩耳、后不触领，不蓄胡须。女士头发最长不过肩部，过肩要束起来，刘海不要遮眼、遮脸为宜，宜淡妆，修饰与年龄、身份相符，且工作时间不能当众化妆。保持颜面和手臂的清洁，不留长指甲，不染彩色指甲。

二、举止礼仪

（一）举止文明

不出现不雅观的行为。在办公区域要精神饱满，坐姿端正，注意力集中，不左顾右盼、心不在焉。在办公室，不随意解扣子、卷袖子、松腰带。不趴在办公桌上，不躺在办公椅上，不在办公室里脱鞋或将脚搁到桌上，更不能将两条腿跷在桌面上。不把不良情绪带到办公室里，不随便发怒，不大哭、大叫或做其他感情冲动的事。

（二）行为检点

不在办公室里吸烟，更不能口衔香烟四处游荡。女士还应注意不要当众化妆或涂指甲油。如很想吸烟或需要化妆，则应去洗手间或者专用的吸烟室或化妆间。对在一起工作的异性同事要尊重，避免与异性同事有不必要的身体接触。在工作中要讲男女平等，相互尊重。

（三）诚实守信

工作时做任何事情都要讲诚信，做到守时、守约、守信用。上班、开会尽量早到，不要迟到，不要早退，不私自离岗，不旷工；有事请假。如果上下班必须要打考勤卡，则排队依次打卡。不要没有上班还要请人代打卡。与客户见面，尽量比约定时间早到 15 分钟，如果确实不能准时到达或赴约，应当提前告知。迟到既不礼貌，也不尊重他人，还会影响公司的形象。

（四）注意小节

在办公室里对上级和同事都要讲究礼貌，不能由于大家天天见面就省去问候。早晨进办公室时互相问早，下班时互相道别。同事之间以姓名相称，不称兄道弟或乱叫外号。谈吐注意禁忌。在办公室接待来访者要客气大方，有礼有节。不论其是否有求于自己都要平等待人。回答来访者提出的问题要心平气和，面带笑容。绝不能粗声大气，或者以拳头砸桌子来加重语气。

三、言谈礼仪

言为心声，交谈是人的知识、阅历、才智、教养和应变能力的综合体现。是人们彼此之间交流思想情感、传递信息、进行交际、开展工作、建立友谊、增进了解的最为重要的一种形式。没有交谈，人与人之间几乎不可能进行真正意义上的沟通。交谈过程中要遵守一系列的具体礼仪规范。

（一）交谈的语言礼仪

语言是组织交谈的载体，交谈者应高度重视、精心斟酌。在语言方面，交谈的总体要求是：文明、礼貌。

1. 语言要文明

作为有文化、有知识、有教养的现代人，在交谈中一定要使用文明优雅的语言。不宜在交谈之中采用下列语言。

（1）粗话

有人为了显示自己为人粗犷，出言必粗。把爹妈叫"老头儿""老太太"，把女孩子叫"小妞儿"，把名人叫"大腕"，把吃饭叫"撮一顿"。讲此种粗话，是很失身份的。

（2）脏话

讲脏话，即口带脏字，讲起话来骂骂咧咧，出口成"脏"。讲脏话的人，非但不文明，而且属于自我贬低，十分低级无聊。

（3）黑话

黑话，即流行于黑社会的行话。讲黑话的人，往往自以为见过世面，可以此唬人，实际上却显得匪气十足，令人反感厌恶，难以与他人进行真正意义上的沟通和交流。

（4）荤话

荤话，即说话者时刻把艳事、绯闻、色情、男女关系之事挂在口头，说话"带色"，动辄"贩黄"。爱说荤话者，只不过证明自己品位不高，而且也对交谈对象缺乏应有的尊重。

（5）怪话

有些人说起话来怪里怪气，或讥讽嘲弄，或怨天尤人，或黑白颠倒，或耸人听闻，存心以自己谈吐之"怪"而令人刮目相看，一鸣惊人。这就是所谓说怪话。爱说怪话的人，往往难以令人产生好感。

（6）气话

气话，即说话时闹意气、泄私愤、图报复、发牢骚、指桑骂槐。在交谈中常说气话，不仅无助于沟通，而且还容易伤害人、得罪人。

2. 语言要礼貌

在交谈中多使用礼貌用语，是博得他人好感与体谅的最为简单易行的做法。所谓礼貌用语，简称礼貌语，是指约定俗成的表示谦虚恭敬的专门用语。

（1）接待来客时

① 请进！

② 您好！您是……

③ 请问您找谁？

④ 他（她）不在，请问有事需要转告吗？

⑤ ×××单位（或×××同志）在×楼，我带您去（或指明地点）。

⑥ 对不起，让您久等了。

⑦ 请坐（请喝茶）。

⑧ 我就是，请问有事需要办理吗？

⑨ 请稍等，我马上为您尽快办理。您反映的情况，我们尽快办理。

⑩ 对不起，这个问题……请留下您的联系电话，我们研究后给您答复好吗？

(2) 到外单位或其他部门办事时

① 对不起，打扰您一下。

② 请问×××室在哪间房？

③ 请问×××在吗？

④ 非常感谢您(麻烦您了)。

⑤ 请留步。

小贴士 **办公室常用礼貌用语七字诀**

与人相见说“您好”，问人姓氏说“贵姓”，仰慕已久说“久仰”，
长期不见说“久违”，向人询问说“请问”，请人协助说“费心”，
求人办事说“拜托”，麻烦别人说“打扰”，请改文章说“斧正”，
接受好意说“领情”，得人帮助说“谢谢”，祝人健康说“保重”，
老人年龄说“高寿”，身体不适说“欠安”，请人接受说“笑纳”，
送人照片说“惠存”，希望照顾说“关照”，赞人见解说“高见”，
请人赴约说“赏光”，对方来信说“惠书”，需要考虑说“斟酌”，
无法满足说“抱歉”，言行不妥“对不起”，慰问他人说“辛苦”，
宾客来到说“光临”，等候别人说“恭候”，客人入座说“请坐”，
陪伴朋友说“奉陪”，中途先走说“失陪”，请人勿送说“留步”，
问人住址说“府上”，求人帮忙说“劳驾”，请人解答说“请教”，
求人方便说“借光”，求人指点说“赐教”，向人祝贺说“恭喜”，
看望别人说“拜访”，欢迎购买说“惠顾”，归还物品说“奉还”，
自己住家说“寒舍”，请人谅解说“包涵”，迎接客人说“欢迎”，
没能迎接说“失迎”，临分别时说“再见”，送人远行说“平安”。

(资料来源：http://www.360doc.com/content/10/0609/12/1678485_32110645.shtml)

(二) 交谈主题要选择

1. 适宜交谈的主题

(1) 既定的主题

既定的主题即交谈双方业已约定，或者其中某一方先期准备好的主题。例如，求人帮助、征求意见、传递信息、讨论问题、研讨工作一类的交谈等，往往都属于主题既定的交谈。选择这类主题最好双方商定，至少也要得到对方的认可。它适用于正式交谈。

(2) 高雅的主题

高雅的主题即内容文明、优雅，格调高尚、脱俗的话题。例如，文学、艺术、哲学、历史、考古、地理、建筑等，都属于高雅的主题。它适用于各类交谈，但要求面对知音，忌讳不懂装懂，或班门弄斧。

(3) 轻松的主题

轻松的主题即谈论起来令人轻松愉快、身心放松、饶有情趣、不觉劳累或厌烦的话题。例如，文艺演出、流行时装、美容美发、体育比赛、电影电视、休闲娱乐、旅游观光、名胜古迹、风土人情、名人轶事、烹饪小吃、天气状况，等等。它适用于非正式交谈，往往允许人们各抒己见，对其任意进行发挥。

(4) 时尚的主题

时尚的主题即以此时、此刻、此地正在流行的事物作为谈论的中心。此类话题适合于各种交谈，但其变化较快，在把握上有一定难度。

(5) 擅长的主题

擅长的主题指的是交谈双方，尤其是与交谈对象有研究、有兴趣、有可谈之处的主题。例如，与医生交谈，宜谈健身祛病；与学者交谈，宜谈治学之道；与作家交谈，宜谈文学创作，等等。

它适用于各种交谈，但忌讳以己之长对人之短，否则会话不投机半句多。因为交谈是意在交流的谈话，故不可只有一家之言，使之难以形成交流。

2. 忌谈的主题

(1) 个人隐私

个人隐私，即个人不希望他人了解之事。在交谈中，若双方是初交，则有关对方年龄、收入、婚恋、家庭、健康、经历等涉及个人隐私的主题，切勿加以谈论。

(2) 捉弄对方

在交谈中，切不可对交谈对象尖酸刻薄，油腔滑调，乱开玩笑，口出无忌，要么挖苦对方所短，要么调侃取笑对方，成心要让对方出丑，或是下不了台。俗话说，伤人之言，重于刀枪剑戟。以此类捉弄人的主题为中心展开交谈，定将损害双方关系。

(3) 非议旁人

有人极喜欢在交谈之中传播闲言碎语，制造是非，无中生有，造谣生事，非议其他不在场的人士。其实，人们都知道，爱说是非者，必是是非人。非议旁人，并不说明自己待人诚恳，反倒证明自己缺乏教养，是搬弄是非之人。

(4) 倾向错误

在谈话中倾向错误的主题，例如，违背社会伦理道德、生活堕落、思想反动、政治错误、违法乱纪之类的主题，也应避免。

(5) 令人反感

有时，在交谈中因为不慎，会谈及一些令交谈对象感到伤感、不快的话题，以及令对方不感兴趣的话题，这就是所谓令人反感的主题。若此种情况不幸出现，则应立即转移话题，必要时要向对方道歉，千万不要将错就错，一意孤行。

此类话题，常见的有凶杀、惨案、灾祸、疾病、死亡、挫折、失败，等等。

小贴士 **职场交谈的忌讳**

① 不能非议国家和政府。

② 不能涉及国家秘密和行业秘密。

③ 不能在背后议论同行、领导、和同事——爱说是非者，必是是非人。

④ 不能随意涉及交往对象的内部事务。

⑤ 不能谈论格调不高的内容——家长里短，小道消息，男女关系，黄色、下流故事。

⑥ 不涉及私人问题——过度热情是一种伤害。

⑦ 不问收入——收入高低与个人能力、企业经济效益有关；痛苦来自比较中，谈论这些问题容易破坏气氛。

⑧ 不问年龄——临近退休的人年龄不能问，白领丽人年龄不能问。

⑨ 不问婚姻家庭。

⑩ 不问经历——英雄不问出处，关键是现在。

⑪ 不问健康——个人健康决定事业的发展，因此不可跟人谈健康。

（资料来源：http://www.wealink.com/shequ/view/4314206/）

第三节　办公室工作礼仪

一、 电话礼仪

电话作为便利的通信工具，在日常工作中有着极为广泛的应用。人们可以通过电话交谈粗略判断对方的人品、性格。因此，掌握正确的、礼貌待人的打电话方式是非常必要的。

（一）打电话礼仪

① 做好打电话前的准备：做好心理准备、精神饱满；要考虑好通话的大致内容，如怕打电话时遗漏，那么记下主要内容以备忘；在电话机旁要有记录的笔和纸。

② 选择好通话时间，不要在他人的休息时间打电话。

打公务电话，不要占用他人的私人时间，尤其是节、假日时间。

给单位打电话时，应避开刚上班或快下班时间，因为接听电话的人会不耐烦。

居家打电话避开对方的吃饭和休息时间。总的来说，早晨 8 点以前，晚上 10 点以后，给对方家里打电话是不合适的。

③ 电话拨通后，应先说“您好”，礼貌地询问：“现在说话方便吗”？确认对方是自己要找的单位和个人。得到明确答复后，再自报家门，报单位和个人的名字。

④ 通话时间的长度：以短为佳，宁短勿长。一般限定在 3 分钟之内，尽量不要超过这一限定。

⑤ 通话内容要简明扼要，长话短说，直言主题，力戒讲空话，说废话，无话找话和短话长说。

⑥ 被告知要找的人不在时，不可“咔嚓”就挂断，而应说“谢谢，我过会儿再打”或“如方便，麻烦您转告”或“请告诉他回来后给我回个电话，我的电话号码是……”

⑦ 如对方帮你去找人听电话，此时，打电话的人应拿住话筒，不能放下话筒干别的事。

⑧ 电话拨错了，应向对方表示歉意，"对不起，我打错了"，切不可无礼地挂断电话。

⑨ 如要求对方对你的电话做记录，应有耐心，别催问："好了吗?""怎么这么慢!"

⑩ 不占用公司电话谈个人私事，更不允许在工作时间用电话与亲朋好友聊天。

⑪ 通话完毕，应友善地感谢对方："打扰你了，对不起，谢谢您在百忙中接听我的电话"，或者"和您通话感到很高兴，谢谢您，再见"。

（二）接电话礼仪

1. 本人接电话要注意的礼仪

要接听及时。电话铃响要立即停止自己所做之事，亲自接听电话。一般以铃响三次拿起话筒为最好时机。

拿起话筒后，应自报家门，并首先向对方问好，如"您好""您找哪位?"。

通话时，要聚精会神地接听电话，通话终止时，要向对方道一声"再见"。

主次分明。接电话时不要与人交谈、看文件或者看电视、听广播、吃东西。如在会晤客人或举行会议期间有人打来电话，可向其说明原因，表示歉意，如"对不起，我正在开一个很重要的会议，会议结束后，我与你联系"。

2. 代接电话也要讲礼仪

① 以礼相待。应友好地问："对不起，他不在，需要我转告什么吗?"

② 尊重隐私。代接电话时，不要询问对方与其所找之人的关系。当对方有求于己，希望转达某事给某人时，要守口如瓶，千万不要随便扩散。别人通话时，不要旁听，更不要插嘴。

③ 记忆准确。代接电话时，对方要求转达的具体内容，要记录得正确无误，免得误事。

④ 传达及时。代人接电话，首先弄清楚对方要找的人。如果答应对方代为传话，要尽快落实，不要轻易把自己转达的内容托他人转告，这样不仅容易使内容走样，而且有可能会耽误时间。

（三）挂电话礼仪

1. 通常由地位高者先挂

在与客户的电话沟通中，不管是谁先打的电话，结束后一定要记住一点：永远让客户先挂电话。

与上级进行电话沟通后，一定要让对方先挂电话。假如你是一个集团的分公司经理，给总部打电话，恰好接电话的是一个小职员，虽然从职位上来讲，你比小职员高很多，但作为总部和分公司之间的领导性质关系来说，让对方先挂电话，更能体现出你的职场修养及领导风范。

与异性互通电话后，作为男方，从礼节上，理应先让女方挂电话，这显示出你对对方的一种关心及尊重。

2. 特殊情况下挂电话

通电话时，如果自己正在开会、会客，不宜长谈，或另有电话打进来，需要中止通话时，应说明原因，告知对方："一有空，我马上打电话给您。"

如遇上不识相的人打起电话没完没了，不宜说："你说完了没有？我还有事呢"，最好委婉、含蓄，不要让对方难堪，应讲："好吧，我不再占用您宝贵的时间了""希望以后有机会再与您联络。"

小贴士　　**电话常用礼貌用语**

① 您好！这里是×××公司×××部(室)，请问您找谁？

② 我就是，请问您是哪一位？……请讲。

③ 请问您有什么事？(有什么能帮您？)

④ 您放心，我会尽力办好这件事。

⑤ 不用谢，这是我们应该做的。

⑥ ×××不在，我可以替您转告吗？(请您稍后再来电话好吗？)

⑦ 对不起，这类业务请您向×××部(室)咨询，他们的号码是……(×××不是这个电话号码，他(她)的电话号码是……)

⑧ 您打错号码了，我是×××公司×××部(室)，……没关系。

⑨ 再见！(与以下各项通用)

⑩ 您好！请问您是×××单位吗？

⑪ 我是×××公司×××部(室)×××，请问怎样称呼您？

⑫ 请帮我找×××。

⑬ 对不起，我打错电话了。

⑭ 对不起，这个问题……请留下您的联系电话，我们会尽快给您答复好吗？

(资料来源：http://www.bblook.com/business/training/lykc/201006/12134.html)

二、电子礼仪

(一) 电脑礼仪

电脑是我们工作的重要工具，电脑礼仪也会体现一个人的素质和教养。

1. 爱护维护电脑

平时要擦拭干净，不用时正常关机，不要丢下就走；外接插件时，要正常退出，避免导致数据丢失、电脑崩溃等故障。

2. 公私分开

避免一会儿将个人电脑中的资料复制到公司电脑中，一会儿又将公司电脑中的资料复制到个人电脑中。

3. 与工作相关

工作时间上网，要查找与工作相关的内容和资料，不允许员工在公司电脑上打游戏、网上聊天、网上购物等。

4. 高效文明使用电子邮件

标题要提纲挈领，切忌使用含义不清、胡乱浪漫的标题，例如，"嘿！"或是"收着！"

添加邮件主题是电子邮件和信笺的主要不同之处，在主题栏里用短短的几个字概括出整个邮件的内容，便于收件人权衡邮件的轻重缓急，分别处理。

回复的信件，要重新添加、更换邮件主题，最好写上来自××公司的邮件，以及年、月、日，以便对方一目了然又便于保留。

电子邮件的文体格式应该类似于书面交谈式的风格，开头要有问候语，结尾要有祝福语。

邮件内容简明扼要，注意保守商业机密。

切忌全文用大写的英文字母；不使用网络语言。

（二）手机礼仪

无论是在社交场所还是工作场所，放肆地使用手机，已经成为礼仪的最大威胁之一，手机礼仪越来越受到关注。

1. 手机放置

手机没有使用时，都要放在合乎礼仪的常规位置。不要在不使用的时候放在手里或是挂在上衣口袋外。放手机的常规位置有：一是随身携带的公文包里，这种位置最正规；二是上衣的内袋里；有时候，可以将手机暂放腰带上，也可以放在不起眼的地方，如手边、背后、手袋里，但不要放在桌子上，特别是不要对着对面正在聊天的客户。

2. 打手机前考虑对方

首先应该想到对方是否方便接听你的电话，如果对方正处在一个不方便和你说话的环境，那么你们的沟通效果肯定会大打折扣，因此，“打电话前考虑对方”是职场人员必须要学会的一课。最简单的一点，就是在接通电话后，先问问对方是否方便讲话。

3. 接听勿扰他人

在公共场合接听手机时一定要注意不要影响他人。有时办公室因为人多，原本就很杂乱，如果再大声接电话，往往就会让环境变得很糟糕。作为职场新人，在没有熟悉环境之前，可以先去办公室外接电话，以免影响他人，特别是一些私人的通话更应注意。

在会议中和别人洽谈的时候，最好的方式是把它关掉，起码也要调到震动状态。这样既显示出对别人的尊重，又不会打断讲话者的思路。而那种在会场上手机铃声不断，显得业务很忙，使大家的目光都转向你，只会显示出缺少修养。

在公共场合，例如，在看电影时或在剧院打手机是极其不合适的，如果必须回话，采用静音的方式发送手机短信是比较适合的。特别是楼梯、电梯、路口、人行道等地方，不可以旁若无人地使用手机，应该把自己的声音尽可能地压低一下，而绝不能大声说话。

4. 手机短信礼仪

短信编写内容中要有贴切的称呼、条理分明的内容，结尾要用敬语，最后一定要落款（个人及公司的名称）。

一边和别人说话，一边查看手机短信，是对别人的不尊重。

在短信内容的选择和编辑上应该和通话文明一样重视。因为通过你发的短信，意味着你赞同至少不否认短信的内容，同时也反映了你的品位和水准。所以，不要编辑或转发不健康的短信。

小贴士 **使用手机礼仪的“六要六不要”**

六要：

① 当手机铃声响起时，要及时接听。

② 因故未能接听电话或阅读短信，发现后要尽快回话或回短信。

③ 要使用礼貌语言通话，使用文明字眼发短信。

④ 要遵守公共秩序，在教室、图书馆、会议室、音乐厅、电影院等公共场合自觉关机或将手机调至静音、震动状态。在电梯内、火车、公共汽车上使用手机通话时，应压低嗓门，轻声细语，不要大喊大叫。

⑤ 在别人家做客时，要尊重主人。没有特殊情况，不要不停地使用手机打电话。

⑥ 要注意安全，在驾驶汽车时不要使用手机，以免发生意外。

六不要：

① 不要主动索取他人的手机号码。

② 一般情况下不要借用他人的手机。

③ 不要看别人发短信，更不要编写和转发黄色短信。

④ 不要偷拍别人的形象。

⑤ 使用个性化的铃声无可非议，但不要使用内容不文明的铃声。

⑥ 不要在加油站、燃料库、医院急诊室附近使用手机，也不要在行驶的飞机上使用手机。

第四节 办公室环境礼仪

办公室既是工作的地方，也是社交的场所。随着办公硬件水平的逐渐提高，办公环境对工作效率的影响也越来越大，因此，对办公环境的要求也越来越高。办公室环境的好坏不仅体现出环境为员工服务、以人为本的现代精神，也反映出活动在这个环境中的人的精神面貌、审美情趣、工作作风。

一、公共卫生环境维护

（一）办公自然环境的要求

1. 保持光线明亮

充足的光线是办公室良好环境的重要因素之一。办公室光线充足舒适，有助于员工减少疲劳，保持充沛的精力，更好地工作。办公室要合理采光，无论是自然采光还是人工采光，都应做到光源充足、光线柔和、光色和谐。如果光线不足，可用人工采光来调节，所选择的灯具造型及光色要与整个办公环境相协调。

办公桌尽量向阳摆放，让光线从左方或斜后方射来。保持光线充足还要做到窗明几净。窗玻璃应该经常擦洗。办公时间不要拉上窗帘，以免遮住光线。

2. 办公室内的颜色要协调

颜色会影响人的情绪。办公室地板的颜色宜较墙壁的颜色深，墙壁的颜色则应较天花板深。一般来说，普通办公室的天花板宜用白色，面对职员的墙壁宜用冷色，其他墙壁颜色宜用暖色，并且所有颜色之间应注意协调。会议室以淡色和中性颜色为最佳，会客室以欢快、中性的颜色为最佳。

3. 空气要清新

办公室的空气应自然流通，保持一定的温度、湿度。温度太高，员工容易出现不适或头昏。而空气过于潮湿，会引起呼吸器官的不适并引发员工沉闷、疲倦的感觉。过于干燥的空气则经常引起焦虑和急躁情绪。办公室理想的相对湿度是40%～60%。要经常打开窗户换气。如果门窗不常开，会造成室内空气混浊，影响到办公人员的工作和身体。

4. 环境安静

企业应能给员工提供安静的办公环境。嘈杂的办公室会令人不愉快，分散注意力，容易造成工作上的失误。应尽量减少或尽可能消除声音的来源，如在桌椅和一些设备底下置橡皮垫。员工在办公室应注意声音的调节，不要高声喧哗，防止发出噪声，保持安静。

接电话时声音要适中，不能高声喊叫，以免影响他人。不要播放嘈杂的音乐。出入要轻手轻脚，开门关门用力要适中，不应摔门或用力开门，尽量不产生干扰他人工作的噪声。

（二）办公环境的布置

1. 整洁有序

（1）办公桌

办公桌是办公的集中点，办公桌摆放好了，办公环境就确立了一半。办公桌椅要整齐摆放，如图4-1所示。桌面上将文件整齐摆放，不能出现纸张与文件交杂、散乱地放在桌面，分不清哪是文件、哪是纸张这样的凌乱场面。

图 4-1　整洁的办公环境

（图片来源：http://image.haosou.com/v?ie=utf-8&src=hao_360）

（2）书柜和文件柜

书柜和文件柜应靠墙摆放，这样既安全又美观。要经常擦拭书柜和文件柜，保持整洁，如果有带玻璃门的书柜和文件柜，那么柜子上的玻璃门也要保持洁净、透明。尽量选用高低一致的柜子。

(3) 沙发和茶几

如果办公室里有沙发，最好远离办公桌，以免谈话时干扰别人办公。沙发上不要随便摆放报纸、纸张和文件等物品。茶几上可以适当摆放装饰物，如盆花等。临时的谈话可在这里进行，较长时间的谈话或谈判，应在专门的会议室。

(4) 电话机

电话是办公室的必备用品，一般摆放在专用电话桌上，如果没有电话专用摆放桌，也可以摆放在办公桌的角上。电话机要经常清理，用专用消毒液进行擦洗，不能粘满尘土和污垢。

2. 装饰高雅

(1) 盆花的装饰

宽敞的办公室可以放置盆花，但盆花要经过认真选择，一般不用盛开的鲜花装点办公室，过艳的色彩会吸引注意力，使员工的精力发生偏移，可以选用以绿色为主的植物，绿色植物是装点办公室的主要材料，绿色可以给人舒适的感觉，可以调节人的情绪。

对盆花要经常浇灌和整理，不能让其萎枯而出现黄叶。可以在绿叶上喷水，使其保持葱绿之色。花盆的泥土、肥料要经过精选，不能选用有异味的肥料，否则会引来苍蝇或滋生寄生虫，给办公室环境带来污染。

(2) 墙面的装饰

办公室的墙切忌乱刻乱画，不能在办公室的墙上记录电话号码或粘贴记事的纸张。墙面可悬挂地图，也可装饰些风景画、盆景、有特殊意义的照片、名人的字画、企业的徽标等。

(三) 办公室环境的清洁

1. 经常打扫

主动打扫办公室卫生，倒垃圾，扫地拖地。不乱丢废弃物，办公用品摆放整齐。办公室的地面要保持清洁，常清扫、擦洗，地毯要定期吸尘，以免滋生细菌。保证地面无污物、污水、浮土，无卫生死角。保持墙壁清洁，表面无灰尘、污迹。保持挂件、画框及其他装饰品表面干净整洁。

办公室中也不宜堆放积压物品，堆积物会影响观瞻，给来访者以脏乱差的印象，要经常清理办公室里的废弃物。

2. 爱护公共设施

饮水机、灯具、打印机、传真机、文具柜等摆放要整齐，保持表面无污垢，无灰尘等。打印机和传真机使用完后要归位，不把纸张散落在机器周围。办公室内电器线走向要美观、规范，并用护钉固定，尽量不乱搭接临时线。

无论是使用公用的办公桌，还是洗手间，用完后都应该保证整洁；如果需要维修，要及时修复或者报修。禁止在办公设施和公共设施上乱写、乱画、乱贴。

3. 节约资源

下班离开办公室前，应该关闭个人所用电器的电源，如电脑、传真机和打印机等。最后离开办公区的人员应关闭照明设施和总电源，关闭门窗，检查没有安全隐患后方可离开。饮水时，如果不是接待来宾，应使用个人的水杯，减少一次性水杯的浪费。

二、个人办公环境维护

（一）办公桌位要清洁

每天上班时要保持办公桌面的整洁。每天擦拭桌椅，如果是有外罩的座椅，要定期更换并清洁外罩。定期擦拭电脑屏幕，清洁键盘。保持个人办公桌附近地面的清洁。案头不能摆放太多东西，只摆放需要当天或当时处理的公文或资料，其他书籍、报纸不能放在桌上，应归入书架或报架；文件资料不要堆得乱七八糟，要定期清理，及时归档或上交。

废纸应扔入废纸篓中。零碎的东西建议放在抽屉里，切勿七零八落，影响办公环境。办公桌下面也不要摆放无用的物品，并且要整理干净。不要将自己的物品放在办公桌旁边的过道上。

结束每天的工作后，将个人水杯或茶具中的水倒掉并清洗干净。将办公桌收拾干净，把台面的物品归位，锁好贵重物品和重要文件再离开。离开自己的办公座位时，应将座椅推回办公桌内。

（二）办公用品要整洁

桌面只放一些必要的办公用品，且摆放整齐有序。不要将杂志、报纸、餐具、小包等物放在桌面上。招待客人的水杯、茶具应放到专门饮水的地方，有条件的应放进会客室。办公文具要放在桌面上，为使用便利，可准备多种笔具：毛笔、自来水笔、圆珠笔、铅笔、曲别针、夹子、订书机等，要放进笔筒而不是散放在桌面上。杂乱无章的办公物品会让人望而生畏，影响工作效率。

（三）环境布置要适当

要注重办公室环境的严肃性，非办公用品不外露，不摆放与工作无关的物品和个人用品。绝不能视办公室为“家”。尽量不要在桌面上摆放家人的照片。在办公桌上挂满毛巾、衣服，塞满个人用品，甚至摆满个人餐具的做法是不可取的。虽然要像爱自己的家一样热爱自己的工作，但是到处体现家的温馨是不恰当的表现。

（四）个人卫生要维护

1. 注意个人卫生

经常洗澡，着装干净整洁，无异味。保持鼻孔干净，不流鼻涕，鼻毛不外露。胡子刮干净或修整齐，不留长胡子。牙齿整齐洁白，嘴角无泡沫。适时理发，经常梳理，保持头发洁净整齐，无头屑。鞋、袜应保持干净、卫生，鞋面洁净。不要出现挖耳朵、剪指甲、修眉毛、搓污垢、刮胡子等破坏办公室环境卫生的不雅行为。

2. 防止异味

上班前最好不要吃葱、蒜、韭菜等辛辣食品，防止在工作期间与人谈话时口中产生异味。香水味不宜过于浓烈。即使天气很热，也不能在办公室里脱鞋，脱袜，以免影响他人办公。

复习思考题

1. 办公室礼仪原则有哪些？
2. 和领导交往要注意哪些事项？
3. 如何和下级交往？
4. 同事之间如何相处？
5. 办公室谈吐的禁忌有哪些？
6. 怎样维护办公室环境？

实践课堂

案例

秘书初萌正打算关电脑，有人敲门。

初萌："谁呀？进来！"王佳推门而入："你好！请问这是业务部吗？"初萌坐在那里，抬眼看着来人："这里就是。你找谁？"王佳："冯经理在吗？我跟你们冯经理约好了。"王佳说着掏出名片，双手递给初萌。

初萌用左手接过名片，随手放在桌上，同时马上变得热情起来，招呼道："啊，刚才冯经理还等您呐。不过这会儿他有点急事要办，让您稍等会儿，他马上就回来。您先坐。"

初萌让王佳坐下，转身倒水，用纸杯招待客人。"您是习惯喝茶还是开水？"客人："不客气，都可以。"

这时，电话铃响起，铃响四遍后，初萌拿起电话："谁呀，打错了。"随即挂断。

初萌坐下后开始与客人交谈："我在报上经常看到对您公司的宣传，我想买你们那个新的产品，可以优惠吗？"王佳犹豫着："……我回去给你想想办法。"

初萌："您知道吗？我们公司刚刚研制出的 WEC 产品，马上就要投入市场了。这回，我们能大赚一笔。哎，你们公司待遇怎么样啊？"

思考题：

请结合案例分析，秘书初萌办公室礼仪存在哪些问题？正确的做法是什么？

拓展阅读 1

办公室礼仪八大禁忌

1. 忌不负责任

把"都是你的错"挂在嘴上，千错万错就是没有我的错。其实每个人都会犯错，主管也应该容忍体谅下属犯错。重要的是能否由错误中归纳出正确的方法，下次不再重蹈覆辙。无论犯了什么样的错，通常只要勇于承认、愿意负责，都能博得大家的谅解甚至尊敬。

2. 忌情绪不佳，牢骚满腹

工作时应该保持高昂的情绪状态，即使遇到挫折、饱受委屈、得不到领导的信任，也不要牢骚满腹、怨气冲天。这样做的结果，只会适得其反，要么招人嫌，要么被人鄙视。

3. 忌零食、香烟不离口

女孩大都爱吃零食，且以互换零食表示友好。只是工作时要注意场合，尤其在和旁人谈话和接听电话时，嘴里千万不可嚼东西。至于一些以吸烟为享受的男士在公共场合也应注意尊重他人，不要随意污染环境。

4. 忌情绪化

人难免有情绪，但是把事情和工作搅和在一起，老是用“最近情绪低潮……”“失恋了……”“和家人冷战……”当作借口，主管是会反感的。要是缺乏情绪管理的本领，可以看看“心灵小品”类的书籍或许有点帮助。

5. 忌拉小圈子、互散小道消息

办公室内切忌私自拉帮结派，形成小圈子，这样容易引发圈外人的对立情绪。该在圈内、圈外散布小道消息，充当消息灵通人士，这样永远不会得到他人的真心对待，只会对你避而远之。

6. 忌高声喧哗，旁若无人

有什么话慢慢讲，别人也同样会重视你。其实，你的文质彬彬，可以带动别人同你一起维持文明的环境。

7. 忌趋炎附势、攀龙附凤

做人要光明正大、诚实正派，人前人后不要有两张面孔。领导面前充分表现自己，办事积极主动，溜须拍马；在同事或下属面前推三阻四、爱理不理，一副予人恩惠的脸孔。长此以往，处境自然不妙。

8. 忌故作姿态、举止特异

办公室内不要给人新人类的感觉，毕竟这是正式场合，无论穿衣，还是举止言谈，不能太过前卫，给人风骚或怪异的印象，这样会招致办公室其他同事的耻笑。

（资料来源：http://bbs.tianya.cn/post-5140-353-1.shtml）

拓展阅读 2

办公室交谈中失礼的行为表现

1. 在交谈之中“闭嘴”

所谓“闭嘴”，是指交谈中一言不发，从而使交谈变相地冷场，导致不良的后果。在其他人侃侃而谈的过程中，自己始终保持沉默，会被视为对其他人的话不感兴趣。本来双方洽谈甚欢，一方突然“打住”，会被理解成向对方“抗议”，或对话题感到厌倦。

2. 在交谈之中“插嘴”

所谓“插嘴”，是指在他人讲话的中途，突然出来插上一句，打断对方的话。一般情况下，不应该打断他人讲话，这样有喧宾夺主、自以为是之嫌。当与不相识者、异性、长者或上司交谈时，更不宜“不邀而至”，上去就插上一嘴。

3. 在交谈之中“杂嘴”

交谈之中的“杂嘴”，就是语言不标准、不规范。例如，在国内的商务交往中，应使用汉语普通话，如果使用方言和土语，容易被他人误解，甚至会被视为不够开化。在对外商务交往中，应使用双方均能够接受的语言。

4. 在交谈之中“脏嘴”

“脏嘴”，意即说话不文明，满口都是“脏、乱、差”的语言。有失身份。

5. 在交谈之中“荤嘴”

“荤嘴”，指的是时时刻刻把丑闻、艳事挂在嘴上。无论从哪一方面而论，“荤嘴”属于商界人士之大忌，在哪里都让人瞧不起。

6. 在交谈之中“油嘴”

“油嘴”，是指说话油滑，毫无止境地胡乱幽默。如果到处都“幽他一默”，就有可能“沦落”为油腔滑调，从而招致反感。

7. 在交谈之中“贫嘴”

“贫嘴”，是指爱多说废话，爱乱开玩笑。爱耍“贫嘴”的人，动不动就拿其他人调侃、取笑、挖苦一通，要么没话找话，话头一起就絮絮叨叨；要么不分男女、不论长幼、不辨亲疏地乱开玩笑。耍“贫嘴”的人，好比作践自己，既令人瞧不起，又让人讨厌。

8. 在交谈之中“犟嘴”

“犟嘴”，就是喜欢跟别人争辩，喜欢强词夺理。他们自以为“真理永远在自己手中”，自己永远正确。爱“犟嘴”的人，“没理争三分，得理不让人”，最不受欢迎。

9. 在交谈之中“刀子嘴”

“刀子嘴”，就是说话尖酸刻薄，喜欢恶语伤人。每个人都有自己的隐私，都不希望告之于人，不该“打破砂锅问到底”。每个人都有自己的短处，都不乐意将此展示于人，所以不应该在交谈时“哪壶不开提哪壶”。俗话说：“良言一句三冬暖，恶语伤人六月寒”。

10. 在交谈之中“电报嘴”

“电报嘴”，是指那些爱传闲话、爱搬弄是非的人。“电报”者，取其传播迅速之意。在正式的商务交往中或者在办公室，一言一语都有可能成为有价值的商业情报，不容扩散。

在非正式的亲友聚会上，他人出于对自己的信任所讲的一些心里话，也应该“到此为止”。将以上内容到处暗传、无限度地张扬，很不合适。至于那些无中生有、以造谣生事为己任的人，就更令人厌恶，所以，不要作“电报嘴”的“中转站”。

第五章

商务接访礼仪

【学习目标】

1. 了解各种商务活动中必须具备的标准礼仪规范。
2. 理解商务人员在各种商务接待、拜访活动、馈赠和会议中的礼仪标准。
3. 掌握具体商务接访和会议活动的常规礼仪。

【技能要求】

1. 能按照商务活动中对礼仪的要求，提高自身在商务接待、拜访、馈赠和会议等商务环节的礼仪素质；
2. 熟练掌握接待和拜访的具体礼仪要求。

引导案例　　**失礼的拜访**

风景秀丽的某海滨城市的朝阳大街，远东贸易公司正坐落于此。某照明器材厂的业务员金先生按原计划，手拿企业新设计的照明器材样品，兴冲冲地登上六楼，脸上的汗珠未及擦一下，便直接走进了业务部张经理的办公室，正在处理业务的张经理被吓了一跳。“对不起，这是我们企业设计的新产品，请您过目。”金先生说。

张经理停下手中的工作，接过金先生递过的照明器，随口赞道：“好漂亮啊！”并请金先生坐下，倒上一杯茶递给他，然后拿起照明器仔细研究起来。金先生看到张经理对新产品如此感兴趣，如释重负，便往沙发上一靠，跷起二郎腿，一边吸烟一边悠闲地环视着张经理的办公室。当张经理问他电源开关为什么装在这个位置时，金先生习惯性地用手搔了搔头皮。虽然金先生作了较详尽的解释，张经理还是有点半信半疑。

谈到价格时，张经理强调：“这个价格比我们预算高出较多，能否再降低一些？”金先生回答：“我们经理说了，这是最低价格，一分也不能再降了。”张经理沉默了半天没有开口。金先生却有点沉不住气，不由自主地拉松领带，眼睛盯着张经理，张经理皱了皱眉，“这种照明器的性能先进在什么地方？”金先生又搔了搔头皮，反反复复地说：“造型新、寿命长、节电。”张经理托辞离开了办公室，只剩下金先生一个人。金先生等了一会儿，感到无聊，便非常随便地抄起办公桌上的电话，同一个朋友闲谈起来。这时，门被推开，进来的却不是张经理，而是办公室秘书。

案例分析：

金先生的失礼之处如下。

(1) 在商务拜访中，应先与对方预约一下，然后再登门拜访。

(2) 金先生在进张经理的办公室之前应先整理一下自己的仪容，把汗擦干净，进门之前应先敲门，等里面的人说“请进”后再进去，冒然闯入吓人一跳是非常不礼貌的。

(3) 金先生坐在沙发上是不应跷二郎腿的，因为第一次见面，这样坐很失礼。

(4) 习惯性的挠头皮的动作既不卫生，又让人感到作为一个推销人员的不自信和对自己产品方面的业务知识的不熟悉。

(5) 随便用别人办公室的电话聊天是不对的。

第一节　商务接待礼仪简介

在商务活动中，虽然不同企业之间有激烈竞争，但也存在着密切的合作，业务交往(包括参观学习等)十分频繁。从接待礼仪来讲，在商务往来中“来的都是客”，不论客方平时与己方关系如何，都应以礼相待。

商务接待有两种情况：一种是常规接待，也就是不需在人物、物力上做特殊准备的接待工作，这种接待随时都有；另一种是隆重接待，这种接待需要物质上做准备、人员上做调配，比如要有交通工具迎送、专门的接待人员等。但不论哪种接待，都是希望来访者能乘兴而来，满意而归。

一、商务接待原则

在商务活动中，为了以礼接待商务活动同仁，必须按照商务礼仪的惯例和规范，在接待工作中，坚持身份对等和讲究礼宾秩序的原则。

(一) 坚持身份对等

1. 身份对等

根据身份对等的原则，我方出面迎送来宾的主要人员应与来宾的身份大体相当。若我方与来宾身份对等的人员身体不适或忙于他事难以脱身或不在本地，因而不能亲自出面迎送来宾时，应委派其副手或与其身份相近的人员出面接待，并在适当的时机向来宾做出令人信服的说明和解释，以表示我方的诚意。

2. 人数相等

我方人员在与来宾进行礼节性会晤或举行正式谈判时也必须使我方到场的人数与来宾的人数基本相等。

3. 适合来宾身份

我方在为来宾安排宴请活动或为其准备食宿时，应尽量使之在档次、规格等与来宾的身份相称，并符合客人们的生活习惯，体现东道主对客人的关心与照顾。在接待外商时，更应注意这一点。

(二) 讲究礼宾秩序

礼宾秩序所要解决的是多边商务活动中的位次和顺序的排列问题。在正式的商务活动中，礼宾秩序可参考下列四种方法。

1. 按照来宾身份与职务的高低顺序排列

如接待几个来自不同方面的代表团时，确定礼宾秩序的主要依据是各个代表团团长职务的高低。

2. 按照来宾的姓氏笔画排列

在国内的商务活动中，如果双方或多方关系是对等的，可以按参与者的姓名或所在单位名称的汉字笔画多少排列。

3. 按照英文字母的先后顺序排列

在涉外活动中，应将参加的组织或个人按英文或其他语言的字母顺序进行排列。

4. 按照时间先后排列

按照有关各方正式通知东道主自己决定参加此项活动的先后顺序，或正式抵达活动地点的时间的先后顺序排列。

二、 准备工作

接待的准备工作，主要是对隆重的接待而言。具体需要做如下三方面的准备。

（一）布置场所

整齐干净的环境会让来访者感觉舒适、规范、郑重其事。如果要张贴欢迎海报，一定要事先在显眼的地方张贴，一般的标语、广告也要贴牢，室内的图像、字画注意摆正。要准备一些文具用品和可能用得上的相关资料，如宣传简介、商品说明等。还可以适当准备一些水果、饮料、茶具。

（二）了解来访者的情况

比如来访者的人数（包括具体的几男几女）、身份、所搭乘的交通工具、到达的具体时间、联系方式，甚至还应该包括饮食习惯、民族以及宗教信仰。这样就方便安排接待、住宿、商务用餐，以及在一定程度上规避忌讳、冲突的发生等。了解来访者的具体身份，也便于安排接待规格。

（三）确定迎送规格

确定迎送规格按照身份对等的原则，安排接待人员。对较重要的客人，应安排身份相当，专业对口的人士出面迎送；也可根据特殊需要或关系程度，安排比客人身份高的人士破格接待。对于一般客人，可由公关部门派懂礼仪、有礼貌、言谈流利的人员接待。

（四）安排接待人员

接待人员的服装仪容，往往关系到个人的修养及公司的形象。负责接待的人员，要品貌端正、举止大方、口齿清楚，具有一定的文化素养，受过专门的礼仪训练。保持头发整洁，手部干净，因为手部的肢体语言仅次于脸部，与人握手，呈递公文，一伸手让人觉得健康干净，才会心情愉快。

女性接待员要略施淡妆，给人的感觉会比较隆重、正式，用一点清淡的香水也是礼节、修养的一部分。接待客人前，不要饮酒，不吃有刺激性味道的食物。

（五）沟通的准备

要考虑到此次商务接待将要讨论的问题，对与客人谈什么，怎么谈，承诺什么，怎样承诺，询问什么，怎么询问等，要做到心中有数。这样，当谈到这些问题的时候，才能迅速、规范地做出反应，以免被动。

三、迎客礼仪

（一）接站

对远道而来的客人，要做好接站工作。要掌握客人到达的时间，保证提前在迎接地点等候，迟到是非常不礼貌的。接站时最好准备一块迎客牌，上书“欢迎某某”，同时高举迎客牌，这样既便于让客人看到，又能给客人以良好的最初印象。

（二）欢迎语

接到客人后，应致以问候和欢迎，同时作自我介绍。问候语要得体适当。对中国人可说：“路上辛苦了”等，对外国人应当说：“见到你很高兴”“欢迎你到某市”等。问候寒暄之后，要主动帮客人提取装卸行李。拿行李的时候，不要拿客人的公文包或手提包，因为里边一般是放贵重物品或隐私物件的。

（三）主动安排

在去机场、车站接客人的回程途中，要主动询问客人在此逗留期间有无私人活动需要代为安排。把客人送到住宿地点后，留下接待人员的联系方式及下次见面时间就可以离开了。

四、乘车礼仪

（一）基本礼仪

乘坐车辆，特别是轿车的时候，座次的安排很有讲究。为轿车具体排座的时候，必须要注意不同数量座位的轿车，在排位时具体方法各不相同。

同一座位的轿车上，驾车者的身份不同，排座尊次也不同。例如，专职司机开车的时候，轿车的副驾驶座被称为“随员座”，它是属于陪同、秘书、翻译或是警卫人员的专座；而如果领导或主人亲自开车的时候，副驾驶座又成了主宾座。

按照国际惯例，乘坐轿车的座次安排的常规是：右高左低，后高前低。具体而言，轿车座位的尊卑自高而低是：后排右位，后排左位，前排右位，前排左位。

上车的时候要让客人先上，打开车门，并用手示意，等客人坐稳后自己再上。应该请客人坐在后排座的右侧，自己坐在左侧。如果客人有领导陪同，就请领导人坐在客人左侧，自己坐在前排司机的旁边。如果客人或领导已经坐好，就不必再换。在客人入座后，不要从同一车门随后而入，而应该关好门后从车尾绕到另一侧车门入座。下车的时候，自己先下，为领导或客人打开车门，请他们下车，一只手打开车门，另一只手为客人护头，如图 5-1 所示。

图 5-1　下车礼仪

（图片来源：http://www.dflypx.com/view.asp?id=342&flag=1）

（二）座次安排

1. 轿车

(1) 上座

专业的讲法，轿车的上座有如下三种情况。

① 社交场合。即主人开车的情况，上座为副驾驶座。这个位置方便和主人交谈。如果这时你坐在后排，就有把主人当成你司机的嫌疑。

② 公务接待。开车的人是专职司机，上座是后排右座。这跟我国道路行驶规则有关。后排比前排舒服，右边比左边上下车方便。训练有素的司机开车到酒店一停车，后排右座一定正对着门。这个位置的人伸腿下车，抬腿上车，非常方便。而副驾驶的座位是"随员座"，所以，酒店的门童都不会给副驾驶员座开门。

③ VIP 上座，即司机后面的座位。高级将领、高级领导，包括港澳的一些专家人士，不管方向盘在哪里，他都要喜欢在司机后面，因为这个位置最安全。最不安全的位置是副驾驶座。因此，坐在开车主人的旁边，也叫"舍命陪君子"。

(2) 座次安排

① 五座轿车座次。司机驾驶时，以后排右侧为首位，左侧次之，中间座位再次之，前坐右侧殿后，如图 5-2 所示。

上司亲自驾驶，以驾驶座右侧为首位，后排右侧次之，左侧再次之，而后排中间座为末席，如图 5-3 所示。

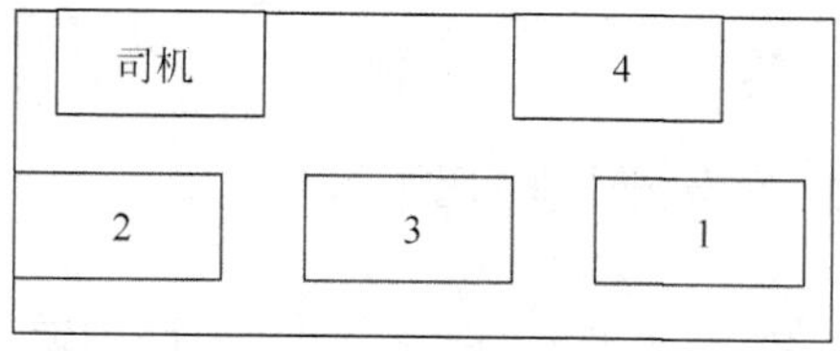

图 5-2　司机开车的座位顺序

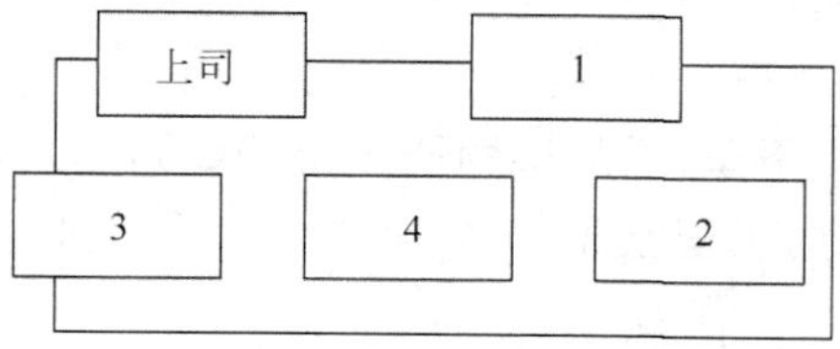

图 5-3　上司开车的座位顺序

② 三排七座轿车座次，由尊而卑依次应为：后排右座，后排左座，后排中座，中排右座，中排左座，副驾驶座，如图 5-4 所示。

③ 三排九座轿车座次，由尊而卑依次应为(假定驾驶座居左)：中排右座，中排中座，中排左座，后排右座，后排中座，后排左座，前排右座，前排中座。

(2) 旅行车

在接待团体客人时，多采用旅行车接送客人。旅行车以司机座后第一排即前排为尊，后排依次为小。其座位的尊卑，依每排右侧往左侧递减，如图 5-5 所示。

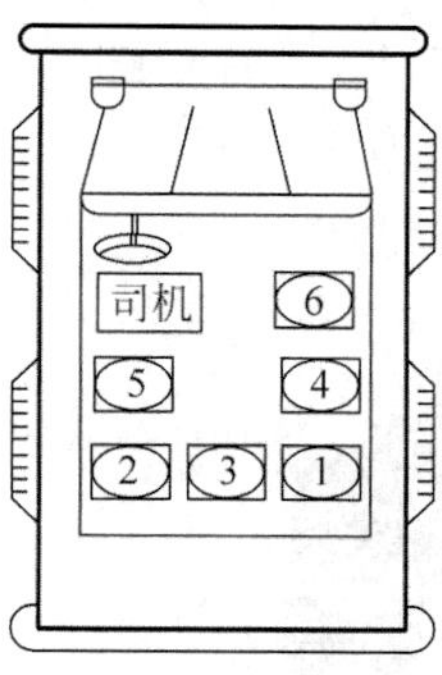

图 5-4　三排七座轿车座次

(资料来源：http://blog.sina.com.cn/s/blog_b416a3520101hgsb.html)

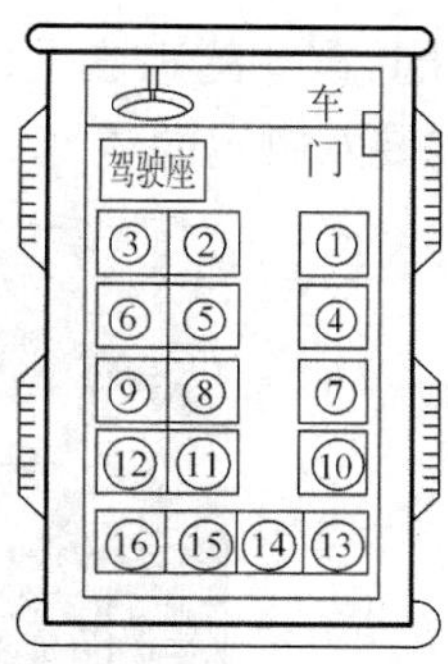

图 5-5　旅行轿车位次

(资料来源：http://blog.sina.com.cn/s/blog_b416a3520101hgsb.html)

(3) 火车、公共汽车、地铁

基本的规矩是：临窗的座位为上座，临近通道的座位为下座。与车辆行驶方向相同的座位为上座，与车辆行驶方向相反的座位为下座。

在有些车辆上，乘客的座位分列于车厢两侧，而使乘客对面而坐。在这种情况下，应以面对车门一侧的座位为上座，以背对车门一侧的座位为下座。

（三）上下车顺序

如果条件允许，应请女士、来宾先上车，后下车。

1. 分坐于前后排

专职司机驾车时，坐于前排者，应后上车，先下车，以便照顾坐于后排者。

2. 同坐于后一排

专职司机驾车，自己与其他人同坐于后一排时，应请女士、来宾从右侧车门先上车，自己再从车后绕到左侧车门后上车。

下车时，应自己先从左侧下车，再从车后绕过来帮助对方。若车停于闹市，左侧车门不宜开启，则于右门上车时，应当里座先上，外座后上。下车时，则应外座先下，里座后下。总之，以方便易行为宜。

3. 折叠座位的轿车

坐在折叠座位上的人，应最后上车，最先下车。

4. 乘坐三排九座车

低位者先上车，后下车。高位者后上车，先下车。

5. 乘坐多排座轿车

上车时，距车门最远者先上，其他人随后由远而近依次而上。下车时，距车门最近者先下，其他随后由近而远依次而下。

（四）女士上下车礼仪

女士上车时，得体的方法是：先背对车座，轻轻坐在座位上，合并双脚并一同收入车内；下车时，也要双脚同时着地，不可跨上跨下，有失大雅，如图 5-6 所示。

图 5-6　女士上下车的礼仪

（图片来源：http://www.weihua.net.cn/rczp.aspx?type=4）

五、待客之道

任何人去拜访的时候，恐怕最不愿意见到的就是冷遇。有道是："出门看天气，进门看脸色"。所以，对任何客人都应该显示出热情和友好。

（一）基本举止规范

1. 与他人同行

接待过程中，陪客人走路，一般要请客人走在自己右边。主陪人员要和客人并排走，不能落在后面；其他陪同人员走在客人和主陪人员身后。在走廊里，应走在客人左前方几步。转弯、上楼梯的时候，要回头以手示意，有礼貌地说声"这边请"。

2. 乘坐电梯

上下梯时长者、女士优先。乘电梯的时候，如果有司机掌控电梯，要请客人先进；没有司机，则自己先进，然后让客人进，到达的时候请客人先出。

（1）与上司共乘电梯

身为下属的你最好站在电梯口处，以便在开关电梯时为上司服务。而上司的理想位置是在对角处，以使得两人的距离尽量最大化，并卸下下属的心理负担。

在电梯里讲话时不宜盯着对方的眼睛不放，目光可适当下移，以嘴巴和颈部为限。

因电梯空间很小，所以讲话时最好不要有手部动作，更不能指手画脚，动作过大。

上司可利用电梯里的时间增进对下属的了解；如果上司正在思考或明显不想开口，下属没必要找话题打破沉默。

（2）与客人共乘电梯

伴随客人来到电梯厅门前时，先按电梯呼梯按钮。

轿厢到达厅门打开时，若客人不止 1 人，可先行进入电梯，一手按"开门"按钮，另一手按住电梯侧门，礼貌地说"请进"，请客人或长辈进入电梯轿厢。

（二）敬茶

敬茶是中国传统的待客礼节，不论什么季节、什么时间客人来访，都要先敬上一杯热茶。敬茶必须注意以下几点。

茶壶、茶杯要干净，不能用剩茶或旧茶待客，用什么茶叶可以事先征求客人意见。放入适量茶叶，倒入约 1/3 杯开水，把杯子盖好；从客人的左边上茶；估计茶叶差不多泡开的时候，再为客人掺上开水。同时注意加水时应用右手拿着茶杯盖子，如果要放在茶几上，应把盖口朝上；倒茶的时候水不要加得太满，一般约为茶杯的 4/5 即可。

敬茶要先客后主。如果客人比较多，可按级别或长幼依次敬上。上茶的具体步骤是先把茶盘放在茶几上，从客人右侧递过茶杯，右手递上，手指不要搭在茶杯上，也不要让茶杯撞到客人手上。如果妨碍客人交谈，要先说一声"对不起"。

招待茶点的时候，最好把茶点装在托盘里，再送到客人面前或旁边的茶几或桌子上。茶水饮料最好放在客人的右前方，如果有点心、糖果之类，则最好放在客人左前方。

(三)谈话

谈话是接待工作中的一项重要内容,直接关系到接待工作的成功与否。通过谈话,双方可以增进感情交流和相互了解。

商谈问题,首先要紧扣主题,围绕会谈的目的进行,不要只谈自己的事情或自己关心的事情,而不顾对方是否愿听或冷落对方。

其次,要注意自己的态度和语气,要尊重他人,不要恶语伤人,不要强词夺理。语气要温和适中,不要以势压人。

最后,认真倾听别人讲话。倾听别人讲话是一种礼貌,不能显出很不耐烦的表情或东张西望。此外,会谈中还要适时地以点头或微笑做出反应,不要随便插话。别人谈完后再发表自己的看法。只听不谈,也是不礼貌的。

六、相见时的礼仪

(一)介绍

就基本方式而言,介绍可分为为他人作介绍、被人介绍和自我介绍三种。

1. 为他人作介绍

当你要将某人介绍给别人时,按礼宾顺序应该是向年长者引见年轻者,不论男女都是按这样的顺序作介绍;向女士引见男士,向职位高的引见职位低的人,同时连同双方的单位、职称一起作简单介绍。在人数众多的场合,如果其中没有职位、身份特殊的人在场,又是年龄相仿的人聚会,则可按照一定的次序一一介绍。

为他人作介绍时,应简洁清楚,不能含糊其辞。介绍时,还可简要地提供一些情况,如双方的职业、籍贯等,以便于不相识的两人相互交谈。如果你是单独介绍两人相识,应该事先了解一下他们彼此是否都有想认识对方的愿望,免得造成不必要的尴尬。在向他人介绍某人时,不可用手指指指点点,而应有礼貌地以手掌示意。

2. 被人介绍

当你自己被介绍给他人时,应该面对着对方,显示出想结识对方的诚意。等介绍完毕后,可以握一握手并说“你好!”“幸会!”“久仰!”等客气话表示友好。

如果你是一位男士,被介绍给一位女士,你应该主动点头并稍稍欠身,然后等候对方的反应。按一般规矩,男士不用先伸手,如果对方伸出手来,男士应立即伸手轻轻一握。

如果是一位女士,被介绍给一位男士时,一般来说,微笑点头也是合乎礼貌的。如愿意和对方握手,则可以先伸出手来。

3. 自我介绍

当你想同某人结识,却又一时没有找到合适的介绍人时,那么不妨作自我介绍。作自我介绍时,可主动打招呼说声“你好!”来引起对方的注意,然后说出自己的姓名、身份,同时双手递上事先准备好的名片。也可一边伸手跟对方握手,一边作自我介绍。

在作介绍的过程中,介绍者与被介绍者的态度要热情得体、举止大方,在整个介绍过程应面带微笑。一般情况下,介绍时,双方应当保持站立姿势,相互热情应答。

小贴士

和人打招呼时，一定要注意：①说话时注视对方；②保持微笑；③专注地聆听；④偶尔变换话题和说话方式。

（二）使用名片

1. 备好名片

使用名片是社交和职业的需要，它可以帮助对方认识和了解你，也可以使你掌握对方的有关信息。名片的一般规格是：正面上方印有工作单位，中间印有姓名、职务，下方印有地址、电话。名片正面印有中文，背面往往印有相应的英文。

2. 礼貌交换

在与人交往前，应先把名片放在易取之处，男士可以把名片放在公文包或西装上衣的口袋里，女士可放于手提包内。交换名片的一般顺序是：地位低者、晚辈或客人先向地位高者、长辈或主人递上名片，然后再由后者回赠。

当我们向他人递送自己的名片时，应说“请多多指教”，同时身体微微前倾，低头示意，最好用双手呈上名片，将名片放置手掌中，用拇指夹住名片，其余四指托住名片的反面。请注意名片的字迹应面向对方，便于对方阅读。如果自己的姓名中有不常用的字，最好能将自己的名字读一遍，以便对方称呼，如图 5-7 所示。

图 5-7 向他人递送名片

（图片来源：http://www.quanjing.com/share/afm-1117-01307.html）

接受他人的名片时，也应恭敬。当对方说“请多多指教”时，可礼貌地应答一句“不敢当”或“随时请教”。接过名片，一定要看一遍，绝对不可不看一眼就收藏起来，这样会使人感到你欠缺诚意。看不清的地方应及时请教。看过名片后，应将名片放好，不要随意乱置，以免使人感到不快。

案例

那天我跟一个女同志换名片，我说："认识你很高兴，我们换一下名片吧？"对方拿过包来，挺高档的一个包，一打开首先掏出一包瓜子；然后翻出一包话梅；接着冒出一只袜子；最后告诉我名片忘带了。

案例解析：

公务场合，应该提前准备好名片，如果忘记带，应向对方表示抱歉，主动把自己的联系方式留给对方。另外，应该提前整理好自己的包，不要携带不必要的物品，避免尴尬。

（三）称谓

社交中的称谓会遇到多种情况，下面举例说明。

1. 职务职称型

当知道对方的具体身份时，可称呼职务或职称，如"你好！赵董事长""你好，李教授"。对方的身份往往在名片中会显示出来，应特别注意。

2. 姓名型

当对方无特殊身份时，可称呼姓名，如"你好，张华"。或采用以性别相称的方式，如"周先生""王小姐"等。

3. 长幼型

对年长者称呼要恭敬，不可直呼其名，可称"老张""老王"。如果是有身份的人，可以将"老"字与其姓倒置，这种称呼是一种尊称，如"张老""王老"。

对年轻人则可在其姓前加"小"相称，如"小张""小李"，或直呼其姓名。称呼时要注意谦和、慈爱，表达出对年轻人的喜爱和关心。

称呼时态度要诚恳，表情自然，体现出你的真诚。可借助你的声调、笑容和谦恭的体态，表示尊敬。

（四）交谈

1. 交谈时的态度

交谈时尊重对方、谦虚礼让。善于理解对方，然后因势利导地谈论话题。对别人的谈话，我们应当认真倾听，并鼓励引导对方阐明自己的思想。正确的意见，应表示赞同；不同的看法，若无原则性问题，不妨姑且听之，不必细究；若是事关原则，可以婉转相告，表述自己的看法，但不要得理不让人，使别人难堪。要避免一切直接触犯他人感情的话。在自己的言谈中，要避免一切独断、自以为是的言论。

2. 交谈时的形体动作

两人交谈时，最好目光交流持同一水平，这是相互尊重。说话时不要东张西望，也不要目不转睛地盯着对方或目光冷漠地看着对方，这些都会引起对方的不快。谈话时也可以适当运用一些手势来加强语气、强调内容。但手势不能太多和幅度过大，这会使人感到不舒服，更切忌用手指点对方，这被视作是不礼貌的行为。

交谈时要注意语速和音量，要尽可能吐字清晰，不快不慢。讲话时声音要适中，以对方能够听清和不妨碍他人交谈为宜。

小贴士

笑容是一种令人感觉愉快的面部表情，它可以缩短人与人之间的心理距离。笑容是人际交往的润滑剂。

（五）聆听

1. 目光接触

聆听时要专心致志，保持目光接触，仔细听清对方所说的话。不要三心二意，东张西望，这些都会影响我们听讲的效果。应当排除一切干扰：外界的嘈杂声音、内心不良的心境等，集中注意力认真倾听。

2. 鼓励对方

聆听时，要积极鼓励对方畅所欲言，表达自己的思想。听与说是一个互动的过程，只有当听者表现出聆听的兴趣时，对方才会有浓厚的谈兴，我们可以多用这种方式鼓励对方说话。

3. 正确运用肢体语言

聆听的同时，我们还要注意观察，俗话讲“察言观色”，是有一定道理的。人们在表述自己的想法时，主要通过有声语言，即说话，但同时也会有意无意地透过无声语言，表达出更为隐秘的心理活动。

例如，谈话时的表情，兴奋或是沮丧；身体的姿势，紧张还是放松，这些同样也在透露着某种信息。若将说话者的言与行结合在一起作分析，有助于我们理解他人的真实想法。

七、 送客的礼仪

送客礼仪是接待工作的最后一个环节。如果处理不好，就将影响到整个接待工作，使接待工作前功尽弃、功亏一篑。

（一）适时暗示

除非有重要的事宜需要马上处理，并且主要事宜都已经落实的话，可以主动暗示结束接待工作，否则尽量不要主动结束，以免有“赶人”的嫌疑。

客人起身告辞的时候，要尽快想想还有没有要紧事告诉来访者。如果确信没有了，还要婉言挽留，不要来访者一说要走，马上站起相送，或者起身相留，这都有逐客的嫌疑。

（二）礼貌送客

1. 语言

如果来访者执意要走，也要等他们起身后，再起身相送。来访者离别的时候，要暗中帮助他们检查一下：该带的东西是否都已带走；还有没有其他需要商谈、讨论的事情等。

分手的时候再说一些诸如“慢走”“走好”“再见”“欢迎下次再来”“合作愉快”“祝一路平安，万事如意”等道别的话。为了表达对来访者及其同事的友好感情，可以在恰当的时候告诉来访者代表你向他们问好，比如：“请向贵公司全体同仁问好！”“祝贵公司生意兴隆，财源茂盛！”“周经理这次没来真是可惜，回去一定替我问周经理好啊！”。

对于比较重要的来访者，条件许可的话还可以为来访者或其同事赠送一份土特产或纪念品。

2. 目送

把来访者送到门口的时候，应该站在门口目送一段时间，等来访者的身影消失后再返回。不要当客人走了两步想回头再次致意的时候，发现主人已经不在，心里会很不是滋味。同时，送来访者返回房间后，关门时一定要轻轻关上，那种在客人刚出门就返身“砰”地关上门的做法，让人听起来是非常不礼貌的，并且很有可能因此葬送掉拜访期间精心培植起来的所有情感。

如果是重要的来访者或贵宾、远客，还可以请相关人员热情相送。如果是远客，还要安排交通工具送到车站、码头或机场。

如果送客到车站、码头，就要等车或船开动并消失在视线以外再走；送到机场的话，要等来访者通过安检之后再走。因为安检容易出现诸多问题，经常需要协助。

如果来访者是乘飞机，送别的时候切忌说“一路顺风”，这是乘飞机的大忌，而应该说“一路平安”。如果你有特殊的原因不得不提前返回，一定要向对方说明理由，请求谅解。否则，都是失礼的。

到车站、码头或机场送别的时候，不可以表现得心神不宁或频频看表，以免使人误解成催他赶快离开。

第二节　商务拜访礼仪

商务往来，首先就要“走出去”。怎样才有一个卓有成效的商务拜访呢？在工作中，出于各种原因，你可能要去拜访别人，这时就更需要讲究礼仪，才能使你尽量顺利地完成工作任务、拜访目的。约好去拜访对方，无论是有求于人还是人求于己，都要从礼节上多多注意，不可失礼于人，而有损自己和单位的形象。

一、拜访的时机

商务拜访不仅仅是为了协商和谈判，更应该通过商务交往彼此进行信息交流、思想沟通、意见统一和友情发展。

（一）要选择恰当的时间

商务拜访要提前预约。面对突然拜访，对方可能正在忙或有些不便，如果不接待则会让对方失礼，也会让拜访者难堪；而进行接待可能又会给对方带来不便。所以，要充分考虑到对方是否方便，应该尽量在对方比较方便和容易接受的时间拜访，这样会使得拜访效果最大化。

应该避免的时间主要有：星期一上午、星期五下午，这两个时间段往往都是最忙的时候，不是要安排一周的工作就是要开例会；每天刚上班的一小时和下班前的一小时也要避免，因为这时候前者是要安排一天的工作，后者因为已经忙碌了一天，比较疲倦。另外，还要避免中午午餐时间、午休时间。不仅如此，拜访还要避免对方的禁忌之日，如对方信仰宗教的重大节日，另外，一些西方人忌讳 13 日和星期五等。

（二）礼貌预约

拜访之前可以以电话、信件的形式进行预约，并要把拜访的时间和大致目的告诉对方。这样既可以避免吃闭门羹，又可以让对方有所安排。为了避免对方没有时间，预约的时候可以多给出几个时间供对方选择，采取协商的方式确定拜访时间会让你显得更加有诚意。在对方给予否定答案的时候，也可以询问对方什么时间方便，以便下次拜访成功。

预约的时候所使用的语言、语气要友好和商量式的，不应该强求命令式的。拜访要在得到对方同意和答复的情况下进行，强行拜访只会让人反感。而且即使你知道对方不忙但没接受你的拜访请求也不应该生气，因为对方一定有其难言之隐，而且接受与否是对方的权力，也不要妄加指责。

（三）守时赴约

预约后必须守时，如果因故不能及时到达，要马上通知对方，并讲明原因，无故迟到或失约是极不礼貌的。

二、 拜访的准备

拜访前需要做以下四方面的准备。

（一）准备名片

名片是自己商务身份的代表，交换名片也会获得对方的好感和信任。所以，在拜访之前，务必要准备、检查一下自己的名片。

（二）准备书面资料

去拜访总有明确的目的性，为使所要表达的内容充分、全面，事先应该给自己列一个提纲，还有诸如建议书、洽谈书、协议备忘录、公司介绍、报价单等其他书面资料等。准备充足的书面资料，足以说明拜访的诚意，也足以表明拜访中有条有理、主旨分明，大得印象分。

（三）注意仪表服饰

拜访前要对自己的仪表服饰做些准备。衣服要端庄、整洁。男士穿西装，女士穿套装，而且穿着要规范。要以干净整齐、端庄文雅的外表，给对方留下良好的印象。不适宜的服装会让对方认为对拜访的不重视。

（四）查询路线、交通

很多城市经常性的交通拥堵是不争的事实。所以，要事先弄清楚所去地点的具体交通路线，并尽可能多准备几种交通方法。另外，还要提前出发，提前到达目的地熟悉环境总比迟到要强得多。

三、 拜访进行时

（一）说明来意

来到拜访单位后，要跟接待人员或秘书人员说清楚：你是谁，是和谁预约好的，并请其转达、通报。

（二）礼貌敲门

被接待人员引领到指定地点，见到被拜访者的时候，不要忘记对接待人员道谢。如果没有接待或秘书引领，来到被拜访者办公室外，在进门前要先轻声敲门或按门铃。敲门应是有节奏的、速度适中的“当、当、当”三下，不能猛敲。即使门是开着的，也要站在门旁轻轻敲门，获得允许后再进。

（三）放好随身物品

如果戴着手套或帽子，进屋后一定要摘掉。有时候还要脱下大衣和围巾。雨天携带雨伞的话，进屋后就应该用自己带来的雨伞套装好，或是询问接待人员、秘书或被拜访者雨具该放在什么地方。

如果随身携带了公文包，应该放在自己的座位旁、脚下，不要随意摆放，不可以直接摆在桌子上，除非对方要求。

（四）主动问好

在进入被拜访者的办公室后，要主动和对方打招呼问好，有其他人在场要点头致意，如果被拜访者不主动介绍，不要主动询问别人和被拜访者的关系，以及来访的原因等。

（五）自我介绍

如果和被拜访者不太熟悉就要做自我介绍，介绍自己的姓名和单位，以及拜访的目的。同时，还要呈上自己的名片。被拜访者请你入座的时候，要道声“谢谢”，并随指点的座位入座，而且应该后于被拜访者就座，不要见座位就坐。

（六）客随主便

拜访礼仪强调“客随主便”，以充分体谅被拜访者。没有被邀请，不要主动提出参观其他办公室或设施，更不能未经许可到处乱窜或是东张西望。

在别人办公室乱翻乱动，是对别人的大不敬。即使去拿书刊杂志翻阅，也要征求一下意见。

接受接待人员、秘书或被拜访者奉茶的时候，要立即欠身双手相接，并致谢。如果茶水太烫，要等晾凉了再喝，必要时也可以把杯盖揭开，不可以一边吹气一边喝。把杯盖放到茶几上的时候，要盖口朝上。喝茶时要慢慢品饮，不要一饮而尽，也不要啜出声音。

四、告辞时机

（一）适时告辞

拜访的时间不宜过长。当宾主双方都已经谈完该谈的事情，就要及时起身告辞。另外，如果遇到下面五种情况，也要及时“知趣”而退。

一是双方话不投机，或当你说话的时候，被拜访者反应冷淡，甚至不愿搭理。

二是被拜访者站起身来，或是总结谈话内容，并说出以后可以再继续交流的话。

三是被拜访者虽然显得很“认真”，但反复看手表或时钟。

四是被拜访者把双肘抬起，双手支在椅子的扶手上。

五是快到了休息或就餐时间。

提出告辞的时候，被拜访者往往会说上几句“再坐坐”之类的客套话，那往往也只是纯粹的礼节性客套。所以，如果没有非说不可的话，就要毫不犹豫地起身告辞。

准备告辞的时候，最好不要选择在被拜访者或其他人说完一段话之后，因为这会使人误以为对他的那段话听得不耐烦。所以最适合的告辞时间，是在自己说完一段话之后。同时，告辞前千万别打呵欠，伸懒腰。

（二）礼貌告辞

告别前，应该对被拜访者的友好、热情等给以适当的肯定，并说一些“打扰了”“添麻烦了”“谢谢了”之类的客套话。如果必要，还可以说些诸如：“这两个小时过得真快”“和您说话真是一种享受”“请您以后多指教”“希望我们以后能多多合作”等话。

起身告退的时候，如果还有其他客人，即使和这些客人不熟悉，也要遵守“前客让后客”的原则，礼貌地向他们打招呼。

如果被拜访者送的话，送上几步后，可以说上一句“请留步”之类的客套话，这时候就可以主动向被拜访者伸出手相握，以示告别。

第三节　商务馈赠礼仪

俗话说："礼尚往来，往而不来，非礼也，来而不往，亦非礼也。"适当的商务礼品在商务活动中往往能起到不可估量的作用。

"饮足井水者，往往离井而去。"要想达到一个良好的送礼效果，必须要有个度，让对方既心安理得地领情，心理上又没有压力，并因此对你产生好感，进而达到长期交往、长期合作的目的。

一、馈赠的含义

馈赠是人们在交往过程中通过赠送给交往对象礼物，来表达对对方的尊重、敬意、友谊、纪念、祝贺、感谢、慰问、哀悼等情感与意愿的一种交际行为。

馈赠作为一种非语言的重要交际方式，是以物的形式出现，以物表情，礼载于物，起到寄情言意的"无声胜有声"的作用。得体的馈赠，恰似无声的使者，给交际活动锦上添花，给人们之间的感情和友谊注入新的活力。

二、馈赠的目的

商务送礼的目的，无非是为制造一种更好地商务伙伴交往的契机，是维持、拉近和商务伙伴之间关系的一种方法和形式，是对商务伙伴合作的感谢，让商务伙伴感到你的关心和尊重。不要以为送礼可以达到马到成功式的效果，送礼的作用，更多的是"润物细无声"式的效果，不可能一蹴而就。

（一）以交际为目的的馈赠

这是一种为达到交际目的而进行的馈赠，有如下两个特点：

一是送礼的目的与交际目的直接一致。

二是礼品的内容与送礼者的形象一致。

（二）以巩固和维系人际关系为目的的馈赠

这类馈赠，即为人们常说的"人情礼"。这类馈赠，无论从礼品的种类、价值的轻重、档次的高低、包装的精美、蕴含的情义等方面都呈现多样性和复杂性。

（三）以酬谢为目的的馈赠

这类馈赠是为答谢他人的帮助而进行的。因此，在礼品的选择上十分强调其物质价值。礼品的贵贱厚薄，首先取决于他人帮助的性质；其次取决于帮助的目的；最后取决于帮助的时机。

（四）以公关为目的的馈赠

这类馈赠多发生在对经济利益、政治利益和其他利益的追求活动中。

三、馈赠的原则

（一）轻重原则

轻重得当，以轻礼寓重情。通常情况下，礼品的贵贱厚薄，往往是衡量交往人的诚意和情感浓烈程度的重要标志。

然而礼品的贵贱厚薄与其物质的价值含量并不总成正比。因为就礼品的价值含量而言，礼品既有其物质的价值含量，也有其精神的价值含量。礼物太轻，意义不大，很容易让人误解为瞧不起他。但礼物太贵重，又会使人有受之有愧甚至受贿的感觉。这种情况下很可能婉言谢绝，这样反而会让事情变得复杂起来。所以，礼物的轻重选择以对方能够愉快接受为尺度，争取做到少花钱，多办事、办好事。

（二）时机原则

选时择机，时不我待。就馈赠的时机而言，及时、适宜是最重要的。把握好馈赠的时机，包括时间的选择和机会的择定。一般来说，时间贵在及时，超前滞后都达不到馈赠的目的；机会贵在事由和情感及其他需要的程度。

一开始就送礼，可能会给对方留下好的印象，方便工作的开展，但有时候对方可能会考虑到不知道和你的关系会发展得怎样，而觉得太突然，不方便接受。所以，很多商务人员在见面之初就送礼的时候，往往送的是没有什么价值的小纪念品。

交往中送礼，能让商务伙伴送礼者的好感度进一步提升，尤其用在大家处于一种比较僵局的情况，这时候适当的礼物可以带来良好的、缓和气氛的良好效果，这也是商务人员用得比较多的方式。商务工作完成之后送礼，会让商务伙伴的印象更深，是一种加深友谊，期待合作延续的方法。

根据最新调查表明，对大多数公司来说，选择新春、元旦、端午、中秋、圣诞节是最流行的做法。也可以选择新公司的成立日、公司成立纪念日、大客户的生日，感谢商务伙伴在合作上给予你协助、帮助，还有结婚、添子、重病初愈等时候。这样的送礼既不显得虚套，受礼者也收的心安理得，被拒绝的可能性很小，使得效果两全其美。特别是对港、澳、台同胞和海外华人华侨，在中国的传统佳节里送礼，往往有意想不到的效果。

送礼的时间间隔也很有讲究，过频过繁或间隔过长都不合适。不要经常大包小包地给商务伙伴送礼，这样的频繁送礼，既会让对方觉得送礼者肯定有所图，而且也会觉得比较浪费，会让对方对送礼者好感下降，适得其反。

（三）效用性原则

送礼首先必须先了解受礼对象的习惯、个性、身份、爱好和忌讳等，不要送礼却送出麻烦。所以，在送礼前要先了解对方的信息，考虑周全，以免节外生枝。

就礼品本身的实用价值而言，人们经济状况不同，文化程度不同，追求不同，对于礼品的实用性要求也就不同。因此，应视受礼者的物质生活水平，有针对性地选择礼品。

如果要送礼的对象是国外人士，还要注意以下两点：

① 不要送药品、现金、有价证券、珠宝、首饰等贵重物品，一般可以送纪念品、鲜花等。但是，国外人士都十分注意礼品外包装，所以，应该在礼品的外包装上多下心思。

② 和外国人士特别是欧美人士交往，由于东西方文化背景的不同，无论是送礼还是受礼，都不要说一些我们认为是很妥当的、自谦的话，如“区区薄礼，请笑纳”“这是随便买的，不值几个钱”“受之有愧”之类的话，因为外国人多没有太含蓄的习惯，他们会把你的话当真，会使对方不高兴甚至是难堪。

（四）投好避忌原则

就礼品本身所引发的直接后果而言，由于民族、生活习惯、生活经历、宗教信仰以及性格、爱好的不同，不同的人对同一礼品的态度是不同的，或喜爱或忌讳或厌恶，等等。因此，我们要把握住投其所好、避其禁忌的原则。对国内人士来说，给年长者送钟，因“钟”和“终”谐音，有“送终”之嫌，如图 5-8 所示。

图 5-8　送礼禁忌

乌龟虽然长寿，却有“王八”的俗名，所以不宜当作礼品。有些商务人士忌讳别人送书，即使再精美的书，对方也是唯恐避之而不及，因为“书”是“输”的谐音。我国台湾人忌讳送、受扇子为礼，因为台湾地区俗称“送扇无相见”。

在选择、准备商务礼品的时候，要自觉、主动地避开对方受礼的禁忌。比如以下几种。

1. 违法、犯规礼品

例如，国家公务员在执行公务，为避免使对方有受贿的嫌疑和麻烦，不要送礼品。给外国友人送礼的时候，还要考虑到不违背对方所在国家的现行法律等。

2. 坏俗礼品

选择礼品，特别是为交往不深者或外地人士、外国人选择的时候，要有意识地使赠品不和对方所在地的风俗习惯相矛盾、相抵触。在任何情况下，都要坚决避免把对方认为属于伤风败俗的物品作为礼品相赠。

3. 忌讳礼品

由于种种原因，人们会忌讳某些东西。例如：高血压患者不能吃含高脂肪、高胆固醇的食品，肝炎病患者忌吃甲鱼和羊肉，糖尿病患者不能吃含糖量高的食品。如果送私忌礼品给人，对方反而会认为送礼者没有把他放在心上，并不真正在意他。

4. 私人用品

应该说，不论对国外还是国内商务伙伴，单独送礼的时候，私人物品都不要随便当作礼品送人，特别是给异性商务伙伴送礼的时候更要注意。比如皮带、领带、鞋、内衣、香水及其他私人用品。

5. 广告礼品

轻易不要把带有广告标志或广告语的东西作为商务礼品送人，即使礼品再精美。不然，会让对方产生利用廉价劳动力、替你免费宣传的嫌疑。

6. 礼品带标签

礼品的价格标签一定要撕下，否则会让商务伙伴误认为你在低俗而故意地显示商品的价值。

7. "批发"礼品

不要将同样的礼物同时送给相识的两个人，那样会令人觉得送礼者在搞"批发"。

小贴士　　**对外接待"八不送"**

第一，不送现金、信用卡和有价证券。

第二，不送价格过高的奢侈品。

第三，不送不合时尚、不利健康之物。

第四，不送易使异性产生误解之物。

第五，不送触犯受赠对象个人禁忌之物。

第六，不送涉及国家机密之物。

第七，不送其他有违国家法律、法规之物。

第八，不送不道德的物品。

四、赠送礼仪

赠送礼品的时候，最重要的是要神态自然，举止大方，表现适当。现场把礼品送给受赠者，一般要在会面后进行。这时，要郑重其事地起身站立，走近受赠者，双手将礼品递给对方，尽量要递到对方的手里。如果礼物过大，可以请其他人帮助递交，但赠送者本人最好也积极参与进来，并向对方说明一下。如果有多人赠送礼品，最好先长辈后晚辈、先女士后男士、先上司后下级，按照顺序进行。

如果是送生日礼品，可以说"祝您生日快乐"之后再送上礼物。

为了说明自己重视对方的态度，可以说，"这是我特意挑选的""相信你一定会喜欢它"。不要说什么"没有准备，临时买来的""没有什么好东西，凑合着用吧"之类的话，它会使你的礼物以及心意一下子变轻、变淡。

如果礼品比较新颖，也有必要向对方说明具体用途、用法，好让对方对你送的礼物更加了解。介绍礼品寓意的时候，也要多讲几句吉祥话，这样谁听了心里都会高兴。

作为中国人，收礼的时候会表现得更加谦虚，常常会再三推辞，其实他心里往往是想要而又程序似地予以推辞，所以，送礼的时候千万不要对方一谦虚马上就把礼收回来，这样会让你的商务伙伴变得很失望、很难堪甚至恼羞成怒。

如果因某种原因，不能收对方的礼品，就应该退回。退还礼品的时候可以附上专门致谢的函件，并说明拒收礼品是本人的决定还是按有关规定办事。对这些处置必须适当，语言要婉转友善，给赠送者留下余地。对打算退还的礼品，要及时退回，最好不要超过24小时。

赠受礼品时的语言表达上，中国文化和西方文化有所不同。

在中国，如果当面赠送礼物，送礼者应起身用双手捧送，双目注视对方，边送边说上几句祝福与问候的客套话，如“祝您生日快乐”“祝二位百年好合”“祝早日康复”“感谢您帮了我的忙”“区区薄礼，不成敬意，敬请笑纳”。

受赠者接受礼品之前，没必要一味谦让，否则有时候会让对方不知所措。可以双手接受并诚恳感谢对方。

西方人送礼多会附上卡片，表达祝福的心愿。收到附有卡片的礼物时，应该先读卡片，再拆礼物。西方的风俗是收到礼物时当场打开陈列，同时表示赞美和感谢，如“非常感谢。这么好的礼物，我会永远珍惜”“看到它，我会永远记起您”“谢谢，我很喜欢”。

当别人赞扬你所送的礼品时，不宜说“不用谢”之类的谦虚词，而应报以微笑，说一句“我真高兴您喜欢它”。如果把礼品原封不动放在一旁，就意味着对礼品不感兴趣，至少也会让送礼者感到冷落。

如果收到托人送达或邮寄的礼品，要回复一张名片或亲笔写信表示感谢。

小贴士　　**花言花语**

玫瑰：美丽纯洁的爱情
橙红玫瑰：初恋的心情
白玫瑰：纯洁与高贵
粉玫瑰：初恋，特别的关怀
黄玫瑰：歉意
红玫瑰：热恋，真心实意
红掌：大展宏图
金鱼草：有金有余，繁荣昌盛
红金鱼草：鸿运当头
黄金鱼草：金银满堂
紫金鱼草：大红大紫
郁金香：爱的告白，真挚的情感
粉风信子：倾慕、浪漫
康乃馨：伟大、神圣、慈祥的母亲
红康乃馨：祝母亲健康长寿
粉康乃馨：祝母亲永远年轻，美丽
黄康乃馨：长久的友谊
白康乃馨：纯洁的友谊
百合花：百年好合，心心相印
火百合：热烈的爱
黄百合：衷心祝福
粉金鱼草：花好月圆
蝴蝶兰：我爱你
马蹄莲：永结同心，吉祥如意
水仙：高雅，清逸，芬芳脱俗
红风信子：让我感动的爱

黑郁金香：神秘，高贵

紫郁金香：永不磨灭的爱情

粉郁金香：幸福

黄郁金香：拒绝，无望的爱

风信子：胜利

黄风信子：幸福，美满

白风信子：不敢表露的爱

勿忘我：浓情厚意，永恒的友谊

石竹：奔放，幻想

石斛兰：慈爱，祝福，喜悦

菊花：高洁，长寿

满天星：关心，纯洁

杜鹃：艳美华丽，生意兴隆

天堂鸟：热恋中的情侣

第四节　商务会议礼仪

在商务交往中，商务会议通常发挥着种种极其重要的作用。

在许多情况下，商务人员往往需要亲自办会。所谓办会，指的是从事会务工作，即负责从会议的筹备直至其结束、善后的一系列具体事项。会务礼仪，主要就是有关办会的礼仪规范。

一、发布会礼仪

新闻发布会，简称发布会，有时也称记者招待会，是一种主动传播各种有关信息，谋求新闻界对某一社会组织或某一活动、事件进行客观而公正的报道的有效沟通方式。对商务活动而言，举办新闻发布会，是自己联络、协调与新闻媒介之间相互关系的一种最重要的手段。

新闻发布会的常规形式是：由某一商务活动单位或几个有关的商务活动单位出面，将有关的新闻界人士邀请到一起，在特定的时间和特定的地点内举行一次会议，宣布某一消息，说明某一活动，或者解释某一事件，争取新闻界对此进行客观而公正的报道，并且尽可能地争取扩大信息的传播范围。

发布会礼仪，一般指的就是有关举行新闻发布会的礼仪规范。对商务活动而言，发布会礼仪至少应当包括会议筹备、媒体邀请、现场应酬、善后事宜四个主要方面的内容。下面对其分别加以介绍。

（一）会议筹备

筹备新闻发布会，要做的准备工作很多。其中最重要的是要做好主题确定、时空选择、人员安排、材料准备等项具体工作。

1. 主题确定

新闻发布会的主题，指的是新闻发布会的中心议题。主题确定是否得当，往往直接关系到本单位的预期目标能否实现。一般而言，新闻发布会的主题大致上共有三类：一类是发布某一消息，一类是说明某一活动，另一类则是解释某一事件。

具体而言，本组织开业、扩建、合并或者关闭，组织创立的周年纪念日、经营方针发生改变或是推出新举措、新产品、新技术或者新服务面世，组织的首脑或高级管理人员发生变动，组织遭遇重大事故，组织遭到社会的误解或者批评，或者新闻发布会的常规问题等。

2. 时空选择

新闻发布会的时空选择，通常是指其时间与地点的选择。如果对这两个具体的问题不加重视，即便主题再好，新闻发布会也往往难以奏效。

新闻发布会的举行地点，除可以考虑本单位本部所在地、活动所在地之外，还可以优先考虑首都或其他影响巨大的中心城市。必要时，还可在不同地点举行内容相似的新闻发布会。举行新闻发布会的现场，应交通方便、条件舒适、面积适中，本单位的会议厅、宾馆的多功能厅、当地最有影响的建筑物等均可酌情予以选择。

3. 人员安排

在准备新闻发布会时，主办者一方必须精心做好有关人员的安排。与其他会议所不同的是，新闻发布会的主持人、发言人选择是否得当，往往直接关系到会议成败。因此，安排新闻发布会的人员，首先要选好主持人与发言人。

按照常规，新闻发布会的主持人大都应当由主办单位的公关部部长、办公室主任或秘书长担任。新闻发布会的发言人是会议的主角，因此，通常应由本单位的主要负责人担任。除了在社会上口碑较好、与新闻界关系较为融洽之外，其基本要求还应当包括修养良好，学识渊博，思维敏捷，记忆力强，善解人意，能言善辩，彬彬有礼，等等。

除了要慎选主持人、发言人之外，还必须精选一些本单位的员工负责会议现场的礼仪接待工作。为了宾主两便，主办单位所有正式出席新闻发布会的人员，必须在会上正式佩戴事先统一制作的姓名胸卡。其内容包括姓名、单位、部门与职务。

4. 材料准备

在准备新闻发布会时，主办单位通常需要事先委托专人准备好如下四方面的主要材料。

(1) 发言提纲。发言提纲既要紧扣主题，又必须全面、准确、生动、真实。

(2) 问题提纲。事先对有可能被提问的主要问题进行预测，并就此预备好针锋相对的答案，以使发言人心中有数，必要时予以参考。

(3) 宣传提纲。宣传提纲通常应列出单位名称及联络电话、传真号码，以供新闻界人士核实之用。上网的商务活动单位，还可同时列出本单位的网址。

(4) 辅助材料。新闻发布会的举办现场预备一些可强化会议效果的形象化视听材料，例如，图表、照片、实物、模型、沙盘、录音、录像、影片、幻灯、光碟，等等，以供与会者利用。应当注意的是，切勿弄虚作假，切勿泄露商务机密。

（二）媒体邀请

在新闻发布会上，主办单位的交往对象以新闻界人士为主。在事先考虑邀请新闻界人士时，必须有所选择、有所侧重。否则，就难以确保新闻发布会真正取得成功。一般而言，在这一问题上，有以下三个侧重点必须认真予以考虑。

1. 应否邀请新闻界人士参加

一家务实的商务活动单位，并非天天要依靠炒卖新闻而自抬身价。举办新闻发布会，首先要看有无必要性。即使存在一定的必要性，也要多加论证，要讲究发布会的少而精。

2. 应邀请哪方面新闻界人士参加

决定召开新闻发布会后，邀请哪些方面的新闻界人士与会的问题就显得非常重要。

实际上，这一问题又可以分两个方面：

一方面，邀请新闻界人士首先了解其主要特点。目前，新闻媒体大体上分为电视、报纸、广播、杂志、网络等，它们各有所长，各有所短。

另一方面，在邀请新闻界人士时必须有所侧重。基本的规则是，宣布某一消息时，尤其是为了扩大影响，提高本单位的知名度时，邀请新闻单位通常多多益善。而在说明某一活动、解释某一事件时，特别是当本单位处于守势而这样做时，邀请新闻单位的面则不宜过于宽泛。

无论是邀请一家还是数家新闻单位参加新闻发布会，主办单位都要尽可能优先邀请那些影响巨大、主持正义、报道公正、口碑良好的新闻单位派员到场。

3. 应如何协调主办单位与新闻界人士的关系

如前所述，新闻界人士是新闻发布会上的主宾。主办单位如欲取得新闻发布会的成功，就必须求得对方的配合，并与之协调好相互关系。

（三）现场应酬

在新闻发布会正式举行的过程中，往往会出现种种这样或那样的确定或不确定的问题。有时，甚至还会出现难以预料的情况或变故。要应付这些难题，确保新闻发布会的顺利进行，除了要求主办单位的全体人员齐心协力、密切合作之外，最重要的是要求代表主办单位出面应付来宾的主持人、发言人，要善于沉着应变、把握全局。

为此，特别要求主持人、发言人在新闻发布会举行之际，牢记下述几个要点：要注意外表的修饰、相互的配合、讲话的分寸。

（四）善后事宜

新闻发布会举行完毕之后，主办单位需在一定的时间内，对其进行一次认真的评估善后工作。一般而言，需要认真处理的事情共有如下三项。

1. 要了解新闻界的反应

新闻发布会结束之后，应对照一下现场所使用的来宾签到簿与来宾邀请名单，核查一下新闻界人士的到会情况。据此可大致推断出新闻界对本单位的重视程度。对到会的新闻界人士来讲，也有两件事必做不可：一是要了解一下与会者对此次新闻发布会的意见或建议，尽快找出自己的缺陷与不足；二是要了解一下与会的新闻界人士中有多少人为此次新闻发布会发表了新闻稿。

2. 要整理保存会议资料

整理保存新闻发布会的有关资料，不仅有助于全面评估会议效果，而且还可为此后举行同一类型的会议提供借鉴。

3. 要酌情采取补救措施

在听取了与会者的意见、建议，总结了会议的举办经验，收集、研究了新闻界对会议的相关报道之后，对于失误、过错或误导，都要主动采取一些必要的对策。

二、展览会礼仪

所谓展览会，对商务活动而言，主要是特指有关方面为了介绍本单位的业绩，展示本单位的成果，推销本单位的产品、技术或专利，而以集中陈列实物、模型、文字、图表、影像资料供人参观了解的形式，所组织的宣传性聚会。

展览会礼仪，通常是指商务活动单位在组织、参加展览会时应当遵循的规范与惯例。在一般情况下，展览会主要涉及展览会分类、展览会组织与参加展览会三个方面。

（一）展览会分类

展览会的覆盖面很广，分为许多不尽相同的具体类型。要开好一次展览会，首先必须确定其具体类型，然后再进行相应的定位。否则，很可能会出现不少漏洞。

站在不同的角度看待展览会，往往可以对其进行不同标准的划分。按照商务活动目前所通行的会务礼仪规范，划分展览会不同类型的主要标准，一共有下列六条。

1. 展览会的目的

这是划分展览会类型最基本的标准。依照这一标准，展览会可被分为宣传型展览会和销售型展览会两种类型。

2. 展览品种类

在一次展览会上，展览品具体种类的多少，往往会直接地导致展览会的性质有所不同。根据展览品具体种类的不同，可以将其分为单一型展览会与综合型展览会。单一型展览会往往只展示某一大的门类的产品、技术或专利，只不过其具体的品牌、型号、功能有所不同而已，例如，化妆品、汽车，等等。

3. 展览会规模

根据具体规模的大小，展览会又有大型展览会、小型展览会与微型展览会之分。

大型展览会通常由社会上的专门机构出面承办，其参展的单位多、参展的项目广，因而规模较大。

小型展览会一般都由某一单位自行举办，其规模相对较小。在小型展览会上，展示的主要是代表着主办单位最新成就的各种产品、技术和专利。

微型展览会则是小型展览会的进一步微缩。它汲取了小型展览会的精华，一般不在社会上进行商业性展示，而只是将其安排陈列于本单位的展览室或荣誉室内，主要用以教育本单位的员工和供来宾参观之用。

4. 参展者区域

根据参展单位所在的地理区域的不同，可将展览会划分为国际性展览会、洲际性展览会、全国性展览会、全省性展览会和本地性展览会。规模较大的国际性展览会、洲际性展览会、全国性展览会往往被人们称为博览会。

5. 展览会场地

以所占场地的不同而论，展览会分为室内展览会与露天展览会。前者大都被安排在专门的展览馆或宾馆和本单位的展览厅、展览室之内。它大都设计考究、布置精美、陈列有序、安全防盗、不易受损，并且可以不受时间与天气的制约，显得隆重而有档次。但是，其所需费用往往偏高。

6. 展览会时间

根据展期的不同，可以把展览会分为长期展览会、定期展览会和临时展览会。长期展览会大都常年举行，其展览场所固定，展品变动不大。定期展览会展期一般固定为每隔一段时间之后，在某一个特定的时间内举行。

（二）展览会组织

根据惯例，展览会的组织者需要重点进行的具体工作主要包括参展单位的确定、展览内容的宣传、展览位置的分配、安全保卫的事项、辅助服务的项目，等等。

1. 参展单位的确定

一旦决定举办展览会，由什么单位来参加的问题，通常都是非常重要的。在具体考虑参展单位的时候，必须注意两厢情愿，不得勉强。按照商务礼仪的要求，主办单位事先应以适当的方式，对拟参展的单位发出正式的邀请或召集。

对于报名参展的单位，主办单位应根据展览会的主题与具体条件进行必要的审核。切勿良莠不分，来者不拒。当参展单位的正式名单确定之后，主办单位应及时以专函进行通知，以让被批准的参展单位尽早有所准备。

2. 展览内容的宣传

为了引起社会各界对展览会的重视，并且尽量地扩大其影响，应对展览内容进行宣传。

3. 展示位置的分配

在布置展览现场时，基本的要求是：展示陈列的各种展品要围绕既定的主题，进行互为衬托的合理组合与搭配。要在整体上显得井然有序、浑然一体。

展品在展览会上进行展示陈列的具体位置，称为展位。大凡理想的展位，除了收费合理之外，应当面积适当，客流较多，处于展览会上的较为醒目处，设施齐备，采光、水电的供给良好。

4. 安全保卫事项

无论展览会举办地的社会治安环境如何，组织者有关的安全保卫事项均应认真对待，免得由于事前考虑不周而麻烦丛生，或是“大意失荆州”。

在举办展览会前，必须依法履行常规的报批手续。此外，组织者还需主动将展览会的举办详情向当地公安部门进行通报，求得其理解、支持与配合。按照常规，有关安全保卫的事项，必要时最好由有关各方正式签订合约或协议，并且经过公证。

5. 辅助服务项目

主办单位作为展览会的组织者，有义务为参展单位提供一切必要的辅助性服务项目。否则，不仅会影响自己的声誉，而且还会授人以柄。由展览会的组织者为参展单位提供的各项辅助性服务项目，最好有言在先，并且对有关费用的支付进行详尽的说明。

（三）参加展览会

参展单位在正式参加展览会时，必须要求自己的全部派出人员齐心协力、同心同德，为大获全胜而努力奋斗。在整体形象、待人礼貌、解说技巧三个主要方面，参展单位尤其要予以特别重视。下面就分别对其作简要介绍。

1. 要努力维护整体形象

在参与展览时，参展单位的整体形象直接映入观众的眼里，因而对自己参展的成败影响极大。参展单位的整体形象，主要由展示之物的形象与工作人员的形象两个部分构成。对二者要给予同等的重视，不可偏废其一。

展示物的形象主要由展品的外观、质量、陈列，展位的布置，发放的资料等构成。用以进行展览的展品，外观上要力求完美无缺，质量上要优中选秀，陈列上既要整齐美观又讲究主次，布置上要兼顾主题的突出与吸引观众的注意力。

工作人员的形象，则主要是指在展览会上直接代表参展单位露面人员的穿着打扮问题。在一般情况下，要求在展位上工作的人员应当统一着装。按照惯例，工作人员不应佩戴首饰，男士应当剃须，女士则最好化淡妆。

2. 要时时注意待人礼貌

不管是宣传型展览会还是销售型展览会，参展单位的工作人员都必须真正意识到客户是自己的上帝，为其热情而竭诚地服务是自己的天职。为此，全体工作人员都要将礼貌待人放在心上，并且落实在行动上。

展览一旦正式开始，全体参展单位的工作人员即应各就各位，站立迎宾。不允许迟到、早退，无故脱岗、东游西逛，更不允许在观众到来时坐卧不起，怠慢对方。

工作人员都要面含微笑，主动向对方说："您好！欢迎光临！"随后，还应面向对方，稍许欠身，伸出右手，掌心向上，指向展台，并告知对方："请您参观！"当观众离去时，工作人员应当真诚地向对方欠身施礼，并道以"谢谢光临"，或是"再见"。

3. 要善于运用解说技巧

解说技巧，此处主要是指参展单位的工作人员在向观众介绍或说明展品时应当掌握的基本方法和技能。具体而言，在宣传性展览会与销售性展览会上，其解说技巧既有共性可循，又有各自的不同之处。

在宣传性展览会与销售性展览会上，解说技巧的共性在于：要善于因人而异，使解说具有针对性。与此同时，要突出自己展品的特色。在实事求是的前提下，要注意对其扬长避短，强调"人无我有"之处。在必要时，还可邀请观众亲自动手操作，或由工作人员为其进行现场示范。此外，还可安排观众观看与展品相关的影视片，并向其提供说明材料与单位名片。通常，说明材料与单位名片应常备于展台上，由观众自取。

三、 赞助会礼仪

所谓赞助，通常是指某一单位或某一个人拿出自己的钱财、物品，来对其他单位或个人进行帮助和支持。在现代社会中，赞助乃是社会慈善事业的重要组成部分之一。它不仅可以扶危济贫，向社会奉献自己的爱心，体现出自己对社会的高度责任感，以自己的实际行动报效社会、报效人民，而且也有助于获得社会对自己的好感，提高自己在社会上的知名度、美誉度，为自己塑造良好的公众形象。

对于商务活动而言，积极地、力所能及地参与赞助活动，本身就是自己进行商务活动的一种常规形式，而且也是自己协调本单位与政府、社会各界的公关关系的一种重要手段。所以，赞助一向颇受商务活动的重视。

为了扩大影响，商务活动在公开进行赞助活动时，往往会专门为此而举行一次一定规模的正式会议。这种以赞助为主题的会议，即为赞助会。欲使赞助会取得成功，遵守赞助会礼仪是十分必要的。赞助会礼仪，一般指的是在筹备、召开赞助会的整个过程中所应恪守的有关礼仪规范。其主要内容包括赞助类型、赞助步骤、会务安排、活动评估，等等。

（一）赞助类型

赞助类型，指的是赞助的具体形式。赞助的类型选择得当与否，都对赞助的效果直接产生着影响。

根据不同的标准，赞助的类型可有各种不同的划分。其中最为常见的赞助类型有如下两种。

1. 依据赞助的项目所划分的赞助类型

赞助的项目，在此具体是指受赞助对象。通过对赞助的类型进行划分，往往可以对赞助单位的动机、品位进行直观而形象的了解。

目前，商务活动通常所积极赞助的项目，大致上共有以下十类：公益事业、慈善事业、教育事业、科研活动、专著出版、医疗卫生、文化活动、展览画廊、体育运动、娱乐消闲等。

2. 依据赞助物所划分的赞助类型

赞助物，在此特指赞助单位或个人向受赞助者所提供的赞助物品。它往往取决于赞助单位或个人的实力与受赞助者的实际需求。通常，赞助物可以分为如下四类：其一是现金；其二是实物；其三是义卖；其四是义工。

除此之外，还可以根据赞助单位或个人向受赞助者所提供给对方所需金额的多少，将赞助的类型分为全额赞助或部分赞助。或根据赞助单位或个人的具体数量的多少，将赞助的类型分为单方赞助与多方赞助。

（二）赞助步骤

赞助步骤，指的是赞助活动运作过程中的各个主要环节。任何一家商务活动单位意欲进行赞助活动时，需按部就班地依照相应的步骤来进行认真的运作。

就一般情况而言，赞助活动中必须认真对待的重要步骤共有下列四项：前期的研究、赞助的计划、项目的审核、承诺的兑现。

赞助活动一经正式决定，即应择机将其付诸实施。在实施过程中，赞助单位有以下四件事必须注意：一是必须有约在先，二是必须审慎行事，三是必须扩大影响，四是必须严守承诺。

（三）会务安排

在赞助活动正式实施之际，往往需要正式举行一次聚会，将有关的事宜公告于社会。这种以赞助为主题的赞助会，在赞助活动中，尤其是大型的赞助中，大都必不可少。有时，人们也称之为赞助仪式。赞助仪式主要是为了向全社会公告赞助活动正式启动，是赞助活动中作用巨大的一项重要环节。

根据商务礼仪的规范，赞助会通常应由受赞助者出面承办，而由赞助单位给予其适当的支持。

1. 地点

赞助会的举行地点，一般可选择受赞助者所在单位的会议厅。也可由受赞助者出面，租用社会上的会议厅。用以举行赞助会的会议厅，除了其面积的大小必须与出席者的人数成比例之外，还需要打扫干净，并略加装饰。

2. 参加人

参加赞助会的人士，既要有充分的代表性，又不必过多。除了赞助单位、受赞助者双方的主要负责人员及员工代表外，赞助会应当重点邀请政府代表、社区代表、群众代表以及新闻界人士参加。在邀请新闻界人士时，特别要注意邀请那些在全国或当地具有较大影响力的电视、报纸、广播等媒体人员与会。

3. 时间及议程

依照常规，一次赞助会的全部时间不应当长于一个小时。因此，赞助会的具体会议议程，必须既周密，又紧凑。赞助会的具体会议议程，大致共有六项：第一项宣布赞助会正式开始；第二项奏国歌；第三项赞助单位正式实施赞助；第四项赞助单位代表发言；第五项受赞助单位代表发言；第六项来宾代表发言。

4. 结束

在赞助会正式结束后，赞助单位、受赞助单位双方主要代表以及会议的主要来宾，通常应当合影留念。此后，宾主双方可稍事晤谈，然后来宾即应一一告辞。

（四）赞助会评估

经验来源于实践，经验有待于总结。

对赞助活动所进行的评估，主要是指在对赞助活动进行综合分析和系统总结后，对其社会效果所做的科学评价与分析。对任何商务活动单位而言，一项赞助活动无论如何都是其所重点进行的公共关系活动之一，都需要为此而投入大量的人力、物力。

进行赞助活动的评估工作，一般应由赞助单位的公关部牵头负责。有时，也可由专司此事的班子主持此事。在评估工作完成之后，应形成书面报告，提交本单位的决策机构以及各位主要负责人，以供对方参考，并掌握具体的情况。

进行赞助活动的评估工作，要抓住如下四个方面的重点问题：一要将实施效果与先期计划相比照；二要掌握社会各界对赞助活动的认同程度；三要及时发现赞助活动的所长与所短；四要了解赞助活动在实施过程中所出现的问题。

四、 茶话会礼仪

所谓茶话会，在商务活动中主要是指意在联络老朋友、结交新朋友的具有对外联络和进行招聘性质的社交性集会。因其以参加者不拘形式的自由发言为主，并且备有茶点，故此称为茶话会。

茶话会礼仪，在商务礼仪中特指有关商务活动单位召开茶话会时所应遵循的礼仪范围。其具体内容主要涉及会议主题、来宾确定、时空选择、座次安排、茶点准备、会议议程，现场发言等几个方面。下面分别对其作具体的介绍。

（一）会议主题

茶话会的主题，特指茶话会的中心议题。在一般情况下，商务活动所召开的茶话会主题大致可分为如下三类：以联谊为主题、以娱乐为主题和以专题为主题。

（二）来宾确定

茶话会的与会者，除主办单位的会务人员之外，即为来宾。邀请哪些方面的人士参加茶话会，往往与其主题存在直接的因果关系。因此，主办单位在筹办茶话会时，必须围绕其主题来邀请来宾，尤其是确定好的与会者。

在一般情况下，茶话会的主要与会者大体可分为下列五种：本单位的人士、本单位的顾问、社会上的贤达、合作中的伙伴、各方面的人士。

茶话会的与会者名单一经确定，应立即以请柬的形式向对方提出正式邀请。按惯例，茶话会的请柬应在半个月之前送到或寄达被邀请者手上，但对方对此可以不必答复。

（三）时空选择

一次茶话会要取得成功，其时间、空间的具体选择都是主办单位必须认真对待的事情。

1. 时间

举行茶话会的时间指举行的时机、时间及时间的长短。

2. 空间

举行茶话会的空间是指茶话会的举办地点、场所的选择。按照惯例，适宜举行茶话会的大致场地主要有：一是主办单位的会议厅；二是宾馆的多功能厅；三是主办单位负责人的私家客厅；四是主办单位负责人的私家庭院或露天花园；五是包场高档的营业性茶楼或茶室。餐厅、歌厅、酒吧等均不宜用来举办茶话会。

（四）座次安排

同其他正式的工作会、报告会、纪念会、庆祝会、表彰会、代表会相比，茶话会的座次安排具有自身的鲜明特点。在安排茶话会与会者的具体座次时，必须使之与茶话会的主题相适应，绝对不应当令两者相互抵触。

根据约定俗成的惯例，目前在安排茶话会与会者的具体座次时，主要采取以下四种办法：环绕式、散座式、圆桌式、主席式。为了使与会者畅所欲言，并且便于大家进行交流，茶话会上的座次排序不宜太过明显。

（五）茶点准备

顾名思义，茶话会自然有别于正式的宴会，因此，它不上主食、热茶，不安排品酒，而是只向与会者提供一些茶点，如巧克力、饼干、蛋糕，咖啡、茶、果汁等。

（六）会议议程

相对而言，茶话会的会议议程，在各类正式的商务性会议中都可以称得上是最为简单不过的了。

在正常的情况下，商务活动所举办的茶话会的主要会议议程大体只有如下四项。

第一项：主持人宣布茶话会正式开始。在宣布会议正式开始之前，主持人应当提请与会者各就各位，并且保持安静。

第二项：主办单位的主要负责人讲话。讲话应以阐明此次茶话会的主题为中心内容。此外，还可以代表主办单位向全体与会者的到来表示欢迎与感谢，并且恳请大家今后一如既往地给予本单位以更多的理解、更大的支持。

第三项：与会者发言。根据惯例，与会者发言在任何情况下都是茶话会的重心所在。为了确保与会者在发言中直言不讳，畅所欲言，主办单位通常事先均不对发言者进行指定与排序，也不限制发言的具体时间，而是提倡与会者自由地进行即兴式的发言。

第四项：主持人略作总结。随后，即可宣布茶话会结束。

（七）现场发言

与会者的现场发言，在茶话会上举足轻重。假如在一次茶话会上没有人踊跃发言，或者是与会者的发言严重脱题，都会导致茶话会的失败。

在茶话会上，主持人所起的作用往往不仅仅是掌握、主持会议，更重要的是能够在现场审时度势，因势利导地引导与会者发言，并且有力地控制会议的全局。在众人争相发言时，应由主持人决定孰先孰后。当无人发言时，应由主持人引出新的话题，或者由其恳请某位人士发言。

当与会者之间发生争执时，应由主持人出面劝阻。在每位与会者发言之前，可由主持人对其略作介绍。在其发言的前后，应由主持人带头鼓掌致意。

复习思考题

1. 商务接待时需做好哪些准备工作？
2. 小轿车的乘车礼仪是什么？
3. 如何使用名片礼仪？
4. 商务拜访前要做哪些准备工作？

5. 馈赠的原则是什么？

6. 商务会议大致可分为哪几种类型？

实践课堂

案例 1

1962 年，周总理到西郊机场为西哈努克和夫人送行。亲王的飞机刚一起飞，我国参加欢送的人群便自行散开，准备返回，而周总理这时却依然笔直地站在原地未动，并要工作人员立即把那些离去的同志请回来。这次总理发了脾气，他严厉起来了，狠狠地批评道：“你们怎么搞的，没有一点礼貌！各国外交使节站在那里，飞机还没有飞远，你们倒先走了。大国这样对小国客人不是搞大国主义吗？”

当天下午，周总理就把外交部礼宾司和国务院机关事务管理局的负责同志找去，要他们立即在《礼宾工作条例》上加上一条，即今后到机场为贵宾送行，必须等到飞机起飞，绕场一周，双翼摆动三次表示谢意后，送行者方可离开。

思考题：周总理为什么发火？工作人员违反了什么送客礼仪规范？

案例 2

以下是某公司商务接待时出现的情景，请分析以下情境并回答问题。

情景 1：甲男甲女两白领在门口迎候来宾

一辆轿车驶到。乙男士下车，甲女上前，道：“陈总，您好！”呈上自己的名片。又道：“陈总，我叫李菲，是正道集团公关部经理，专程前来迎接您。”乙男道谢。甲男上前：“陈总好！您认识我吧？”乙男点头。甲男又道：“那我是谁？”乙男尴尬不堪。

问题：指出情景 1 中三人的做法是否符合商务礼仪要求，说明原因。

情景 2：乙女陪外公司一女（丙女）进入本公司会客厅，本公司丙男正在恭候。

乙女首先把丙男介绍给客人：“这是我们公司的刘总。”然后向自己人介绍客人：“这是四方公司的谢总。”

问题：指出情景 2 中乙女的做法是否符合商务礼仪要求，说明原因。

实训练习

(1) 实训内容：同学分组，进行情景模拟和角色扮演。

① ××公司（赞助商）的业务员推销××产品，秘书接待，并引荐给公司总经理，直到谈话结束，秘书送客。

角色：总经理、秘书、业务员 3 人。

要求有握手、介绍、交谈、名片、引导手势等。

② 小张毕业后在 B 公司总经理办公室工作。A 公司是 B 公司的主要客户。这天，A 公司的刘副总经理到 B 公司来洽谈新的合作项目。小张陪同 B 公司李经理到机场迎接。

角色：刘副总经理、李经理、小张、司机。

要求有介绍、车次安排。

(2) 实训目的：通过模仿商务接待中的相关情景，使学生在实践中掌握接待礼仪中的相关礼仪标准，并能熟练操作。

(3) 技能要求：熟知商务人员应该有的接待礼仪基本常识，并能在实际情境中灵活使用。

拓展阅读

部分国家送花禁忌

① 在中国的一些传统年节或喜庆日子里，到亲友家作客或拜访时，送的花篮或花束，色彩要鲜艳、热烈，以符合节日的喜庆气氛。可选用红色、黄色、粉色、橙色等暖色调的花，切忌送整束白色系列的花。

② 在中国广东、香港等地，由于方言的关系，送花时尽量避免用以下花：剑兰(见难)、茉莉(没利)。

③ 日本人忌“4”“6”“9”等数字，因为他们的发音分别近似“死”“无赖”“劳苦”，都是不吉利的。给病人送花不能送带根的，因为“根”的发音近于“困”，使人联想为一睡就不起。日本人忌讳荷花。

④ 俄罗斯人送女主人的花束一定要送单数，这将使她感到非常高兴。送给男子的花必须是高茎、颜色鲜艳的大花，俄罗斯人忌讳“13”，认为这个数字是凶险和死亡的象征，而“7”在他们看来却意味着幸运和成功。

⑤ 在法国，当你应邀到朋友家中共进晚餐时，切忌带菊花，菊花表示哀悼，只有在葬礼上才会用到；意大利人和西班牙人同样不喜欢菊花，认为它是不祥之花，但德国人和荷兰人对菊花却十分偏爱。

⑥ 英国人一般不爱观赏或栽植红色或白色的花。

⑦ 在德国，一般不能将白色玫瑰花送朋友的太太，也避免用郁金香。

⑧ 瑞士的国花是金合欢花，瑞士人一般认为红玫瑰带有浪漫色彩。送花给瑞士朋友时不要随便用红玫瑰，以免误会。

⑨ 欧美一带在悲痛时，不以鲜花为赠物。

⑩ 巴西人忌讳紫色和黄色的花，认为紫色是悲伤的色调，视黄色为凶丧的色调。

第六章

商务沟通礼仪

【学习目标】

1. 掌握商务沟通的含义，学习有效沟通的原则和技巧，强化相关的沟通技能。

2. 掌握电话礼仪规范，了解电话沟通礼仪和技巧。掌握中英文信函礼仪。

3. 了解谈判礼仪规范，熟悉签约仪式过程，掌握谈判礼仪中的各种常用礼仪以及涉外谈判中要注意的礼仪禁忌。

【技能要求】

1. 能运用常用商务语言沟通技巧，正确地使用各种沟通工具（如电话、信函），在商务沟通中做到有效、畅通和规范；

2. 掌握谈判礼仪规范和谈判原则，保障谈判活动的顺利进行。

引导案例　　　　伊朗商人为何不高兴

某英国商人在伊朗做生意，一个月以来事事顺利，并且同伊朗商人建立了良好的关系，在谈判中尊重伊斯兰的各种习俗，避免了任何潜在的可能引起冲突的话题，该商人兴高采烈地同对方签署了一项合同，签完字后，他对着伊朗商人竖起了大拇指。几乎立刻就出现了紧张气氛，一位在座的伊朗官员立即离开了房间。

英国的这位商人摸不着头脑，不知发生了什么事，那位伊朗商人也觉得很尴尬，不知如何向他解释。原来，在英国，竖起大拇指是赞成的标志，它的意思是“很好”；然而在伊朗，它是否定的意思，表示不满，近似令人厌恶，是一种无礼的动作。

案例分析：

商务交往中，应该注重不同国家、不同民族、不同地区的文化差异，并在事先做好充分的了解和准备，才能达到预期目的。

第一节　商务语言沟通的原则

一、商务沟通的含义

（一）沟通的含义

沟通是两个或两个以上的人，互相通过任何信息传递的途径，以达成对一个特定信息的相同理解。沟通是涉及信息传递和某些人为活动的过程，从而使个体或组织之间围绕某种信息进行传播、交换、理解和说服工作。沟通的简单和复杂与否都取决于传递信息的性质和传递者与接收者之间的关系。

（二）商务沟通的含义

商务沟通是关于商业事务上的沟通，具体是指两个或两个以上的从事商务活动的组织或个人，为了满足自身经济利益的需要，借助于共同的符号系统（包括语言和非语言），获得、传递和交流信息、思想和情感的个人和社会互动行为。

沟通是活动主体凭借一定的通道（或媒介），将信息发送给既定对象（接受者），并寻求反馈以达到相互理解的过程，包括信息传递，组织内部的人员与人员之间、部门与部门之间的相互理解。商务沟通是企业组织管理中的基础性工作，它具有重要的作用和意义。

小贴士

良好的沟通能力是构成事业基础的一个要项。既能简明、有效地交代自己的意思，又能清楚地了解别人的用意，就拥有了最好的机会。

——美国保德信人寿保险公司总裁 Robert Beck

二、商务沟通的原则

沟通是一门艺术，也是一门学问。只有在商务沟通中游刃有余的人，才能取得令人瞩目的成就。商务沟通主要侧重一些技能，包括倾听、面谈、电话沟通、商务文书的写作以及跨文化沟通等内容。根据信息载体的不同，沟通可分为语言沟通和非语言沟通。商务沟通有以下几个原则。

（一）尊重宽容、友好平等

1. 不卑不亢

说话时的态度是决定谈话成功与否的重要因素，因为谈话双方在谈话时始终都会相互观察，对对方的表情、神态和反应都极为敏感，稍有不慎就会使谈话不欢而散或陷入僵局。语言交流时要体现对人的尊重和理解，坚决不讲伤人自尊和感情的话语，不使用方言或粗俗的言语；也不要过于谦卑，这样将无法传递出自信。

沟通时遇到阻碍也不宜口不择言、反唇相讥。无论遇到什么情况，都要保持礼貌和风度，保持情绪平稳，以尊重和宽容为前提。

2. 友好平等

要保持支持性和坦诚、开放的态度，这样才能有利于沟通双方建立起理解和信任的关系，从而更好地分享信任，取得共识。如果没有建立起信任就直接进入主题，会使沟通缺乏基础。

要达到沟通的目的，必须把对方置于和自己同等的地位，保持平等心态，充分尊重对方。切忌先入为主、居高临下、盛气凌人，因为沟通的目的不是证明你是对的，对方是错的，也不是让对方必须承认并接纳自己的观点，沟通的目的是疏导情绪、消除理解的障碍，从而达成共识。如果态度张狂，以批评对方为主，会使沟通的气氛变得紧张，很容易引起对方防卫性的反应。

（二）顺应为先、双赢互惠

1. 顺应对方

沟通时要以宽容和包容心为前提，调整自己的心胸和视野、节奏和价值取向，建立一个更好地沟通基础，用倾听、认可和赞美式的简短评论顺从对方，从而协调与对方的关系，达到既能满足别人的要求，又不使自己的需求落空。

顺应可以避免发生对于个人的攻击和对抗，避免相互之间的信任和感情由于个人原因被破坏，导致沟通无法正常进行，但顺应不是无原则地顺从，而是以解决问题为出发点，达成一致为目的。

2. 互惠互利

沟通时，先要认定自身的需要，然后了解对方的需要，共同寻找满足双方需要的条件和可行途径，把对方视为问题的解决者，温和但要坚持原则，摆事实，讲道理，把互相的对立转变为相互的理解、妥协和支持，从而达成一致。

沟通时要注意对事不对人，尽量相互理解，从对方的角度考虑问题，多进行换位思考，加强沟通和对话。只有在理解双方共同利益的基础上，沟通才可以使对方了解情况、消除误会，减少猜忌，凝聚情感，使沟通的双方思想一致、产生共识，减少摩擦争执与意见分歧，增进彼此了解，改善关系。

（三）内容准确、条理清晰、逻辑严密

所说的话语要符合有关法规和交际惯例，而且条理清晰，逻辑严密。说话要坦率诚恳，以增强言语中表达的诚信之意，使对方准确无误地明白你的意思。要使用具体明确、不笼统抽象或带有成见的语言。

沟通时的原则是 6 个 C，分别是：

Clear（清晰），是指表达的信息结构完整、顺序有致，能够被对方所理解。

Concise（简明），是指表达同样多的信息要尽可能占用较少的信息载体容量，要简明扼要。

Correct（准确），是衡量信息质量和决定沟通结果的重要指标，首先要求沟通的人在头脑中的信息要准确；其次是信息的表达方式要准确，不能出现大的歧义。

Complete（完整），是要求给对方全面的信息，而不能误导对方断章取义。

Constructive（有积极效果），是强调沟通不仅要考虑清晰、简明、准确、完整，还要考虑对方的态度和接受程度，力求通过沟通使对方的态度有所改变。

Courteous（礼貌），是指礼貌、得体的语言、姿态和表情能够在沟通中给予对方良好的

第一印象甚至可产生移情作用，有利于沟通目标的实现。

（四）准备充分、有的放矢、求同存异

1. 充分准备

有意识地创造合适的沟通气氛，沟通前应当准备好相关的资料，设计好沟通计划，要理清自己的思路，想清楚沟通目的和效果、主要内容、开端和结尾、总结等，做到心中有数，然后写出谈话要点，以防遗忘。同时要收集、整理好有关的文件、资料和信息。如果准备不足，面对现场状况思路就容易混乱，很可能措手不及。

2. 找对听众

沟通时还要注意找对听众，应该与上司沟通的，不要和同事进行沟通，否则会传递负面信息；应该与同事沟通的，不要与上司沟通，有打小报告之嫌；应该与自己上司沟通的，却跑去和别的部门的上级沟通或越级沟通，都会造成听众错位。

3. 求同存异

工作中的沟通是一种进行意见交换、建立共同性认识的有效途径，它的最终目的是使大家不断朝共同目标努力，达到合作的目的，因此，无论是否同意对方的观点，都要尊重对方，给予对方说话的权利，并且以对方的观点去理解它，同时将自己的观点更有效地与对方交换。即使最终无法达成统一，也不要将自己的观点强加给对方。

第二节　商务沟通的技巧

小贴士　　**学会沟通**

在搭“心桥”之前，先搭一座“语桥”；

忘却人性的弱点，真诚地赞美吧；

把我们亲切的眼神带给对方，冷漠就此消失；

用我们的耳朵和心灵来倾听，争辩从此不见。

一、语言沟通技巧

（一）倾听的技巧

1. 带着特定的目的听

倾听不但可以挖掘事实的真相，而且可以探索对方的动机，掌握了对方的动机，就能调整自己的应变策略。所以，沟通时要主动带着目标来听，将倾听作为一项有挑战性的任务，改进自己的关注力。方便的时候可以做笔记，不方便时也要在心里理清对方关键的论点和值得注意的细节，将听到的内容按重要程度排序，判断对方的陈述是事实还是理论，是积极还是消极，然后给出论断。

2. 有效重复

通过提问或重复以确认刚才听到的内容，用自己的话把对方要表达的信息重新叙述

一遍。可以这样说："你的意思是不是……"或者"我觉得你说的是……"这种有效重复是检查自己是否认真倾听的最佳手段。

如果没有注意倾听或者在思考别的问题，一定不可能准确地叙述完整的内容。而且有效重复也是一种精确的控制机制：适时用自己的话语查证对方。把主要利益用自己的话表达出来，让对方加以证实。只有运用这样的方法，才能正确地沟通，从而有效地避免误会。

小贴士

可以这样重复对方的话：
听起来您的意思好像是……
所以您的意思是……
您似乎觉得……
我对您刚才这番话的理解是……
我可不可以这样理解您的意思……
您的意思是……

3. 对准焦点

保持客观、冷静的态度，将注意力集中于对方谈话的要点而不是只听自己愿意听的内容，也不能放任自己走神，要把注意力集中于沟通的内容，确定对方谈话的实质。觉察自己的感情和反应，尽量把自己的语言减到最少，关注聆听。

要认真分析对方话语中所暗示的用意与观点，要注意对方话语的隐蔽性。特别注意对方的晦涩或者模棱两可的语言，要记录下来，认真质询对方，观察对方的伴随动作，分析对方的真正用意。

4. 掌握原则

(1) 不争论

抑制要争论的念头。如果内心有打断对方谈话的念头，就会造成沟通的不流畅。要学习控制自己，抑制自己要争论的冲动。放松心情，记下要点，集中处理。

(2) 不猜测

在表达自己的意见和态度之前，先听完对方的想法。在对方说话时不要试图去猜测意思，等对方讲完，自然一切就都明白了。

(3) 不打断

在听完对方的话之前保持倾听的状态，不管对他的观点是同意还是反对，都不要发表言论；唯一可以打断对方谈话的理由是澄清或确定刚才听到的话；对方还没讲完，不要迫不及待地下论断；或者还没等对方把问题说清楚，就提出解决的方案。

(二) 表达和说服的技巧

1. 明确沟通目的

目的是沟通的核心。在沟通前要想清楚此次沟通的目的到底是什么。通常，沟通有四个目的：控制行为、激励绩效、表达情感和流通信息。表达之前要斟酌是要将信息传递出去，还是被理解、被接受，还是要得到答复性的行动。这样，所有的话语都能围绕这个目的进行，表达才有针对性，才能增强说服力。

2. 明确观点、措辞准确

鲜明的观点是沟通中得到认可的基础，所以，表达时要做到观点明确，立场坚定，态度客观公正，措辞准确，必要时重复叙述。尽量使用简洁通俗易懂的语言，做到主次分明、层次清晰，掌握大的原则，围绕主题，突出重点，保持思路的敏捷和严密，语言要有逻辑，尽量少用专业术语，便于对方理解，以保持沟通的畅通。

3. 获得信任

首先要尊重对方，鼓励对方，给对方以信心。要站在对方的角度设身处地地谈问题，注意个人的举止和气度。表达看法或建议、要求时，语速要适中，态度要诚恳，以对方听明白为宜，而且语调和语气要适中，口气要亲切，说出来的话语就会比较容易让人相信和接受。沟通的用语也要推敲，避免带有优越感的关心或指责。避免排斥性的语言，避免阿谀奉承，在合适的时候可以恰当运用幽默，创造出良好的沟通氛围。

4. 艺术化说服

沟通的艺术化就是利用语言艺术和措辞提高沟通的效果和满意度，把令人反感的话语换成艺术化的沟通语言，如"你错了，不是那样的"换成艺术性表达："对不起，我没说清楚，但我想……"；把"你没弄明白，这次你听好了"换成"也许我说得不够清楚，请允许我再解释一遍"。

（三）提问的技巧

在沟通中，提问可以改变对方的思路方向，引起对方注意，控制沟通的方向，提问的技巧有以下几点。

1. 准备充分

了解对方并事先准备好问题，设想对方可能的反问，避免提出可能阻碍沟通的问题。提问的句式尽量简短。在对方回答时，如果脑海里闪现出各种疑问，不要急于打断对方，应该先记下来，等对方讲完后再发问。

鼓励对方对自己的观点进行探讨，或提出不同观点。如果搞不明白对方所说的话的意思或此话模棱两可时，可以用他所说的话反问对方，让对方重新解释、沟通，以此来给自己赢得思考的时间并整理思路。

2. 选择恰当时机提问

在对方发言完毕，或者发言停顿、间歇时提问；在议程规定的时间内提问；在自己发言前后提问。不抢着提问，也不强行追问，提出问题后闭口不言，等待对方回答。

3. 选择恰当的提问方式

（1）恰当使用开放式问题

开放式问题是收集正确信息的最好方式。设计好的、有深度的、开放式问题可以深入对方的内心，帮助透彻地了解对方的感觉、动机和顾虑并引起对方慎重的思考，能集中对方的注意力，从而从容地控制整个沟通过程并根据对方的反应推断对方的需求。

开放式提问回答的范畴较宽，一般是请对方谈谈想法、提出建议、找出问题等，目的是展开话题。这种问题常用的词汇是“什么”“哪里”“告诉”“怎么样”“为什么”“谈谈……”等。

小贴士　　开放式问题常用句式

您能告诉我您最真实的想法吗？
您为什么会有这种想法呢？
您觉得怎样做才是最好的？
对于公司的现状您觉得哪些方面需要改进呢？
您认为如何？
您觉得怎么样？
能不能请教您一个问题？
您知道为什么吗？

（2）恰当使用封闭式问题

封闭式问题是指提出答案有唯一性、范围较小、有限制的问题，对回答的内容有一定限制，回答的范畴比较窄，答案比较明确、简单，一般是为了缩小话题范畴，收集比较明确的需求信息等。常用的词汇有“能不能”“对吗”“是不是”“会不会”“多久”等。提问时，给对方一个框架，让对方在可选的几个答案中进行选择。

这样的提问能够让回答者按照指定的思路去回答问题，而不至于跑题。特点是能寻求事实，避免啰嗦。缺点是不能充分了解细节，带有引导性。

小贴士　　封闭式发问常用技巧

澄清式发问：“您的意思是你们可以用美元支付，是这样吗？”
强调式发问：“上轮会谈的时候，不是说好免费提供技术服务的吗？”
探索式发问：“假设我们用这种方案，会怎么样呢？”
间接式发问：“上次磋商中，×××先生（对方有影响的人物）是怎么表态的呢？”
强迫式发问：“我只有今天有空，您看您是上午有空还是下午有空呢？”
诱导式发问：“贵方如果违约，是应当承担责任的，对不对？”

（3）两种问题相结合

沟通时，要注意尽量把两种问题结合起来发问。开放式问题和封闭式问题的交叉提问是非常需要技巧的，如果开放式问题问得太多，对方的回答没有目的性，很难收集到有用的信息；如果封闭性问题问得太多，对方就会很有压力，沟通气氛容易紧张。

4. 语气恰当

问话方式很多，语言要适合沟通的气氛，注意观察对方的反应，体察对方的内心世界，避免使用威胁、讽刺或审讯式的语言。提出问题后要沉默一下，等待回答。尽量避免对方答“不”。

（四）回答的技巧

1. 准确自信

回答一定要非常准确，按照实际情况，依照具体情况作答。有些提问模棱两可时，一定要先认真分析，弄清楚对方的目的和动机，然后针对对方的心理作答，不宜自作聪明。回答时应声音洪亮，保持目光的接触，充满信心。

2. 准备充分

在沟通前，应预想对方最可能问的问题并做好准备，对一些常规性的问题也要想好答案。沟通时，每次回答前要冷静思考、谨慎应对，要给自己留出思考的时间，例如，可以喝一口茶、翻一下笔记本、调整一下坐姿、整理一下资料或文件夹等动作来延缓时间，考虑如何应对对方的问题。这样做，既显得自然得体，又可给自己赢得时间。此外，还可以让对方把问题再说一遍。

3. 注意回答方式

不能回答的问题不要回答，不想回答的问题以问代答，或者灵活使用重申和打岔。如果问题涉及机密或非常无聊，不要彻底地回答问题，应采取避正答偏的方式来逃避回答该问题。

小贴士

一位美国记者曾经讥讽地问周恩来："总理先生，请问你们银行里有多少钱呢？""哦，这个我清楚，一共是 18 元 8 角 8 分，包括面额为 10 元、5 元、2 元、1 元、5 角、2 角、1 角、5 分、2 分、1 分的人民币，你算算是这么多吗？"

二、非语言沟通技巧

非语言沟通的技巧可以遵循 LOVES 原则，即 Lean forward、Open posture、Voice、Eye contact and Smile。

（一）身体的语言

1. 身体前倾（Lean forward）

倾听时，身体略向前倾斜，移动要自然，避免紧张地移动。

2. 开放的姿态（Open posture）

（1）站姿

沟通时，站立既要放松又要显得职业，不要摇动或摆动，避免出现无精打采的样子，也不要总是以同一种姿势站立。

（2）坐姿

面对对方，保持端正的坐姿，身体倾向对方，采用开放和放松的姿势；不要来回晃腿，或者跷二郎腿。

（3）手势

采用自然的手势，最好采用在交谈中的手势，不要把手停在一个固定的位置，而且要避免紧张的手势，如不停地将两只手搓来搓去、拨指关节等。尽量避免做出让人感觉心不在焉的举动，如一直看表，乱翻档案，随手拿笔乱写乱画，而且分心的举动还会分散注意力，很可能使人漏掉一些有效信息。

3. 让声音充满魅力（Voice）

和对方沟通时让自己的声音听起来很清晰、稳重而且充满自信、活力和热情。避免使用屈尊俯就、低三下四的语气。语调不单调乏味，保持适度变化，与所谈的内容相互配合。语速要适中，能引起对方的注意，太快太慢都不合适。

任何情况下都不能吞吞吐吐，要坦率而明确，说话方式轻松自在。偶尔的停顿是可以的，但不要在停顿的时候发出“嗯”的声音，或者紧张不安地清嗓子。

小贴士

举止小镜子，照照你自己，读懂身边人。

1. 手的动作语言

握拳是表现向对方挑战或有自我紧张的情绪。

用手指或铅笔敲打桌面，或在纸上乱涂乱画，表示对对方的话题不感兴趣、不同意或不耐烦的意思。

吸手指或指甲的动作是婴儿行为的延续，成年人做出这样的动作是个性或性格不成熟的表现，即所谓“乳臭未干”。

两手手指并拢并置于胸的前上方呈尖塔状，表明充满信心。

手与手连接放在胸腹部的位置，是谦逊、矜持或略带不安心情的反应。

两臂交叉于胸前，表示防卫或保守，两臂交叉于胸前并握拳，则表示怀有敌意。

2. 腰部动作的语言

弯腰动作，如鞠躬、点头哈腰属于低姿势，把腰的位置放低，精神状态随之“低”下来，向人鞠躬是表示某种“谦逊”的态度或表示尊敬。

挺腰板，使身体及腰部位置增高的动作，则反映出情绪高昂、充满自信，经常挺直腰板站立、行走或坐下的人往往有较强的自信心及自制和自律能力，但为人可能比较刻板，缺少弹性或通融性。

手插腰间，表示胸有成竹，对自己面临的事物已做好精神上或行动上的准备，同时也表现出某种优越感或支配欲。有人将这视作领导者或权威人士的风度。

3. 腹部动作的语言

凸出腹部，表现出自己的心理优势，自信与满足感。

抱腹蜷缩，表现出不安、消沉、沮丧等情绪支配下的防卫心理。

解开上衣纽扣而露出腹部，表示开放自己的势力范围，对对方不存戒备之心。

系皮带、腰带的动作与传达腹部信息有关。重新系一下皮带是在无意识中振作精神的意思与迎接挑战的意识。反之，放松皮带则反映出放弃努力和斗志，开始松懈，有时也意味着紧张气氛中的暂时放松。

腹部起伏不停，反映出兴奋或愤怒，极度起伏，意味着将爆发的兴奋与激动状态而导致呼吸的困难所至。

轻拍自己的腹部，表示自己有风度、雅量，同时也包含着经过一番较量之后的得意心情。

（二）表情的语言

1. 保持目光的交流（eye contact）

保持眼神的交流。目光注视对方时，目光宜停留于对方双眼至前额的三角区域正方，这样使对方感到被关注。不要盯着某处看，不要看天花板或地板，也不要从一边看到另一边。

2. 保持微笑（smile）

保持面部表情放松、愉快，避免面无表情，也不要采用不适当的表情，要适时地点头表示赞许，保持微笑，因为微笑能打动人心，可以激发自信并帮助建立信心，还可以把自我接纳和接纳他人的态度传给对方。

小贴士

请在符合你的情况后的（　　）中画上√。

- 时刻反省沟通对象是谁。（　　）
- 牢记沟通的目的和动机是什么。（　　）
- 选择最佳时间和地点传递信息。（　　）

第三节　商务电话礼仪

电话是工作中必不可少的工具，也是商务活动中重要的沟通工具。掌握电话礼仪并做出正确的应对，是对商务人员基本的要求。

一、打电话的礼仪

（一）选择恰当的通话时间

除了特殊情况外，工作上的事，要在工作时间打电话；最好是在事先约好的时间，以及是对方便利的时间。在对方下班 10 分钟以前尽量不要打电话，以免耽误对方的时间。应避开用餐时间和休息时间。

虽然现代社会生活节奏快，竞争压力大，晚睡的人很多，但是不要以自己的作息时间来揣测别人的作息时间，所以，晚上十点以后到早上七点之前不要给他人打电话，除非有特别重要的事。还应避开下班后的私人时间，尤其是节假日。如果在对方用餐、休息和睡觉时不得已打电话，要讲明原因，并且道歉。如果同国外的公司电话联络，还要特别注意时差问题。

（二）提高打电话的效率

1. 确保电话号码正确

为了提高打电话的效率，还可以将常用的电话号码制成表格贴于电话旁边，方便随时查阅。打电话前，先确认好对方的电话号码。如果不小心打错了，一定要道歉，然后再仔细检查一下号码。

2. 准备充分

打电话之前，要事先想好或写好所办事情的要点，准备好相关的资料，放在电话机旁边。只有准备好要点，回答对方的提问才会得心应手，不用总是说“请稍等片刻”，否则，再长的通话时间也是不够用的。对于容易忘记的要点，一定要记录在手头，否则为了告知对方自己忘说了的事而再次打电话给对方，会令对方停下手中的工作来接听你的电话，带给对方很多麻烦。

3. 做好记录

打电话时，旁边应准备好备忘录和笔，以免需要记录时，出现忙乱地找纸和笔的情况，不仅浪费对方的时间，也会给对方留下不专业、准备不充分的印象。

记下交谈中所有的必要信息，除了自己要说的话和说话内容的要点外，还要记下通话达成的意向点。

4. 复述要点

记录对方所说的内容，通话结束之前最好再复述一遍要点，防止记录错误或者偏差而带来的误会，使电话办事效率更高。

（三）通话时间不宜过长

打电话时，先要自报家门，通话之前先问对方现在通话是否方便，如果方便就继续通话，如果不方便就礼貌地道歉并约好在对方方便时再通电话。事先想好要讲的内容，节约通话时间，不要现想现说。简明扼要地把事情说清楚，尽量自觉地、有意识地将通话时间控制在三分钟之内。如果通话时间较长，应征求对方的意见，并在通话结束时表示歉意。通话结束时主动挂电话。

（四）不打私人电话

办公时间打私人电话就等于放弃工作。如果有非打不可的电话，也要等到休息时间再打，而且还应该尽量用自己的手机或公用电话打，避免使用办公电话，否则既有揩油之嫌，又影响办公室其他人休息。在对方上班期间，原则上不要为了私事而通电话，以免影响对方的工作。

二、 接听电话的礼仪

（一）适时拿起听筒

在办公室里，电话铃响三遍之前就应接听，三遍后就应道歉：“对不起，让您久等了。”如果受话人正在做一件要紧的事情不能及时接听，代接的人应妥为解释。如果既不及时接电话，又不道歉，甚至极不耐烦，就是极不礼貌的行为。尽快接听电话会给对方留下好印象，让对方觉得自己被看重。

（二）确认对方

对方打来电话，一般会自己主动介绍。如果没有介绍或者没有听清楚，就应该主动问："请问您是哪位？我能为您做什么？您找哪位？"不要拿起电话听筒盘问一句："喂！哪位？"这样的话语陌生而疏远，缺少人情味。问清来电者的身份（姓名、公司名称、电话号码）；在确定来电者身份的过程中，要注意给予对方亲切随和的问候，避免对方不耐烦。

（三）专心接电话

接电话时要暂时放下手里的工作。如果正在和别人交谈，要示意自己接电话，一会儿再说，接完后向对方道歉；如果有非常重要的事情，在接到电话后要向客人说明原因，表示歉意，并约一个具体时间主动打过去，在下次通话开始的时候，还要再次向对方致歉。

（四）合理安排

在接听电话时，适逢另一个电话打了进来，切忌置之不理。可先对通话对象说明原因，要其勿挂电话，稍等片刻，然后立即去接另一个电话。待接通之后，先请对方稍候，或过一会儿再打进来，随后再继续刚才正打的电话，同时说明"对不起（很抱歉），让您久等了"。

三、转接电话的礼仪

（一）有礼貌

接到对方打来的电话，拿起听筒应首先自我介绍："您好！我是×××。"如果对方找的人在旁边，应说："请稍等。"然后用手掩住话筒，轻声招呼你的同事接电话。如果对方找的人不在，应该告诉对方，并且问："需要留言吗？我一定转告！"

（二）记录详细准确

接电话的时候，要将对方的公司名称、姓名、事由、电话号码牢牢记住，并转告给对方要找的人。为了避免出错，需要复述一遍。如果复述的内容有误便说："不好意思，请您再说一遍。"转接电话的时候，要认真确认"是谁打给谁的"，并及时把记录的信息转告给对方要找的人。

四、通话中的礼仪

（一）姿势正确

接打电话的时候，首先要想到自己代表的是公司的形象，这一点是非常重要的。虽然对方看不到你手拿听筒的样子，但是可以从讲话的口吻中感觉得到你的精神状态。

不要在通话时把话筒夹在脖子下抱着电话机随意走动；不要一边干着其他事情一边通电话；不要托着腮，懒洋洋地趴在办公桌上、仰着躺在办公椅上、坐在桌角上或把双腿架在桌子上。这些情形，都会通过电话传给对方，让对方感觉出来。尽管也许你的用语很有礼貌，但也会影响公司在对方心目中的位置。

在通话过程中，要假设对方就在自己的面前，务必保持一个完全正确的姿势，坐着打电话要有坐相，站着接听也要有站相。接打电话时，应左手持握话筒，右手边准备纸笔，便于随时记录有用的信息。

（二）态度友好

无论是打电话还是接电话，都应做到语调热情、大方自然、声量适中、表达清楚、简明扼要、文明礼貌。通话时要和气、亲切、得体，面带微笑说话。亲切、温情的声音会使对方马上对我们产生良好的印象。如果绷着脸，声音会变得冷淡。即使对方讲话粗野、脾气很大，也不要以同样的方式回敬，要有涵养地应答。

（三）用语规范

无论是打电话还是接电话，都应做到文明礼貌，用词规范，如表 6-1 所示。

表 6-1　电话用语礼仪

情　　景	不当用语	礼貌用语
1. 问好	喂？	您好/你好。
2. 自报家门	我是××公司。	这里是××公司。
3. 问对方的身份	你是谁？	请问您是……
4. 问对方姓名/姓氏	你叫什么名字？/你姓什么？	能告诉我您的姓名吗？/请问您贵姓？
5. 要别人的电话	你的电话是多少？	能留下您的联系方式吗？
6. 要找某人	给我找一下×××！	请您帮我找一下×××，好吗？谢谢！
7. 问找某人/问有某事	你找谁啊？/你有什么事？	请问您找哪一位？/ 请问您有什么事吗？
8. 人不在	他不在。/他现在不在这里。	不好意思，他在另一处办公，请您直接给他打电话，电话号码是……/ 对不起，他现在不在，如果您有急事，我能否代为转告？
9. 叫别人等待	你等着。	请您稍等一会儿。
10. 待会儿再打	你待会儿再打吧。	请您过一会儿再来电话，好吗？
11. 结束谈话	你说完了吗？	您还有其他事吗？/您还有其他吩咐吗？
12. 做不到	那样可不行。	很抱歉，没有照您希望的办。/ 不好意思，这个我们可能办不到。
13. 不会忘记	我忘不了的	请放心，我一定……
14. 没听清楚	什么？再说一遍！	对不起，这边太吵，请您再说一遍，好吗？

第四节　信函礼仪

商务信函是商业活动中对外交往最主要的书面表达方式之一。规范得体的商务信函不仅体现个人的商务写作水平，更代表着一家公司或企业的整体形象。书信的表达要运用更加适当的文字，恰当地表达信息。

除了传统的书信以外，现代商业中电子邮件也占了一定的分量。不管是哪种形式的书信，写信时都要注意接受信息的人的感受。下面介绍在这两种书信往来中必须注意的礼仪。

一、普通信函礼仪

（一）中文商务信函礼仪

1. 格式礼仪

（1）称谓

商务信函的称谓应郑重，私人信函中过分亲昵的称呼不适用。对于相对熟识的人，可以称“×××先生”或“×××女士”，对于一般熟识的则可以称其职务。这里的“熟识”可以是仅指通信联系而从未谋面的情形，习惯上加“尊敬的”一类词。

（2）结尾的称呼

结尾的落款要求和开头相对应，开头是哪种关系程度的称呼，落款也应是相应的程度。例如，称呼是连姓带名的“×××先生”，落款就是连姓带名的“×××”；称呼是不带姓的“××先生”，落款就不带姓。商务信函以打印为宜，但落款处还要有亲笔签名。

（3）结尾及敬辞

用简单的一两句话，写明希望对方答复的要求，如“特此函达，即希函复。”同时写表示祝愿或致敬的话，如“此致敬礼”等。祝语一般分为两行书写，“此致”“敬祝”可紧随正文，也可和正文空开。“敬礼”“顺利”则转行顶格书写。

（4）正文

信文的正文是书信的主要部分，叙述商业业务往来联系的实质问题正文格式要规范，通常包括以下几个方面：向收信人问候；写信的事由，例如，何时收到对方的来信，或者表示谢意，或者对于来信中提到的问题答复，等等；该信要进行的业务联系，如询问有关事宜，回答对方提出的问题，阐明自己的想法或看法，向对方提出要求等。

如果既要向对方询问，又要回答对方的询问，则先答后问，以示尊重；最后提出进一步联系的希望、方式和要求。

2. 信笺礼仪

（1）使用专用信笺

商务信函最好使用带有公司抬头的专用信笺。信笺上应印有公司的名称、徽标以及地址、电话和传真号码。写商业信函决不可用有颜色的纸。信笺样式上要稳重而具有吸引力，质地要优良，印刷要优美，设计和布局最好能反映本公司的商业特征。

如果信笺上的资料需要更新，应当提前订购新的信笺。在新的信笺购回之前如果仍使用旧的信笺，要更正上面的信息，而且使用旧信笺的时间最好不超过一个月，否则会有损本公司的形象。公司的专用信笺不要用于私人书信。绝对私人的信，应该用私人的信笺。

(2) 正规严谨、表达准确

商业信笺使用的语言比社交信要正规，用词也要严谨得多，内容上要力求简短。从时间上讲，要先叙旧后谈近况。细节部分应准确明了地表达清楚，避免使对方费解。对地方政府有参考价值的数据或情报，应尽可能引用、提供；与正题无关的闲话尽量省略。

表示不满的信笺，要写得委婉，有理有节地提出意见，寻求解决办法；一旦对方改正了错误，切莫忘记回信表示感谢。除了绝对私人性质的信件，一般都是打印。信笺的字体大小适中，以对方能够看清为最佳。切记正确使用标点符号，清晰、准确地传达信息。如果不加考虑，随意使用标点，就会使行文混乱，令人不知所云，甚至有可能造成歧义和误会。

(3) 保持整洁、恰当折叠

第二张信纸最好与第一张相连，否则看起来会不协调。而且笺头与其余信纸的颜色材质最好一模一样，否则会让人觉得不舒服。信笺表面要保持整洁，信笺的内容写好以后，要把信笺折叠整齐后，再装入信封。即使只是稍微折不好，公司的整体形象仍会遭到破坏。写好信文，将信笺装入信封时，不可令其过大或过小。

在折叠信笺时，既不要随手乱折，也没有必要折得很复杂。通常的商务信函的折法是先将信笺纵向对折，随即在折线处再往里卷折 1～2 厘米宽，最后再将其横向对折。将折好的信笺正式装入信封时，要注意一定要将其推至信封的顶端，并且令其与信封的封口之处留有 1 厘米左右的距离。以免收信人将来拆阅书信时，撕坏信封内的信笺，影响阅读。

3. 信封使用礼仪

(1) 使用新的信封来邮寄

不能使用旧信封或废旧纸张和有字纸张制成的信封装寄。信件应装入标准信封内，并将封口封好，不要在封口加上透明胶带以保安全，否则会影响美观。如果用透明窗信封装寄，透明窗必须是长方形的，其长的一边应和信封长的一边平行。信件应适当折叠，使其在信封内有所移动时，收件人的姓名地址仍能通过透明窗清晰露出。透明窗的纸张应该使用在灯光下不反光的透明纸制成。

(2) 格式

左上角是收信人的邮政编码。寄件人地址姓名应写在信封左上角，邮政编码的下方。中间是收信人的姓名，右下方是寄信人的邮编和地址，右上方贴邮票。按国名、地名、姓名逐行顺序填写。寄往日本、韩国以及中国港、澳地区的特快邮件封面收、寄件人的姓名和地址可以用中文书写。

(二) 英文商务信函礼仪

1. 英语商务信函的构成

(1) 基本部分

英语商务信函的基本部分包括开头部分(Heading)、信的正文(Body of the Letter)、结束礼词(Complimentary Close)和签名(Signature)。

(2) 其他部分

英语商务信函的其他部分包括附件(Enclosure/Enc.)、再启(Postscript/P. S.)、注意事项(Attention Line)、事由(Subject or Heading)、查号或参考编号(Reference No.)、抄送(C.C.)。

2. 英语商务信函的格式

(1) 开头部分

商务信函的开头部分(Heading)包括以下四个方面：信头(Letter Head)、写信日期(Date)、封内地址(Inside Address)和称呼(Salutation or Greeting)。

① 信头。信头是信函的第一部分，应写在全信首页的开头，位置在离纸顶端2～3厘米的正中央，也可中间稍右偏。大部分公司都有自行设计的信笺，包括公司名称、地址、电话、传真号码、公司的标识(Logo)、E-mail地址、公司或企业的网址和总裁的名字等。

② 写信日期。英文的日期有两种表示方法，美式英语以月份为先，以日期为后；而英式英语日期在前，月份在后。例如，2015年6月5日，在美式英语中的表达方法是June 5，2015，而在英式英语中的表达方式是5th June，2015。

如果日期全部用数字表示，美式英语应该是6/5/2015，英式英语是5/6/2015。所以，在商务信函中，为了避免混淆，最好不要全部用数字表示日期，月份要全部用英文拼出，最好不用缩写形式。日用数字表示，用逗号将年和月日分开。

③ 收件人地址(封内地址)。标准的排序方式依次是收信人姓名、职位；所在部门及公司名称；公司所在的街道号码及街道名；所在城市、州或郡名称及邮政编码；所在国名。封内姓名地址的格式和信封的格式是一样的，而且必须一致。

④ 称呼。开头称呼语是写信人开始信文的礼貌用语，一般商务英语书信中多用Dear Sir、Dear Sirs或Gentlemen，并且独立成行，在封内名称和地址以下三行。在Dear Sir或Dear Sirs后面用逗号，而在Gentlemen后面用冒号。

需要注意的是，对夫妻双方的称呼使用同一姓氏，如Dear Mr. & Mrs. Macdonald。不知女士婚否时，最好用“Ms.”，如Dear Ms. Green。不知对方具体称呼，可直接写职位头衔，如Dear Marketing Manager，如表6-2所示。信内地址对收信人的头衔称呼一般有以下几种情况：有教授职称的用Prof.(Professor)，总经理、校长、会长、总统用Pres.(President)。

表6-2 职位头衔

性别	收件人	尊称	实例	称呼
男性	单数	Mr. (Mister)	Mr. O. Russell	Dear Sir
	复数	Messrs (Messieurs)	Messrs. Black and Brothers(注：一般以人名为名称的公司和企业常用这种称呼)	Dear Sirs/ Gentlemen
女性	未婚单数	Miss	Miss Tina Brown	Dear Madam
	未婚复数	Misses	Misses Alice and Lily Collins	Dear Ladies/ Dear Mesdames
	已婚单数	Mrs. (Mistress)	Mrs. Gwen Stefani	Dear Madam
	已婚复数	Mmes (Mesdames)	Mmes. Winter Stewart and Kristen Smith	Dear Ladies/ Dear Mesdames

(2) 正文格式

① 结构。正文通常包括四个基本部分：开头(Opening or Introduction)、细节(Details)、回应(Response or Action)和结尾(Close)。开头要说明写信的原因、对以前哪封信、合同或文件的应答。细节要提出问题和具体要求，如询问情况或提供相关的细节。可以分段写，每段应有一个主题，而且段与段之间应有逻辑上的衔接。回应部分期望对方的反应和行动或说明写信人将采取的行动。结尾部分要简短、礼貌地过渡结束。

② 格式。正文的格式主要有如下两种。

a. 齐头式(Block/full format)：所有部分均从左边空白边缘开始写。段落中行与行之间空一行；各部分之间空两行。采用开放式标点符号的形式。信笺中如果有印好的信头，其位置不变，如无信头，起笔也从左边空白边缘开始。

b. 缩进式(indented format)：写信人地址、日期、收信人地址、结尾语和签名的排列，每行都比上一行缩进 1～2 格。每一个段落的第一个字向后缩 4～5 个空格。段落中行与行之间空一行，段落与段落之间空两行。结尾敬语和签名部分位于居中偏右的位置，这两部分上下要对齐。

(3) 写作原则

正文的写作原则是五 C 法则，即

- 礼貌(Courteous)：言辞礼貌。
- 清晰(Clear)：表达清晰。
- 完整(Complete)：内容完整。
- 正确(Correct)：格式正确。
- 简洁(Concise)：行文简洁。

(4) 商务信函的结尾部分

① 结尾敬语(Complimentary Close)。结尾敬语是信件结束时的一种礼貌用语。它只是一种礼貌用语，在信中没有实际意义，传统使之成为必需，并已成为习惯，所以一直沿用至今。无论是最正式的信函，还是较正式的信函，信函的风格都要首尾一致。

传统的结尾敬语有 Yours faithfully、Yours truly、Yours sincerely 等，也有人用倒装的 Faithfully yours、Truly yours 等。结尾敬语必须和信文紧连一起，不能分开，更不能把它单独放到另一页。如果遇此种情况，则信件必须调整格式、重新打印。

② 签名(Signature)。每封商业信函都必须签名。这部分一般位于结束敬语处下 3～4 行，签名是在结尾敬辞的下面，稍偏于右，这样最后一个字可以接近空白而和上面的正文一样齐。签名包括亲笔签名和打字签名。如果写信人有头衔，打字签名下还要加上头衔或职位称呼。如 Mary Owen、Managing Director。写信人若是代表另一位经理回复，那么在被代表人前应加上 For 或 PP 字样。PP 为“Procurationem”的缩写，意为“代理、代表”。

签名应当用蓝钢笔或圆珠笔。如写信人为女性，则可在署名前用括号注明女士或小姐(Mrs. 或 Miss)。签名的格式不能常变换，如一封签 G. Scott，另一封签 George Scott，第三封用 G. B. Scott。男士签字前不可用 Mr. 、Prof. 或 Dr. 字样。

3. 信封礼仪

(1) 信封的格式

在信封的左上角写寄信人的名字和住址。在信封的中间或右下角偏左的地方写收信人的名字和住址。姓名要单独成行。姓名、地址的写法与信头(Heading)和信内地址(Inside Address)一样。所用格式(并列式或斜列式)也同信内的安排一致,如图 6-1 所示。

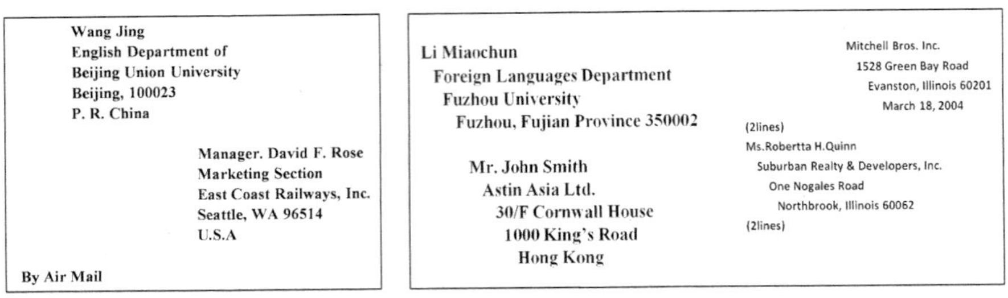

(a) 齐头式信封的写法　　(b) 斜列式信封的写法

图 6-1　信封的格式

(2) 地址和称呼

寄信人不自称 Mr.、Mrs. 或 Miss(先生、女士或小姐),但是在收信人的姓名前则必须加上尊称 Mr.、Mrs. 或 Miss(先生、女士或小姐)以示礼貌。住址的写法与中文相反;要由小至大,如必须先写门牌号码、街路名称,再写城市、省(州)和邮政区号,最后一行则写上国家的名称。在信封的右上角贴上邮票。

住址中的常用字有简写的多用简写。信封左下角可以写明邮寄方式。若信封通过邮局寄给第三者转交给收信人,则需在收信人的姓名下面写明转交人的姓名,并在前面加上 c/o(care of)或 kindness of,如 Mr. Thomas Brown C/O Mr. William Smith。

(三) 其他礼仪

1. 坚持一种格式

选定一种格式,坚持使用,不能变来变去;结构中的内容要安排合理得当,必需的七部分内容一个都不能少。布局好的信件是双方交易好的开始。一封布局优雅、端庄、匀称的信件,会给人一种良好的印象,促进双方的进一步往来,直至交易的达成。

2. 正确使用标点符号

齐头式信函中有时可以省略标点,即除了信的正文,其他地方的一切句号、逗号等标点全部省略。使用开放式标点时,最重要的是标点应保持前后一致,记住以下几点:写姓名和缩写时,中间不加句号和缩写符;每行之间不要用逗号。开头称呼和结束敬语没有标点符号,如 Dear Dr Smith、Yours sincerely。

3. 妥善保存

商务往来和其他经济业务性质的书信要包括很多重要的细节,在内容的叙述上更具体,例如,商业往来方面的业务信函,就要说明商品名称、牌号、规格、数量、质量、价格、起运时间、出厂时间、合约签定情况或规定，交付款项的时间、地点、方式，运输过程中的保护、保险、到货时间、提取方式，万一发生意外之后如何赔偿等，所以，商务信函的保管要非常仔细。

往来的函件都要留下底稿，收到来函要妥善保存，以备将来查询，万一出现什么问题时就有可靠的证据。

二、电子信函礼仪

电子信函，又称电子函件或电子邮件(E-mail)，是一种通过网络实现相互传送和接收信息的现代化通信方式，也是重要的商务沟通方式之一。商务电子信函的用途很广，主要体现为日常工作交流、传递公司的产品与服务信息、获取外界信息和展示企业形象等。良好的写作技巧和周到的礼仪不仅能够改善沟通品质，提高工作效率，而且能够增加个人和公司的竞争力。

（一）基本原则

1. 工作交流

需要发正式工作报告，部门之间事务往来，发通知、推荐知识、传递信息、在没有见面交流的条件下进行的其他交流内容，以及难以简单用口头表达说明清楚的事项。

2. 跟进工作

使所有参与方对于所讨论的论题、事实根据和结论，以及达成的共识一目了然，并保持跟进直至工作完成。能准确、及时地记录事项进程、讨论内容及行动细则，并记录了每个工作项目的来龙去脉。

3. 充当证据

当意见不合、起争端时，电子邮件会记录下来并有证可查。电子邮件能帮人们关注事实，并以合理的方式解决不同意见和争端。

4. 明晰责任

针对需要回复及转寄的电子邮件，要斟酌电子邮件里的每一个字、每一句话，发邮件时一定要慎重，还要定期重新审查你发过的电子邮件，评估这些邮件对商业往来所产生的影响。

5. 经济快捷

需要立即处理的跨国联系最好用电子邮件，这样不但可以迅速传递信息，费用也会比国际长途电话或航空邮件省许多。

（二）邮件格式

1. 标题

每封邮件都应注明标题。添加邮件主题是电子邮件和信笺的主要不同之处，在主题栏中用短短几个字就应概括出整个邮件的内容，便于收件人判断邮件的重要性，以便根据轻重缓急分别处理。

回复邮件时要特别注意，要重新添加或者更换邮件的主题，让对方一目了然，而且便于保留。标题尽量写得具体，或是与内容相关的主旨大意。标题要提纲挈领，不宜使用含混不清、随手写的标题。如果不写标题，系统自动生成的标题会令收件人产生不被重视的感觉，影响工作的情绪。

2. 开头

如果你写的是一封较为正式的邮件，还是要用和正式的信笺一样的文体。开头要用"尊敬的"或者是"先生/女士，您好！"结尾要有祝福语，并使用"此致/敬礼！"这样的格式。如果不是经常交流的对象，记得写邮件抬头称呼对方，以示礼貌，并引起主要收件人的关注。

3. 结尾签名

为了让对方清楚地知道发件人的信息，要注意在邮件地址中注上自己的姓名，同时在邮件的结尾添加签名栏，可以包括姓名、职务、公司、电话、传真、地址等信息，但信息不宜行数过多。统一的格式设计能体现企业品牌形象。签名档文字应选择与正文文字一致，以免出现乱码。字号一般比正文字体小一些。

（三）邮件内容礼仪

1. 简明扼要

写电子邮件切忌长篇大论，应尽量简单明了地表达。保持每个段落简短不冗长。E-mail 正文多用 1、2、3、4 之类的列表，以清晰明确。传送冗长文字与大型图像均会占用大量的带宽，任意或无心地浪费带宽都会造成对方使用的不便。

2. 内容完整

一封邮件应交待完整的信息，不要过两分钟之后再发"补充"或者"更正"之类的邮件，容易给对方造成工作上的麻烦。如果邮件带有附件，应在正文中提示收件人查看附件，并根据内容给附件命名。

带有附件时，特别是带有多个附件时，正文中要对附件内容做简要说明。如果附件是特殊格式的文件，还要在正文中说明附件的打开方式，以免影响对方阅读。附件数目不宜超过 4 个，数目较多时应打包压缩成一个文件。

3. 目的明确

一封邮件尽可能只针对一个主题或者只解释一件事情，不在一封信内谈及多件事情，以便日后整理。当对同一收件人要说明数件事情时，最好按照不同的事情分别发送邮件。邮件的目的要明确，究竟是请收件人回答某一问题，或做某一件事，还是向收件人传达某个信息，都要明确地表达。通过说明要办的事情，把写信的目的明确化。与一件事情有关的邮件的发送和接收以"一问一答"的形式结束。

4. 礼貌友好

如果担心语气不对而引起误会，可多用"谢谢""请"等字眼，根据对象来选择开头语和祝福语，既不过于客套，又要注意礼节。邮件内容和格式要相符，避免情绪化的内容。情绪激动的字眼会伤害收件人甚至引起冲突。所以，情绪激动的时候不要回信，可放置一两天，等情绪稳定后再进行回复。而且要确定是否必须以邮件的方式回复。如果对方的内容也情绪激动，最好约个时间面对面商谈，以免引起不必要的误会和冲突。

5. 格式正确

注意字体大小要适中、字体尽可能统一。中文适宜用宋体或新宋体，5 号字即可，这是比较适合在线阅读的字体和字号。不要用稀奇古怪的字体或斜体，商务邮件最好不用带背景的信纸。注意编码，中文邮件通常应该选择 GB 2312 的编码。多使用一到两句话所组成的精简段落，而且每段之间空出一行。这样的格式可以让对方更轻松地阅读。

（四）发送礼仪

1. 选择恰当的收件人

不管是工作计划还是项目通报类的邮件，或者是寻求跨部门支持的邮件，相关的收件人都要经过认真筛选。如果有意见要提，要先思考这个问题只需要哪些相关人士知道，避免将事态扩大。不能随便向群体邮箱发送不必要的消息，同时避免发给不相关的人员。

2. 保持专业

不写与工作无关的信息。尽量使用自己领域的商业电子邮件中常见的用语。在语气方面，要尽量保持正式和尊敬。如果要主动终止发邮件的来往，可以在文末附注“全部办妥”“无须回复”“仅供参考”等字样。避免利用工作的电子邮箱发送私人邮件。

3. 提醒确认

给对方发送邮件后，要及时沟通确认或提醒。重要事宜，最好电话提醒对方查看邮箱或请对方确认已收到邮件。如果提醒后依然没有得到回复，最好再次提醒对方。

4. 抄送谨慎

抄送（CC）是指发送给收件人的同时，也让其他人或多人收到该邮件，并且也让收件人知道这种情况，也就是平时所说的群发邮件。密送（BCC）是加密的抄送，区别在于收件人并不知道发件人把该邮件发送给了其他人。

使用抄送（CC）和密送（BCC）功能时要倍加小心。首先将抄送人数降至最低，确认收信对象是否需要收到这封信，以免造成不必要的干扰。使用群发功能向多处发送相同内容的邮件时，如果不想在群发邮件中泄露他人邮件地址，涉及他人隐私，最好使用密送（BCC）功能。

（五）回复礼仪

1. 及时回复

尽量在 24 小时内回复邮件，哪怕是简单的一句话。接到邮件后立即回复，因为速度快是商务邮件的优点之一，也是对方选择电子邮件发送信息的原因。如果实在没有时间或者需要调查才能详细或者进一步回复，可先回复“将随后说明有关详情”，过后再正式回复即可。

2. 持续跟进

在回复对方的邮件时，尽量不要创建新邮件。如果打断了原始邮件和回复邮件之间的关联，双方就难以跟进邮件的次序，尤其是经过多次收发的邮件，更要保持联系。但不要就同一问题进行多次回复讨论，如果收发双方就同一问题的交流回复超过 3 次，只能说明沟通不畅，应改用电话沟通等其他方式进行交流后再做判断。

对于较为复杂的问题，多个收件人频繁回复，将导致邮件过于冗长笨拙。此时应立即对之前讨论的结果进行小结，突出有用信息。

3. 单独沟通

如果对发件人提出的问题不清楚或有不同意见，应该与发件人单独沟通，不要当着所有人的面，不停交互邮件与发件人讨论。应等你们讨论好了再告诉大家。不向上级频繁发送没有确定结果的邮件。

4. 使用禁忌

不发送垃圾邮件或者附加特殊链接，不把内部消息转发给外部人员或者未经授权的接收人。避免与主题无关的言语。一般不要通过电子邮件传送公司的机密信件或个人的秘密信息、敏感的话题，以及一些不适合在公众场所讲的话，否则容易出问题。

（六）英文电子邮件的特殊礼仪

1. 只在必要的时候使用

如果收件人中有外籍人士，应该使用英文邮件交流；如果收件人是其他国家和地区的华人，最好采用英文交流，因为存在中文编码的问题，有的中文邮件在其他地区可能显示成为乱码。有些语言用不同的客户端会出现乱码现象。

在使用中文向除了中国内地之外的其他国家和地区的华人发出电子邮件时，必须同时用英文注明自己所使用的中文编码系统，以保证对方可以阅读自己的邮件。

2. 文法正确

尽量先在 Word 文档或其他可以检查拼写和语法的软件上撰写邮件，这样可以使用拼写检查功能。如果直接在邮件上回复，最好设置为每次发信前自动检查拼写和语法，保证信息正确。

发送前要注意检查软件无法检查的方面，比如词性是否用对，名词可不可数、单复数形式是否正确，大小写、所有格、时态、标点等是否符合文法。保证每个句子都有完整的句意，而且每个动词都有一个主语。说明请求的背景时，动词用现在完成式。而且商业信函中不需要过去完成式。

3. 行文规范

英文邮件通常用 Verdana 或 Arial 字体，字号用 10 号字即可。写英文邮件，特别注意不要全用大写。如果全用大写，意味着你在向对方喊叫。这是非常不礼貌的。手机短信中的非正式用语也不能用到商务邮件中，这是工作邮件的大忌。例如，you 不能用 u，are 不能用 r 来代替。商务邮件中不宜使用笑脸等符号。

第五节　谈判礼仪

商务谈判是关于商业事务的谈判，具体是指两个或两个以上的从事商务活动的组织或个人，为了满足自身经济利益的需要，对涉及各方切身利益的分歧进行沟通，谋求取得一致和达成协议的经济交往活动。商务谈判是在商务活动中双方或多方为实现各自的目标在多次沟通基础上达成共识的说服活动。

商务谈判礼仪则是商务谈判人员在商务谈判过程中所须遵守的，用来维护个体组织形象和对谈判对手表示尊重与友好的惯例及形式。商务谈判礼仪在谈判过程中通过谈判人员周到细致的礼仪活动，可以缓和谈判气氛，缓解谈判人员的压力，使得谈判顺利进行。同时，良好的礼仪还有助于引导、影响对方；有助于谈判各方合作，有助于树立良好的个人形象和组织形象，而且有助于营造和谐、友好的气氛。

案例

小张是一名国际贸易专业的本科毕业生，就职于公司销售部，工作积极努力，成绩显著，三年后升职任销售部经理。一次，公司与美国某跨国公司就开发新产品问题进行谈判，公司将接待安排的重任交给小张，小张为此也做了大量细致的准备工作，经过几轮艰苦的谈判，双方终于达成协议。

在正式签约的时候，客方代表团一进入签字厅就转身离去，是什么原因呢？原来，在布置签字厅时，小张将美国国旗放在签字桌的左侧。项目告吹，小张也因此被调离岗位。

案例分析：

中国传统的礼宾位次是以左为上，右为下，而国际惯例的座次位序则是以右为上，左为下；在涉外谈判时，应按国际通行的惯例来做，否则，哪怕是一个细节的疏忽，也可能会导致功亏一篑、前功尽弃。

一、谈判准备礼仪

（一）谈判的安排礼仪

1. 选择恰当的时机

安排谈判时，要选择合适的时间。避免在最疲劳的时候，身心处于低潮时，或者身体不适时进行谈判。如中午或者经过长途跋涉后，或者傍晚4点到6点的时候，或者是在连续紧张工作后。人在疲劳时，容易焦躁不安，思考力减弱，工作效率会降低。时间安排好以后，双方都要准时到达，以示谈判的诚意。

2. 选择合适的地点

谈判地点的选择，往往涉及一个谈判的环境心理因素问题，有利的场所能增加自己的谈判地位和谈判力量。而在自己不熟悉的环境中，往往容易对环境不适应，而出现正常情况下不该有的错误。谈判地点有三种，分别是主场、客场和中性场所。

一般情况下要争取选择熟悉的地点主场。如果争取不到主场，至少应选择一个双方都不熟悉的中性场所，以减少由于无“场地优势”导致的错误，避免不必要的损失。客场谈判是最不利的地点，如果谈判将要进行多次，那么谈判地点应该依次互换，以示公平。

3. 谈判环境的布置

谈判环境的布置也很重要。谈判一般要安排两个房间，在集体谈判时更应该如此。其中一间作为主要谈判室，另一间是秘密会谈室，如果条件允许，再安排一间休息室。主要谈判室的光线应当充足，座椅应当舒适，室内要保持安静，无外来人员和电话的打扰，温湿度不宜过高或过低，空气要清新流通，一般不安装录音录像设备，除非谈判双方都同意才可以安装，因为安装后容易让谈判人员产生戒心，难以畅所欲言。

秘密会谈室是一个双方都能使用的单独房间，既可以供某一方谈判小组内部协商，也可以供双方进行私下讨论。秘密会谈室要靠近主要谈判室，室内要配有舒适的桌椅以及相应的文具，如黑板、纸、笔等。休息室要布置得轻松、舒适，便于双方放松，缓和彼此之间的对立气氛。

4. 营造有利谈判氛围

在迎送和接待对方谈判小组时，主方要依据商界对等接待的原则，确定与客方谈判代表团的身份、职位对等，人数相等的接待陪同人员，并通知他们准时迎送。

接待和招待宴会等的过程都要符合礼仪规范，树立良好的个人和团队形象，多运用中性话题，保证双方的良好沟通，帮助双方加深了解，调整思维，熟悉对方，使双方找到共同语言，逐渐放下防备心理，为顺利过渡到谈判上做好铺垫。

（二）谈判座次安排礼仪

从总体上讲，排列正式谈判的座次，可分为如下两种基本情况。

1. 双边谈判

双边谈判，指的是由两个方面的人士所举行的谈判。在一般性的谈判中，双边谈判最为多见。双边谈判的座次排列，主要有两种形式可供选择。

（1）横桌式

横桌式是指谈判桌在谈判室内横放，客方人员面门而坐，主方人员背门而坐。除双方主谈者居中就座外，各方的其他人士则应依其具体身份的高低，各自先右后左、自高而低地分别在己方一侧就座。双方主谈者的右侧之位，在国内谈判中可坐副手，而在涉外谈判中则应由译员先就座，如图 6-2(a)所示。

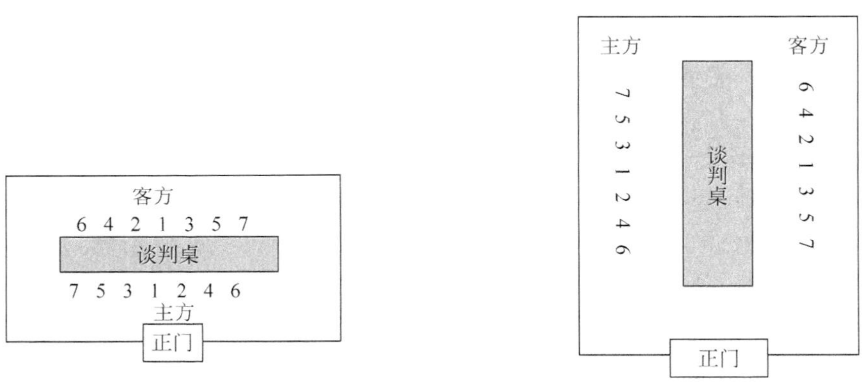

(a) 横桌式　　(b) 竖桌式

注：面门为上、居中为上、以右为上。

图 6-2　谈判座次安排礼仪

(2) 竖桌式

竖桌式座次排列是指谈判桌在谈判室内竖放。具体排位时以进门时的方向为准，右侧由客方人士就座，左侧则由主方人士就座。在其他方面，则与横桌式排座相仿，如图 6-2(b)所示。

2. 多边谈判

多边谈判，在此是指由三方或三方以上人士所举行的谈判。多变谈判的座次排列主要也可分为两种形式。

(1) 自由式

自由式，即各方人士在谈判时自由就座，无须事先安排座次。

(2) 主席式

主席式是指谈判室内，面向正门设置一个主席之位，由各方代表发言时使用。其他各方人士，则一律背对正门、面对主席之位分别就座。各方代表发言后，也应下台就座。

除了面门为上，居中为上，以右为上以外，有经验的谈判人员会根据会议的性质安排不同的座位。通常就谈判桌的形状而言，如果谈判具有较强的竞争性和对抗性，大多选用长条形或正方形，如果合作性的谈判则尽量考虑选用圆形谈判桌。

二、 谈判人员的礼仪

(一) 谈判人员的形象和谈吐礼仪

1. 形象礼仪

谈判人员的穿着要符合商务人士的穿着。仪容要求干净整齐，端庄大方。男士应穿深色系西装；女士着端庄典雅的套裙。不要佩戴一些代表个人身份或宗教信仰的标记；不要穿绿色衣服，流行服装最好不要穿；不要戴太阳镜或变色镜；不要佩戴太多饰品，应携带一个大公事包。尽量不要脱去上装，以免削弱说话的权威和威严。谈判前，不进食大蒜、葱、韭菜等有异味的食物，保持牙齿清洁，无食物残留，口气清新。

2. 谈吐礼仪

谈判人员谈吐应落落大方。切忌神态紧张、优柔寡断、疲惫不堪、目光躲闪。应当正确地应用语言。同时应注意自己的说话方式，因为语速和说话的节奏对意思的表达有较大的影响，说话时的语调、音量表达出不同的含义。

及时肯定对方，不用攻击性的语言指责对方产品、信誉方面的问题。不提带有敌意或者涉及对方隐私的问题。不伤对方的面子和自尊，不发表不合适的言论和粗俗的话语。

3. 涉外礼仪

涉外谈判要特别注意尊重对方的习俗文化。在遵守一般谈判过程中的形象和谈吐礼仪规范的基础上，还要熟悉不同国家文化习惯的差异，否则会给商务谈判带来意想不到的障碍。对于不同文化背景的谈判对手采取加深了解，宽容尊重，相互理解，求同存异的原则。严禁使用伤害对方民族感情或者有损对方国格的话语，以免引起不必要的争端，影响谈判的进程和结果。

小贴士

在谈判中应避免的言词主要有：

极端性语言“肯定如此”“绝对不是那样”。

针锋相对的语言“不用说了，事情就这么定了”。

涉及对方隐秘的语言“你们为什么不同意？是不是你们的上司没点头？”

有损对方自尊心的语言“开价就这个，买不起就直说”。

催促对方的语言“请快点决定！”

以我为中心的语言“我的看法是……”“如果我是你……”。

模棱两可的语言“可能是……”“大概是……”。

赌气的语言“上次你们已多赚了好几万元了，这次不能再让你们占便宜了”。

（二）谈判人员的举止礼仪

1. 严守谈判信息

不在公共场所，如餐厅、过道等处谈论业务问题，防止无意中泄密。随身携带与谈判相关的文件资料，在谈判休息时，不将相关资料留在谈判室里。如果实在无法带走，就要保证自己第一个再度进入谈判室。不把谈判方案暴露在谈判桌上，尤其是印有数字的文件。尽量自己去复印文件、打字、发传真，不要委托己方以外的人员做这些事。

如果迫不得已，也要在自己一方人员的监督下完成。谈判中用过而又废弃的文件、资料、纸片等不要随便乱丢。

2. 相互积极配合

确定了主谈人（主谈人是在谈判的全过程或某一阶段或针对某个方面的议题，以他为主进行发言，代表己方阐明立场和观点）之后，己方的意见、观点都应由主谈人来表达，避免各说各的，相互影响。辅谈人（主谈人以外的其他处于辅助配合位置的人员）的配合也非常重要，也需要在谈判时有所作为。辅谈人要自始至终支持主谈人。这种支持可以是口头上的附和，如“绝对正确”“没错，正是这样”，等等，也可以是姿态上的赞同，如眼睛看着己方主谈人不住地点头等。这种附和和赞同对主谈人的发言是一种有力的支持，会大大增强主谈人说话的分量和可信的程度。

3. 安静专注

参加谈判的双方都应当关掉手机，保持安静。不要在主谈人提出意见和观点时，眼睛望着天花板或将脸扭向一旁，甚至私下玩手机、发短信，这种无礼的行为不仅会影响己方主谈人的自信心，减弱其话语的力量，而且会给谈判对方造成不好的印象，让对方认为己方主谈人的意见并不重要和坚定。

（三）谈判地域的礼仪

根据谈判地域不同，商务谈判可分为主座谈判、客座谈判和主客座轮流谈判。

1. 主座谈判的礼仪

作为东道主一方安排各项谈判事宜时，一定要在迎送、款待、场地布置、座次安排等各方面精心周密准备，尽量做到主随客便，主应客求，以获得客方的理解、信赖和尊重。

成立接待小组，保障对方的食宿、交通、通信、医疗等各环节，涉外谈判还应备有翻译。了解客方基本情况，收集有关信息，可向客方索要代表团成员的名单，了解其性别、职务、级别及一行人数，以作食宿安排的依据。掌握客方抵离的具体时间、地点、交通方式，以安排迎送的车辆和人员及预订、预购返程车船票或飞机票。

根据客方的意图、情况和主方的实际，拟订出接待的方案，包括计划和日程安排表。要注意时间安排紧凑，安排表拟出后，可传真给对方征询意见，对方无异议后，才可敲定。涉外谈判，则要将日程安排表译成客方文字，日程安排表可在客方抵达后交由客方副领队分发，也可以将其放在客方成员住房内，并及时告知。

主座谈判时，东道主可根据实际情况举行接风、送行、庆祝签约的宴会或招待会，客方谈判代表在谈判期间的费用通常都是由其自理的。

2. 客座谈判的礼仪

客座谈判时，要谨记入乡随俗、客随主便，主动配合对方的接待，对一些非原则性问题采取宽容理解的态度，以保证谈判的顺利进行。尽量不给主方添额外的麻烦。谈判期间，对主方安排的各项活动要准时参加，通常应在约定时间的五分钟之前到达约定地点，到主方公司做公务拜访或有私人访问要预约，不做不速之客。

对主方的接待，在适当的时间以适当的方式表示感谢。客座谈判有时也可视双方的情况，除谈判的日程外，自行安排食宿、交通、访问、游览等活动。

三、谈判签约礼仪

签约仪式是谈判双方经过会谈、协商，形成某项协议或协定，再互换正式文本的仪式，是一种比较隆重的活动，礼仪规范也比较严格。

（一）签约仪式的准备

1. 签字厅的布置

如果没有常设专用的签字厅，也可以临时以会议厅、会客厅来代替。布置的总原则是要庄重、整洁、清静，地面可铺设地毯，室内空气保持清新。除了必要的签字用桌椅外，其他一切的陈设都不需要。正规的签字桌为长桌，横放在室内，铺设深色的台布，台布要干净无破洞。

在签字桌上摆好签字人姓名牌和待签的合同，以及签字笔、吸墨器等物品。与外商签署涉外合同时，还需在签字桌上摆放好悬挂着的签字双方国旗的旗架，国旗的摆放以右为上，左为下；客在右，主在左为原则。桌椅摆放要适量，签双边性合同时，可放置两张座椅供签字人就座，签署多边合同时，可以仅放一张桌椅，供各方签字人签字时轮流就座，也可为每一位签字人准备一张座椅。

2. 合同文本的准备

合同文本的准备按商业惯例由主方负责准备，为了避免纠纷，主方要会同对方一起指定专人，共同负责合同文本的校对、印刷、装订、盖章等工作。涉外谈判签约的合同文本要依照国际惯例同时使用签约各方法定的官方语言撰写，或者采用国际通行的英文、法文撰写，也可并用。

签合同文本要用 A4 规格的白纸印刷并装订成册，再配以真皮或金属封面，除供各方正式签字的合同正本外，最好还能各备一份副本。

3. 签字时的人员安排

参加谈判签字仪式的人员，基本上是双方参加会谈的全体成员，人数最好对等，主方上级可到场参加并表示祝贺。签字仪式举行之前，签字双方应确定各自的助签人员，并商谈具体签约细节。确定好主要签字人和参加仪式的人员。

签字人由签字双方各自确定，但是主要签字人的身份必须与待签文件的性质相符，同时双方签字的身份和职位应该大体相当。签字位置一般安排客方居右边，主方在左边。签字人员入座时，其他人员分主、宾各一方，按身份顺序于各自的签字人员座位之后。

（二）签字时的座次安排

举行签约仪式时，座次排列共有三种基本形式，它们分别适用于三种不同的具体情况。

1. 并列式

并列式排座，是一种比较正规的签约排座方式，在一些大型的或国际谈判签约中比较常见。具体做法是：签字桌在室内面门横放，双方出席仪式的全体人员（一般人数相等）在签字桌之后并排排列，双方签字人员居中面门而坐，客方居右，主方居左，如图 6-3 所示。

2. 相对式

相对式签字仪式的排座，与并列式签字仪式的排座基本相同。两者之间的主要区别只是相对式排座将双方签字仪式的随员席移至签字人的对面，如图 6-4 所示。

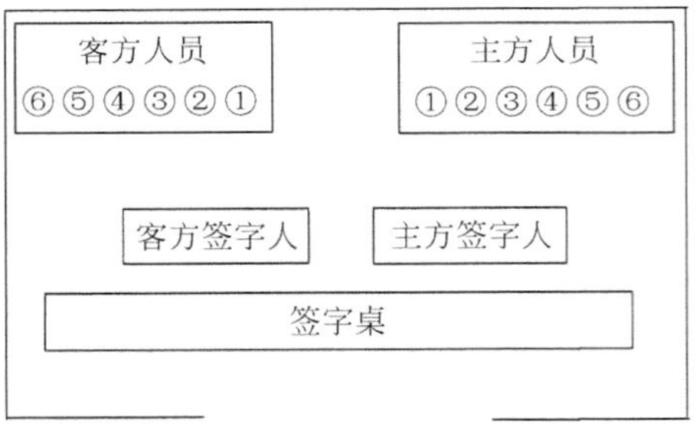

图 6-3　并列式签字仪式排座

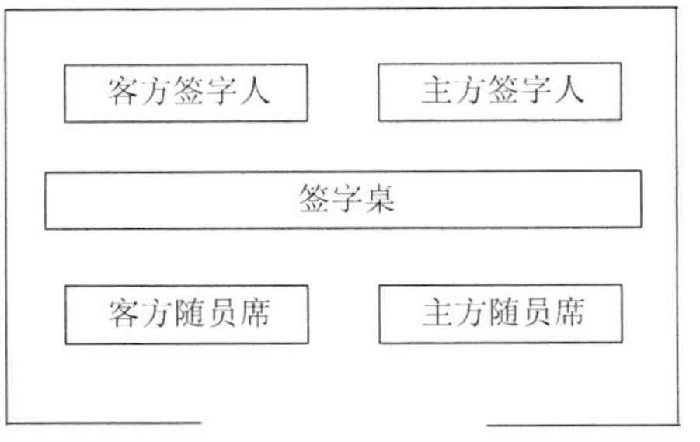

图 6-4　相对式签字仪式排座

3. 主席式

主席式签字方式主要运用于多个签约方参加的签字仪式。其中主要操作要点是：签字桌仍在室内横放，签字席仍放在桌后面对正门，但通常只设一个，并且不固定其就座者。举行仪式时，所有各方人员，包括签字人在内，皆应背对正门，面向签字席就座。

签字时，各方签字人员以规定的先后顺序依次走上签字席就座签字，然后即应退回原处就座，如图 6-5 所示。

由政府部门牵头举办的各类招商恳谈会、经贸洽谈会、签约大会等常采用这种签约方式，这也是招商引资签约仪式中比较常见的一种方式。采用这种方式时，为体现政府的重视，主办政府或签约双方的一些主要领导也可按“居中为上”的原则，排列在签字人的后面，使签约仪式更显隆重，如图 6-6 所示。

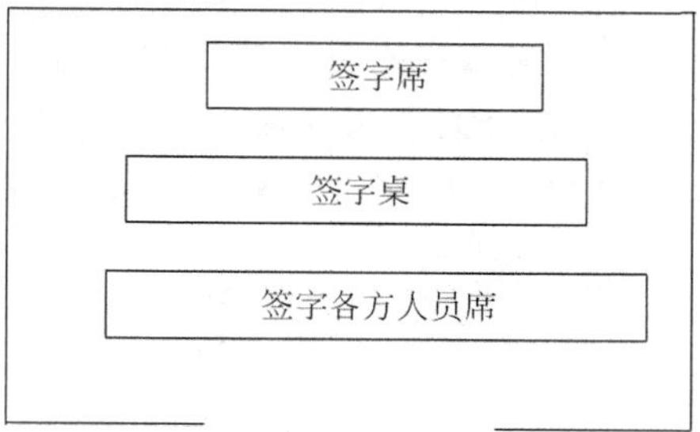

图 6-5　主席式签字仪式排座之一

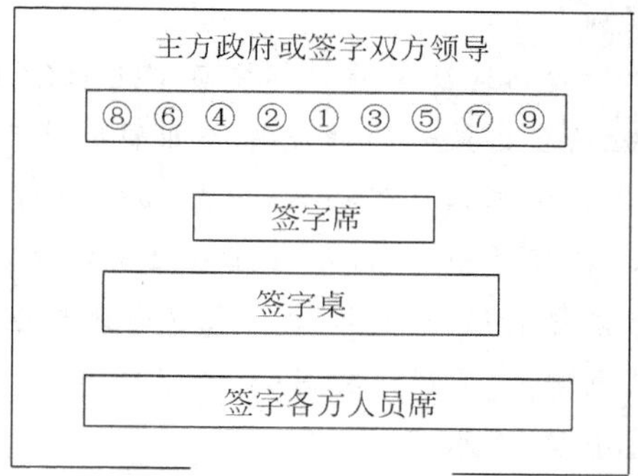

图 6-6　主席式签字仪式排座之二

（三）签字仪式的礼仪

1. 出席人员的服饰要求

签字人、助签人和其他参加人应穿有礼服性质的深色西服套装、中山装套装，同时配白色衬衣，单色领带、黑色皮鞋和深色袜子；女性则应穿套裙、长筒丝袜和黑皮鞋；服务接待人员和礼仪人员，则可穿工作制服或旗袍等礼服。

2. 签字的过程

双方参加签字仪式的助签人员协助翻开协议文本，指明签字处。在本方保存的文本上签毕后，由双方助签人员互相传递文本，再在对方保存的文本上签字，然后由双方签字人员交换文本，相互握手。为了表示纪念，还会互换用过的签字笔。

全场人员此时应报以热烈的掌声，为合作成功表示祝贺。国际上通行的增加签字仪式喜庆色彩的常规性做法还有饮酒庆贺，在交换文本后当场用香槟等礼宾酒类干杯庆贺，并与其他方面人士一一干杯。

3. 其他礼仪

如果待签的文件不是国家机密，那么签字仪式会准许新闻界采访和报道，但也不会允许大量的记者涌进签字厅。媒体采访和报道事先必须征得有关方面的同意。

复习思考题

1. 商务沟通中要注意哪些原则？
2. 使用哪些技巧可以使沟通变得更有效？
3. 电话礼仪有哪些？

4. 信函礼仪有哪些?

5. 谈判的礼仪有哪些?

实践课堂

案例 1

新加坡利达公司销售部文员刘小姐休婚假，为了不影响公司的工作，在征得上司的同意后，她请自己最好的朋友陈小姐暂时代理她的工作，时间为一个月。陈小姐大专刚毕业，刘小姐把工作交代给她，并鼓励她努力干，准备在蜜月回来后推荐陈小姐顶替自己。某一天，经理外出了，陈小姐正在公司打字，电话铃响了，过了大约一分钟，陈小姐才慢条斯理地接起电话，边打字边与来电者讲起电话。

来电者："是利达公司吗?"

陈小姐："是。"

来电者："你们经理在吗?"

陈小姐："不在。"

来电者："你们是生产塑胶手套的吗?"

陈小姐："是。"

来电者："你们的塑胶手套多少钱一打?"

陈小姐："1.8 美元。"

来电者："1.6 美元一打行不行?"

陈小姐："不行的。"说完，"啪"挂上了电话。

思考题： 陈小姐的电话礼仪中有哪些缺陷?

案例 2

美国著名的柯达公司创始人乔治·伊斯曼，成为美国巨富之后，不忘社会公益事业，捐赠巨款在罗彻斯特建造一座音乐堂、一座纪念馆和一座戏院。为承接这批建筑物内的座椅，许多制造商展开了激烈的竞争。

但是，找伊斯曼谈生意的商人无不乘兴而来，败兴而归，毫无所获。

正是在这样的情况下，美国优美座位公司的经理亚当森前来会见伊斯曼，希望能够得到这笔价值 9 万美元的生意。

伊斯曼的秘书在引见亚当森前，就对亚当森说："我知道您急于想得到这批订货，但我现在可以告诉您，如果您占用了伊斯曼先生 5 分钟以上的时间，您就完了。他是一个很严厉的大忙人，所以您进去以后要快快地讲。"

亚当森微笑着点头称是。亚当森被引进伊斯曼的办公室后，看见伊斯曼正埋头于桌上的一堆文件，于是静静地站在那里仔细地打量起这间办公室来。

过了一会儿，伊斯曼抬起头，发现亚当森，便问道："先生有何见教?"

秘书对亚当森作了简单的介绍后，便退了出去。这时，亚当森没有谈生意，而是说："伊斯曼先生，在我们等您的时候，我仔细地观察了您的这间办公室。我本人长期从事室内的木工装修,但从来没见过装修得这么精致的办公室。”

伊斯曼回答说:“哎呀!您提醒了我差不多忘记了的事情。这间办公室是我亲手设计的,当初刚建好的时候,我喜欢极了。但是后来一忙,一连几个星期都没有机会仔细欣赏一下这个房间。”

亚当森走到墙边,用手在木板上一擦,说:“我想这是英国橡木,是不是?意大利的橡木质地不是这样的。”

“是的。”伊斯曼高兴得站起身来回答说,“那时从英国进口的橡木,是我的一位专门研究室内细木的朋友专程去英国为我订的货。”

伊斯曼心情极好,便带着亚当森仔细地参观起办公室来了。

他把办公室内所有的装饰一件件向亚当森作介绍,从木质谈到比例,又从比例扯到颜色,从手艺谈到价格,然后又详细介绍了他设计的经过。

此时,亚当森微笑着聆听,饶有兴致。

亚当森看到伊斯曼谈兴正浓,便好奇地询问起他的经历。伊斯曼便向他讲述了自己苦难的青少年时代的生活,母子俩如何在贫困中挣扎的情景,自己发明柯达相机的经历,以及自己打算为社会所做的巨额的捐赠……

亚当森由衷地赞扬他的美德。

本来秘书警告过亚当森,会谈不要超过5分钟。结果,亚当森和伊斯曼谈了一个小时,又一个小时,一直谈到中午。

最后,伊斯曼对亚当森说:“上次我在日本买了几把椅子,放在我家的走廊里,由于日晒,都脱了漆。昨天我上街买了油漆,打算由我自己把它们重新油好。您有兴趣看看我的油漆表演吗?好了,到我家里和我一起吃午饭,再看看我的手艺。”

午饭以后,伊斯曼便动手把椅子一一漆好,并深感自豪。

到亚当森告别的时候,两人都未谈及生意。

最后,亚当森不但得到了大批的订单,而且和伊斯曼结下了终生的友谊。

思考题:亚当森说服对方的秘诀是什么?

实训练习

实训一:非语言交流技巧的训练。

参与人数:2人一组
时间:5分钟
场地:不限
道具:无

目的:

训练非语言交流技巧的应用,培养沟通能力。

规则:

① 两人一组,互相介绍自己,但是整个介绍期间不得有任何语言形式的交流。

② 可以使用除语言外的一切形式，如动作、表情、手势、画图、目光，等等。

③ 交谈两分钟，然后让双方采用肢体语言了解到的对方的情况，与实际情况相对照，看看是否属实。

相关讨论：

① 当你用非语言的形式来表达自己的时候，表达是否准确？

② 你是否很好地理解了对方的非语言表达？

③ 在表达者和信息接受者之间是否有信息的丢失和误解，如果有，为什么？

④ 怎样才能减少这些信息的丢失？

主要障碍和解决：

① 合适的非语言交流可以帮助我们更好地理解对方的意思，而拙劣的表达方式会阻碍我们沟通。

② 非语言形式的交流不同于语言形式的交流，它会产生歧义，比如你指一下自己的肚子，说自己饿了，对方可能理解成你肚子疼；你说你困了，对方可能认为你不想理他了。所以，这种交流中往往会引起很多误会。

③ 利用非语言形式成功交流的关键在于正确地理解彼此的背景和领受程度，对不同的人要采取不同的方法，这样才能达到沟通的目的。

实训二：狗仔队。

形式：集体参与，两人一组
时间：15 分钟
道具：无
场地：室内

目的：提高提问和回答的技巧，训练反应能力，促进相互交流。

程序：

① 将所有人进行分组，每组两人。

② 选出在小组里愿意作为 A 的人。

③ 剩下的人为 B。

④ 选 A 的人代表八卦杂志的记者，俗称"狗仔队"，代表 B 的是被采访的明星，A 可以问 B 任何问题，B 必须说真话，可以不回答，时间为三分钟，不可以用笔记。

⑤ 三分钟后角色互换。

规则：A、B 双方只能运用语言交流，不可以用笔记下对方提出的问题。

小提示：

此游戏还可以进行改编，即将原先的分组重新组合，每 6 人一个组，原来的搭档必须仍在同一组，可由 A 扮演 B 的角色，以 B 的身份说出刚刚掌握的 B 的情况，并告诉其他队员；做完之后互换角色，达到小组成员能够迅速地认识同伴并建立良好的关系。

讨论：

① 作为提问者，你是怎样"套"出 B 的真话的？运用了什么交流技巧呢？

② 当被访者不配合你的提问或者只字不语时，你是如何处理的？

③ 作为被访者，你是怎样避开提问者犀利的问题的？

④ 你有办法将提问者引导到有利于你的方向上吗？
⑤ 角色互换后，你们的感觉如何呢？
⑥ 回顾本书中有关沟通技巧的内容，结合此训练，思考一下，你学到了什么？
⑦ 讨论信任在沟通中的作用。

拓展阅读

各国商人谈判风格介绍

世界上不同国家（地区）的商人，由于各国（地区）历史传统、政治制度、经济状况、文化背景、风格习惯，以及价值观念、性格特点等存在明显的差别，谈判活动常常会表现出显著的文化差异与强烈的文化冲突，各国（地区）的谈判者也会表现出不同的谈判风格、不同的为人处事方式。因此，和外商打交道时，应该熟悉各国文化差异，研究跨文化谈判的规律，具体了解谈判对手的价值观、思维方式、行为方式和心理特征，并能巧妙地加以利用，从而掌握谈判的主动权，维护己方的谈判利益乃至国家利益，并有力地促进订单的达成。

1. 北欧

欧洲历史悠久，文化底蕴深厚，经济发展水平居各大洲之首，工业、交通运输、商业贸易、金融保险等在世界经济中占重要地位，在科学技术的若干领域也处于世界较领先的地位，欧洲绝大多数国家属于发达国家，其中北欧、西欧和中欧的一些国家经济发展水平最高，南欧一些国家经济发展水平相对较低。在世界排名前十的最富有国家中，欧洲国家占据了大多数，其中卢森堡和爱尔兰的国民被认为是欧洲最富有的。

此外，丹麦、奥地利、波罗的海国家、英国、比利时、瑞典、法国、芬兰、德国和意大利也位居欧洲最富有国家行列。不仅如此，由于有着深厚的文化、教育、历史背景，欧洲人的素质普遍比较高，有着严谨的工作作风、缜密的思维能力、高效的办事效率、良好的支付能力。这一切奠定了欧洲买家在全球生意人中的良好形象。所以，中国的很多进出口企业、外贸从业人员都非常乐意和欧洲商人打交道。事先对欧洲买家的特点、采购习惯和谈判风格做一些了解，可以帮助你在谈判沟通中应对自如，游刃有余。

北欧国家主要包括丹麦、芬兰、冰岛、挪威和瑞典，和中国商人打交道较多的也是这几个国家。北欧国家政局稳定，人民生活水平较高。由于其良好的宗教信仰、民族地位及历史文化，使北欧人形成了心地善良、为人朴实、谦恭稳重、和蔼可亲、按部就班、沉着冷静的性格特点。

(1) 北欧人显著特征

在生意场上，北欧人有以下几点显著特征。

① 非常注重产品的质量、认证、环保、节能等方面，重视程度高于对价格的关注；心中对价格有上下限，往往一旦报价在此范围内就会同意。

② 低调的性格特点决定了他们不善于交际和言谈，不善于讨价还价，喜欢就事论事，务实高效；谈判风格坦诚，不隐藏自己的观点，善于提出各种建设性方案，追求和谐的氛围。

③ 在付款方式上不喜欢用 L/C，比较倾向于 T/T 和 D/P，因为他们认为自己信誉度

和商业道德高。

(2) 注意事项

在和北欧商人谈判合作时，需要注意以下几点。

① 保证产品的质量，提供环保、节能的产品及包装，提供相应认证，北欧人有着强大的市场购买力，在谈判中，对于高档次、高质量、款式新奇的消费品，他们会表现出很大的兴趣。

② 谈判时注意态度严谨和认真，我们需要考虑如何与其配合。首先，以坦诚的态度对待来自北欧的谈判人员。这可以使谈判双方感情融洽，交流顺畅，形成互相信任的气氛，以推进谈判。

③ 北欧商人性格较为保守，他们更倾向于尽力保护他们现在拥有的东西。因此，他们在谈判中更多地把注意力集中在怎样做出让步才能保住合同，不喜欢无休止地讨价还价，他们希望对方的公司在市场上是优秀的，同时希望对方提出的建议是他们所能得到的最好的建议。

2. 西欧

西欧国家主要包括比利时、法国、爱尔兰、卢森堡、摩纳哥、荷兰、英国、奥地利、德国、列支敦士登和瑞士。西欧经济在欧洲相对而言更加发达一些，生活水平很高，英国、法国、德国这几个世界大国都集中于此，西欧国家也是和中国商人生意往来较多的地区之一。

(1) 德国

从民族特点来看，德国人具有自信、谨慎、保守、刻板、严谨等个性，办事富有计划性，注重工作效率，追求完美。简而言之，就是做事雷厉风行，有军旅作风，所以，看德国人踢足球就感觉是一辆高精密的战车在运转。

德国买家的特点也非常鲜明。

① 严谨、保守、思维缜密。在谈判前做好充分、周到的准备工作，不仅要知道谈判的议题、产品的品质和价格，而且对对方公司的经营、资信情况也会做详尽周密的研究和比较。因此，与德国人做生意，一定要在谈判前做好充分的准备，以便回答关于你的公司和产品的详细问题。同时应该保证产品的质量问题。

② 追求质量和实用主义，讲究效率，关注细节。德国人对产品的要求非常高，所以，供应商一定要注意提供优质的产品。同时在谈判桌上注意要果断，不要拖泥带水，在交货的整个流程中一定要注意细节，随时跟踪货物的情况并及时反馈给买家。

③ 信守合同，崇尚契约。德国人素有“契约之民”的称号，他们对设计合同的任何条款都非常细心，对所有细节认真推敲，一旦签订合约就会严格遵守，按合同条款一丝不苟地执行，不论发生什么问题都不会轻易毁约。所以和德国人做生意，也必须学会信守合同，如果供应商签了合同后，又出现要求更改交货期、付款期等条款的情况，那就是对德国人的大不敬，这很有可能就是你和这位德国商人的最后一笔生意了。

(2) 英国

英国是世界资本主义的发源地，也是最早进行工业革命的国家，曾经在世界上建立起经济、政治和军事霸权，号称“日不落帝国”。虽然自第二次世界大战后开始衰落，但英国人的大国意识很强烈，而且英国人依然保留着岛国民族的特性，比较保守和内敛，加上君主立宪体制历史悠久，英国人特别注重形式利益和按部就班，并且高傲、矜持，尤其是男性给人以绅士的感觉。

英国买家的特点及应对方式主要如下。

① 冷静稳重、自信内敛、注重礼仪、崇尚绅士风度。英国商人一般举止高雅，遵守社会公德，有礼让精神，同时，他们也很关注对方的修养和风度，如果你能在谈判中显示出良好的教养和风度，就会很快赢得他们的尊重，为谈判成功打下良好的基础。英国人的绅士风度常使他们的谈判人员受到自我形象定位的约束，对此如果我方在谈判中以确凿的论据、有理有力的论证施加压力，就会促使英国谈判人员因担心丢面子而放弃其不合理的立场，从而取得良好的谈判效果。

② 喜欢按部就班，特别看重订单且订单循序渐进。所以，中国供应商和英国人做生意时，要特别注意试订单或样品单的质量，因为这是英国人考察供应商的先决条件。如果试订单或样品单可以很好地满足英国买家的要求，他们才会逐步给供应商更多、更大订单的机会，反之，如果第一笔试订单都不能达到其要求，英国人一般就不会愿意再继续合作了。

③ 注意英国买家的性质。很多中国供应商经常在交易会上遇到一些英国买家，交换名片发现上面写着地址是“伦敦唐宁街×××号”，买家住在大城市市中心，但一看这个英国人，并不是盎格鲁-撒克逊白人，而是非洲裔或亚洲裔人，一交谈会发现对方也不是什么大采购商，于是很失望。其实英国是个多民族国家，很多英国大买家并不住在城市里，因为一些有悠久历史、传统的家族企业（如制鞋业、皮革业等）性质的英国裔人，很可能是住在一些庄园、村庄，甚至是古堡里面，所以他们的主旨一般都是诸如“切斯菲尔德”“谢菲尔德”等以“菲尔德(field)”为后缀的地方。所以，这一点需要格外注意，住在乡村庄园里面的英国裔人很有可能是大买家。

（3）法国

一提到法国，人们首先想到的就是“浪漫”，提到巴黎，就和“花都”联系在一起，而且法兰西民族在社会科学、文学、科学技术方面都有着卓越成就。我们应该想一想法国人为何如此浪漫、如此高雅？其实这和法国人从小接受的教育有关，法国人从小到大要学六门必修课，分别是音乐、体育、美术、法国文学、法语和拉丁语。除了后两门是语言之外，其他的课程都和艺术有关，也就是说，法国人从小就在艺术的氛围和熏陶下长大，与生俱来的浪漫天性也就不足为奇了。

所以，面对法国买家，他们的特点和谈判风格就很容易理解了。

① 法国买家一般都比较注重自己的民族文化和本国语言，因此，在进行商务谈判时，他们往往习惯于要求对方以法语来谈判语言。所以要与法国人长期做生意，最好学一些法语，或在谈判时选择一名优秀的法语翻译。法国商人大多性格开朗、十分健谈，他们喜欢在谈判过程中谈些新闻趣事，以创造一种宽松的气氛。多了解一些法国文化、电影文学、艺术摄影等方面的知识，非常有助于互相沟通、交流。

② 法国人天性浪漫、重视休闲、时间观念不强。他们在商业往来或社会交际中经常迟到或单方面改变时间，而且总会找一大堆冠冕堂皇的理由。在法国还有一种非正式的

习俗，即在正式场合，主课身份越高来得越迟。所以，要与他们做生意，就须学会忍耐。但法国人对于别人的迟到往往不予原谅，对于迟到者，他们都会很冷淡地接待。因此，如果你有求于他们，千万别迟到。

③ 谈判中重视合同条款，思路灵活效率高，注重依靠个人力量达成交易。法国商人谈判时思路灵活、手法多样，为促成交易，他们常会借助行政、外交等手段介入谈判；同时喜欢个人拥有较大的办事权限，在进行商务谈判时，多由一个人承担并负责决策，很少有集体决策的情况，谈判效率较高。

④ 法国商人对商品的质量要求十分严格，条件比较苛刻，同时他们也十分重视商品的美感，要求包装精美。法国人从来就认为法国是精美商品的世界潮流领导者，巴黎的时装和香水就是典型代表。因此，他们在穿戴上都极为讲究。在他们看来，衣着可以代表一个人的修养与身份。所以，在谈判时，稳重、考究的着装会带来好的效果。

(4) 比利时、荷兰、卢森堡等国

买家通常稳重、计划性强，注重外表、地位、理解、程序化，讲信誉，商业道德高。卢森堡的买家以中小企业为主，一般回复率较高，但不愿意为物流承担任何责任，通常和我国香港供应商做生意较多。

应对方式：中国供应商在谈判时应该注意趁热打铁，不要因为付款支付方式或运输问题而拒绝对方。

3. 北美

北美国际买家的特点及应对方式主要如下。

① 重视效率、珍惜时间、追求现实利益，重视宣传和外观形象。美国谈判人员重视效率，喜欢速战速决。

② 谈判风格外向豪爽、自信甚至有些自傲。这种坦率外露、善于直接向对方表露出真挚感情的情绪也容易感染别人，对此应充分加以利用，并以相应的态度予以鼓励，以营造良好的谈判气氛，创造成功机会。

③ 对待具体业务、合同时会非常谨慎，重视宣传和外观形象。美国商人既重视商品质量，又重视商品包装。

④ 与美国买家谈判或报价时需要特别注意，应该以整体对整体、报价时提供整套方案、考虑全盘。

4. 南美

南美国际买家的特点分析及应对方式主要如下。

① 固执、个人至上、闲散享乐、重感情。因此，在南美商谈时态度要善解人意，冷酷的举止不适合当地的商谈气氛。但是近几年来，在美国受过商业教育的南美人迅速增加，因此这种商业环境正在逐步改善。

② 缺乏国际贸易知识。从事国际贸易的商人中，也有对信用证付款的观念极为淡薄的人，甚至还有商人希望同国内交易一样用支票付款，有些人根本不了解国际贸易中正式交易的做法。所以，先事先确认商品是否已获得许可，千万不要着手组织生产，以免陷于进退两难的困境。

③ 政局不稳，国内金融政策易变。所以和南美商人做生意用 L/C 时，要特别谨慎，事

先要多多考察其当地银行的资信。同时运用“本地化”策略，注意商会、商赞处的作用。

5. 中东

中东国际买家的特点分析及应对方式主要如下。

① 有家庭观念、重信义交情、固执保守、节奏缓慢。在阿拉伯人看来，信誉是最重要的，谈生意的人必须首先赢得他们的好感和信任，而赢得他们信任的前提是必须尊重他们的宗教信仰，尊重真主阿拉。阿拉伯人的谈判节奏较缓慢，他们不喜欢通过电话来谈生意。从某种意义上说，阿拉伯人的一次谈判只是同他们进行磋商的一部分，因为他们往往要很长时间才能做出谈判的最终决策。

如果为寻找合作伙伴前往拜访阿拉伯人，第一次很可能不但等不到自己期望的结果，还会被他们的健谈所迷惑，有时甚至第二次乃至第三次都接触不到实质性的话题。遇到这种情况，要镇静有耐心。一般来说，阿拉伯人看了某项建议后，会去证实是否可行，如果可行，他们会在适当的时候安排由专家主持的会谈。如果这时你显得很急躁，不断催促，往往会欲速则不达。因为闲散的阿拉伯人一旦感到你把他挤进了繁忙的日程中，他就很可能把你挤出他的日程。另外，阿拉伯人有祈祷的信仰，经常时不时突然跪下向天祈祷，口中念念有词，你也不要对此太意外或不可理解。

② 谈判中肢体语言比较多，喜欢讨价还价。阿拉伯人极爱讨价还价，无论商店大小均可讨价还价。标价只是卖主的标价。更有甚者，不还价即买走东西的人，还不如讨价还价后什么也不买的人受卖主的尊重，阿拉伯人的逻辑是：前者小看他，后者尊重他。市场上常出现的情景是，摆摊卖货的商人会认真对待和处理与他讨价还价的人，即使生意不成也仅是耸耸肩、手一摊表示无能为力。

因此，为适应阿拉伯人讨价还价的习惯，应确立起见价必还的意识，凡是对方提出交易条件，必须准备讨价还价的方案。高明的讨价还价要有智慧，即找准理由，令人信服，在形式上要尽可能把讨价还价做的轰轰烈烈。作为供应商，无论怎么报价，阿拉伯人都会砍价，因为降价是他们的主要目的，所以，在第一次报价时，不妨适当地把价格报高一些，留一些对方砍价的空间，否则报低了就再无降价的空间了。

③ 注意阿拉伯人的谈判习惯和宗教信仰。在商业交往中，他们习惯使用的 IBM 不是指 IBM 公司，而是指阿拉伯语中分别以 I、B、M 开头的三个词语。I 是指因夏利，即神的意志；B 是指波库拉，即明天再谈；M 是指马列修，即不要介意。他们常常以这几个词作为武器，保护自己，以抵挡对方的进攻。

比如，对方已定好合同，后来情况发生变化，阿拉伯商人想取消合同，就会名正言顺地说，这是神的意志。而在谈判中当形势对对方有利时，他们会耸耸肩说：明天再谈吧，等到明天一切又要从头再来。当外商因阿拉伯人的上述行为或其他不愉快的事情而烦恼不已时，他们又会拍着外商的肩膀，轻松地说：“不要介意。”所以，与阿拉伯人做生意，要记住他们的 IBM 做法。

6. 亚洲

亚洲国际买家的特点分析及应对方式主要如下。

(1) 日本买家

① 内向慎重，讲究礼仪和人际关系，自信有耐心。

② 团队精神突出，准备充分，计划性强，注重长远利益。

③ 忍耐坚毅，有时态度暧昧、圆滑，谈判中惯用“车轮战术”和“沉默破坚冰”的方法。

④ 日本商人还有一种观念：产品如果能在本国内做成就绝不从国外进口；如果从国外进口，能从美国进口就绝不从中国进口；但如果需要从中国进口，那就只能从中国进口。

(2) 韩国买家

善于谈判，条理分明，逻辑性强，重视制造气氛。韩国人也比较讲究礼义，在谈判中条理、思路都非常清晰，而且理解和反应能力很强，特别善于制造谈判气氛，其商人一般不苟言笑，态度庄重甚至有些凝重，所以在这种谈判气氛中，供应商应做好充分的准备，调整心态，不要被对方的气势压倒。

(3) 印度和巴基斯坦

在他们看来，中国商人喜欢订单，只要付了订金，中国商人就愿意做这笔订单，而且中国商人忍无可忍的最好解决方法就是自我让步……可谓对中国商人的性格特点了如指掌。同时印巴国际买家善于把握贸易细节，如货在装舱后，他们的买家可以控制对货物入关的处理权等。所以，在应对印巴商人的时候，应该了解对方的信誉，确定贸易术语和付款方式时要格外慎重。

7. 大洋洲

大洋洲国际买家的特点分析及应对方式主要如下。

澳大利亚人特别重视人与人之间的平等，讲究礼尚往来、互不歧视。他们认为谁也不比别人优越，谁也不能藐视别人，人们都是相互服务的，只有分工的不同，不存在高低贵贱之分，理应相互尊重，强调友谊。他们善于往来，并喜欢和陌生人交谈；他们的言谈话语极为重视礼貌，文明用语不绝于耳，谈话总习惯轻声细语，很少大声喧哗。他们的时间观念非常强，对约会是非常讲究信义的，有准时赴约的良好习惯。其商人一般注重效率、沉着安静、公私分明，另外由于进口壁垒较多，澳大利亚买家开始时的订单量一般不会太大，同是对产品的质量要求比较严格。

8. 非洲

非洲国际买家的特点分析及应对方式主要如下。

非洲买家两极分化严重，富的特别富，穷的特别穷；采购数量较少、较杂，但要货会比较急，大多采用T/T、现金的支付方式，不喜欢用L/C。市场对高档消费品的需求较少，对低档消费品的需求较大。有一点需要格外注意，尽管贸易领域存在着不少非洲的诈骗犯，但是很多非洲大买家往往在当地是特权阶级，不仅有钱也很有权。

我们的应对方式是应该尽量了解、分析对方资讯和信誉，多多交谈从而便于自己判断；对于质量好的国际买家，要尽可能争取留住，尤其是那些有特权的国际买家。

(资料来源：http://wenku.baidu.com/view/980b80f80242a8956bece42d.html)

第七章

商务宴请礼仪

【学习目标】

1. 掌握设宴的过程及在设宴过程中的礼仪。

2. 掌握中、西餐礼仪文化知识、掌握中外饮食礼仪知识。

【技能要求】

1. 理解商务宴请礼仪在商务活动中的重要性；

2. 掌握商务宴请程序及相关礼节，开展商务宴请活动，以帮助商务交际活动的顺利进行。

引导案例

某企业在一家海鲜酒楼举办客户答谢宴请。公司老总、办公室员工早早到达等候，距18时30分约定时间还剩10分钟，三桌客人只来了1/3，只得推迟开席20分钟，结果客人还是只来了一半，公司老总只能尴尬地宣布开席。

两小时内，不断有人陆续到场，宴请成了“流水席”。两名结伴而来的女士迟到45分钟，落座后既没有跟主办方道歉，也没有和同桌人打招呼，自顾自吃起来。来得最迟的客人一进门就嚷道：“真不好意思，都怪路上堵车，我只能坐半小时，等会儿还有事……”忙着张罗这次宴请的企业办公室主任沈女士抱怨：“我们公司一个月前就给客人发邀请函，还多次电话确认，希望他们准时赴宴，不料到头来还是这副样子……”

担任销售经理的周锴按时到达，他说这段时间工作很忙、饭局也多，有时宴会时间冲突，有时加班走不开，但他接到邀请，就会把时间地点记在笔记本上，事先确认能否出席，即使要迟到、早退也会提早向主办方说明原因。“看重每一次宴请，是对别人的尊重，也是对自己的尊重。”

案例分析：

赴宴时，守时是最基本的礼仪，这不仅是诚信的表现，而且体现对他人的尊重。

第一节　赴宴礼仪

宴请，作为重要的社交活动，涉及主人、客人双方。不仅主人要注意宴请活动中的礼仪要求，作为客人也应注意赴宴的礼节、礼貌，以向主人和其他来宾展示自己良好的礼仪修养，塑造良好的形象。

一、赴宴前的准备

（一）应邀

接到宴会邀请，能否出席应尽早答复对方，以便主人做出安排。接受邀请后不要随意改动，万一遇到特殊情况不能出席时，尤其作为主宾，应尽早向主人郑重解释、道歉，甚至亲自登门致歉。应邀参加一项活动之前，要核实宴请的主人，活动举办的时间、地点，是否邀请配偶以及主人对服饰等方面的要求。

（二）注意仪容、仪表

出席宴会前，一般应梳洗打扮，女士要适当化妆，男士要梳理头发并剃须。衣着要求整洁、大方、美观，使仪容、仪表打扮符合宴请场合的要求。国外宴请非常讲究服饰，往往根据宴会的正式程度，在请柬上注明着装要求。

在我国虽然没有具体要求，但作为应邀者也应该穿一套合体的整洁服装，容光焕发、精神饱满地赴宴，这将给宴会增添隆重、热烈的气氛。如果夫妇同去赴宴，还应注意服装的式样、颜色等的和谐统一。

二、赴宴中的礼仪

（一）按时抵达

出席宴请活动，抵达时间的迟早、逗留时间的长短，在一定程度上反映对主人的尊重。过早、过迟或逗留时间过短，不仅是对主人的失礼，也有损自己的形象。按时出席宴请是最基本的礼貌。一般来说，出席宴会要根据各地的习惯，正点或提前或晚于规定时间的两、三分钟抵达。身份高者可稍晚些到达，一般客人宜略早些到达。万一特殊原因不能及时到达，应及时通知主人并致歉。

（二）问候

抵达宴会活动地点，如主人已在那里恭迎，则应趋前向主人握手、问好、致意，随主人或迎宾人员引导，步入休息厅或宴会厅。如单独到达，则先到衣帽间脱挂大衣和帽子等衣物，然后前往迎宾处，主动向主人问候，并对在场的其他人微笑点头致意。如果是庆祝活动，还应表示祝贺。

（三）礼貌入座

入座应听从主人安排，不可随意乱坐。若是正式宴会，进入宴会厅之前，应先掌握自己的桌次和座位，入座时注意桌上座位卡是否写有自己的名字，不可坐错座位。如邻座是年长者或女士，应主动协助他们先坐下。

入座后坐姿要端正、自然，不要紧靠在椅背上，更不能把椅子往前倾或往后翘；不可用手托腮或将双臂肘平放在桌上；上身应与座椅位置适中。双脚踏在本人座位下，不可随意伸出影响他人；不可玩弄桌上的酒杯、盘碗、刀叉、筷子等餐具；入座后，可与同席的人随意交谈，等待用餐。

（四）文明进餐

致祝酒辞完毕经主人招呼后，即可开始进餐。就餐时应有愉快的表情，如表现出心事重重的神态、漫不经心的样子，则是对主人和其他宾客的不礼貌。即使菜不对口味，也应吃上一些，而不能皱眉拒绝，这也是对主人的不尊重。

用餐时要讲文明，席间不要吸烟，除非男主人吸烟或向客人递了烟，一般在宴会没有结束前吸烟是失礼的，尤其是有女士在的场合。喝酒要有节制，不要失态。

席间，不可随便宽衣，当众解开纽扣、脱下衣服是不礼貌的。小型便宴时，若主人请宾客宽衣，男宾可脱下外衣搭在椅背上。用餐过程中，一般不可随便离席，若需上卫生间，不可直接说“去卫生间或厕所”之类的话，可以说：“对不起，我出去一下”之类的，即使大家关系很熟悉，也最好用含蓄一点的说法，以示文雅、礼貌。如果咳嗽、吐痰，或有刺卡住，或需将口中食物吐出来等，这时也应暂时离席，否则是不礼貌的。离席时动作要轻，最好不要惊扰他人，更应避免把座椅、餐具等物碰倒。

席间，无论作为客人、陪客或宾客都应与同桌的人亲切交谈，特别是左右邻座，不可静坐不语或只与几位熟人或一两个人交谈。若不认识可自我介绍。席间交谈应注意礼仪、礼貌，与人交谈时，不要先用手碰对方，最好不要隔着第三者交谈；吃东西时不要交谈，如有人跟你说话，应等嘴里的食物咽下后再开口；不要过分地向旁边的女士劝菜而讲个不停；不要对菜肴评论挑剔，也不要抱怨服务员的工作。

与人交谈时声音不要太高，或谈些怪诞离奇、忌讳的话题引人不悦。总之，谈话要掌握时机，要视交谈对象而定，要顾及交谈的内容，讲究交谈的艺术，以增进友情、活跃气氛。

当主人依次向所有宾客敬酒或按桌敬酒后，客人也应向主人回敬或每桌派一位代表到主人餐桌回敬。宾客之间往往也互相敬酒。敬酒时要注意礼节礼貌，不可交叉碰杯。不能喝酒时可礼貌地声明，但不可把杯子倒置，应轻轻按着杯缘。宴会上相互敬酒，表示热烈的气氛，互致友谊。但宾主都应量力而行、适可而止，切忌硬性劝酒、逼酒甚至酗酒，以至饮酒过量而失言失态。

（五）告辞、致谢

参加宴请活动，告辞不宜过早也不宜过迟。如果是主宾，应当先于其他宾客向主人告辞，否则会给其他客人带来不便；也不能太早，否则是对主人的不礼貌。如果是一般客人，则应在宴会结束主宾告辞后，及时向主人告辞，不可因贪杯而拖延不散，也不可因余兴未尽而迟迟不起；但也不能先于主宾告辞，否则对主人和主宾都很不礼貌。

无论是主宾还是普通宾客，一般不要中途退席。若确有急事，应向主人说明，表示歉意，并向其他宾客招呼后再离去，或向主人说明、致歉后轻轻离去，也可事前打招呼，到时悄悄离去。总之，中途退席要有礼貌，应尽量不使主人难堪和心中不悦。告辞时，应礼貌地向主人握手道谢。通常是男主宾先向男主人告别，女主宾先与女主人告别，然后交叉，再与其他人告别。主宾告辞后，一般宾客再用同样方法向主人和其他人握手告别。除主人特别示意作为纪念品的东西外，各种招待品包括点心、糖果、香烟、酒水、饮料等都不能带走。

第二节　中餐宴会礼仪

中国自古为礼仪之邦，讲究民以食为天，饮食礼仪源远流长，是饮食文化的一个重要部分。中餐菜肴以其色、香、味俱全盛行中外，品种繁多，风味各异，是全人类共有的财富。许多外宾也非常喜欢中餐，不论在国内或国际交往中，中餐宴会都是经常举办的商务宴会形式。

一、中餐宴会的座次排列

中餐宴会的座次排列体现了来宾的身份和主人对宾客的礼遇，宾主双方都非常重视。礼宾次序和国际惯例是中餐宴会安排席位的主要依据。

举办中餐宴会一般使用圆桌，宴会的主人坐在主桌上，面门就座；同一张桌上位次的尊卑根据距离主人的远近而定，以近为上，以远为下；同一桌上距离主人相同的位次，排列顺序以右为尊，以左为卑。每张餐桌一般安排 10 人以内的就餐人数，并且应为双数。

每张餐桌的座次具体安排分以下两种情况。

（一）一个主位的座次排列

每张餐桌上只有一个主人，主宾和副宾分别在其右手和左手就座，形成一个谈话中心，如图 7-1 所示。

（二）两个主位的座次排列

如果夫妇二人同坐一桌，以男主人为第一主人，女主人为第二主人，主宾和主宾夫人分别坐在男女主人的右侧，桌上形成两个谈话中心，如图 7-2 所示。

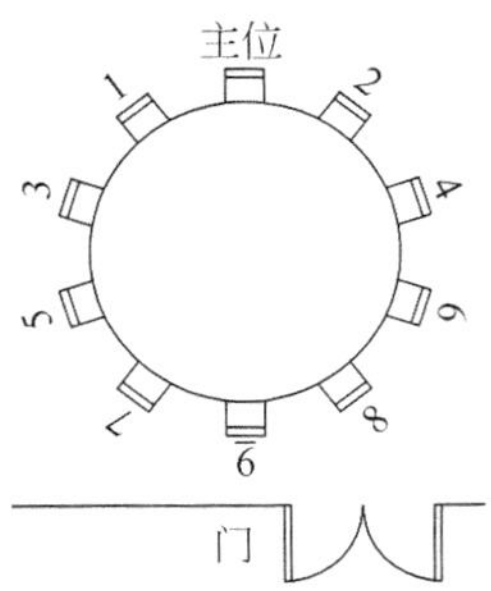

图 7-1　一个主位的座次安排
（资料来源：http://blog.sina.com.cn/s/blog_54b64b010100frsf.html）

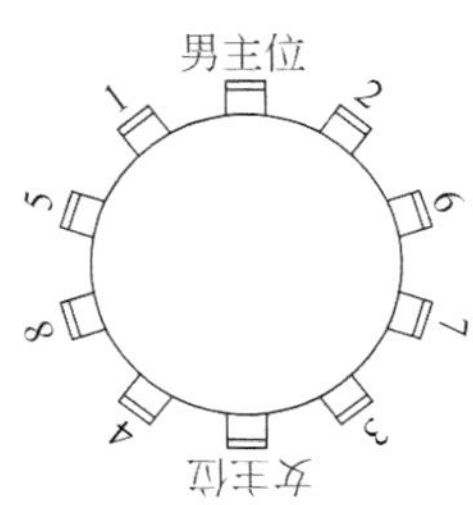

图 7-2　两个主位的座次排列
（资料来源：http://blog.sina.com.cn/s/blog_54b64b010100frsf.html）

为了便于宾客及时准确地找到自己的位次，除安排服务人员引导外，还可以在桌子上事先摆放座位卡，在上面用中、外文两种文字书写清楚就餐者的姓名。

二、中餐宴会的桌次排序

举办中餐宴会时餐桌的排列也是商务接待人员要注意的问题。

（一）两桌的小型宴会

两只餐桌横排时，桌次以右为尊，以左为卑。左与右方位的确定是以面对正门的位置为准；两桌竖排时，桌次以距离正门远的位置为上，以距离正门近的位置为下。

（二）多桌宴会

除了要注意遵守两桌排列的规则外，还应考虑距离主桌的距离，即距离主桌越近，桌次越高；距离主桌越远，桌次越低。

在安排桌次时，除主桌可以略大之外，其他餐桌的大小、形状大体相仿，不宜差别过大。

三、上菜顺序与就餐方式

（一）中餐的上菜顺序

1. 茶水

茶水待客是中国人常用的待客方式，餐前等待时，一般先上一杯清茶。

2. 开胃菜

通常是四种冷盘组成的大拼盘，有时种类可多达十种。

3. 热炒

有时冷盘上完之后，接着上四种热盘。有时热盘多半被省略。

4. 主菜

紧接在开胃菜之后，又称为大件、大菜。如菜单上注明有“八大件”表示共有八道主菜。主菜的道数通常是四、六、八等偶数，因为中国人认为偶数吉利。在豪华的餐宴上，主菜有时多达十六道或三十二道，但一般是六道至十二道。

5. 点心

点心指主菜结束后所供应的甜点，如蛋糕等。

6. 水果

上水果意在爽口、消油腻。

（二）就餐方式

中餐宴会的具体就餐方式分为以下几种。

1. 分餐式

在就餐时为用餐者提供的主食、菜肴、酒水及其他餐具一律每人一份，分别使用，一般由服务员用小碟盛放。此种形式尤其适用于正式宴会。

2. 布菜式

在就餐时，将菜肴用大盘盛放，由服务人员托菜盘依次放入每人的食碟中，剩余的部分放在餐桌上供宾客自行取用。这种就餐方式既卫生，又照顾到不同口味人士的需要，是宴会上经常采用的就餐方式。

3. 公筷式

用餐时，将菜肴和食品用大盘盛放，用餐者使用公用的餐具，适量取食，取餐时忌用自己使用过的筷子和汤勺。这种就餐方式适用于一般的宴会。

除此之外，还有混餐式，即用餐者根据自己的口味，用自己的餐具直接从盛饭菜的大盘中取食。这是中国传统的用餐方式，但是不适用于正式的宴会。

四、用餐要求

根据中餐的特点和食用习惯，并表示对同时用餐者的尊重，参加中餐宴会时要注意以下几点：上菜后，要等主人邀请，等主宾动筷时再拿筷子用餐。取菜时要相互礼让，不要争抢，取菜要适量。

小贴士　　就餐时用筷禁忌

迷筷，拿着筷子犹豫不决夹哪道菜。

架筷，用完筷子不将筷子放在筷架上，而架在碗碟上。

探筷，用筷子在碗盘里翻找。

滴筷，在夹汤汁多的菜肴时用筷子抖掉汤汁。

插筷，把筷子竖插在食物上面。

敲筷，用筷子敲打碗盘的边缘。

塞筷，一次性夹着多种菜肴塞到口中，这样的做法显得非常狼狈。

空筷，已经用筷子夹起了食物，但是不吃又放回去。

舔筷，用舌头去舔筷子，不论筷子上是否残留着食物。

摩筷，拿着筷子相互摩擦筷尖。

转筷，用筷子在汤碗中不断搅拌混合。

寄筷，用筷子将碗挪到自己面前。

指筷，和人交谈时，一边说话一边像指挥棒似地挥舞着筷子，甚至用筷子指着别人，而不将筷子暂时放下。

用餐时宾客之间可以相互让菜，以示友好热情。但切忌擅自做主为他人夹菜。不知对方是否喜欢，主动为他人夹菜、添饭，则会让客人为难。

在用餐时不要在菜盘中挑挑拣拣，挑肥拣瘦。取菜时，看准后立刻夹起取走，不要夹起来又放下，或者取走又放回去。

吃饭要端起碗，应该用大拇指扣住碗口，食指、中指、无名指扣碗底，手心空着。不把碗端起来而是趴在桌子上对着碗吃饭是非常不雅观的。

遇有意外，如不慎将酒、水、汤汁溅到他人衣服上，应立即致歉，及时处理。但不必恐慌赔罪，反使对方难堪。

用餐的时候，不要当众修饰。比如，梳理头发、化妆补妆等。如有必要可以去化妆间或洗手间。

如果需要为别人倒茶倒酒，要记住“倒茶要浅，倒酒要满”的礼仪规则。

用餐后，必须等男、女主人离席后，其他宾客方可离席。

第三节　西餐宴会礼仪

所谓西餐是指对西方国家餐饮的一种统称，其基本特点是要用刀叉进食。西餐大致可以分为两类：一类是以英、法、德、意等国为代表的“西欧式”，又称“欧式”，其特点是选料精纯、口味清淡，以款式多、制作精细而享有盛誉；二是以苏联为代表的“东欧式”，又称“俄式”，其特点是味道浓，以咸、酸、甜、辣皆俱而著称。

此外，还有在英国菜基础上发展起来的“美式”西餐等。总之，西餐烹饪和使用方法与中餐有很大的不同，体现了一种西方文化，掌握西餐宴会礼仪对于商务人员很重要。

一、西餐宴会的座次排列

同中餐相比，西餐的座次排列既有许多相同之处，也有区别。西餐宴会的座次排列要遵循以下规则。

（一）女士优先

排定用餐座次时，一般女主人是第一主人，在主位就座。男主人为第二主人，坐在女主人的对面，即第二主人的位置。

（二）以右为尊

排列座次时，以右为尊是基本原则。在西餐排列座次时，男主宾要排在女主人的右边，女主宾要排在男主人的右侧，按此原则依次排列。

（三）面门为上

就餐时，以餐厅门为参照物时，面对餐厅正门的位置是餐厅中地位最高的位置。

（四）交叉排列

西餐座次排列讲究交叉排列，即男女应当交叉排列就座，熟人和陌生人也应当交叉就座。这样一个就餐者的对面和两侧往往都是异性和不熟悉的人，这样可以扩大交际面。

二、西餐上菜顺序

由于饮食习惯的不同，西餐的上菜顺序与中餐有明显的不同。正规的西餐宴会，其上菜顺序既复杂又讲究。一般情况下，完整的西餐正餐由下列八道菜肴组成。

（一）开胃菜

开胃菜即大开胃口的菜，也叫头盆、前菜。一般是由蔬菜、水果、海鲜、肉食所组成的拼盘。

（二）面包

西餐正餐面包一般是切片面包，食用时根据个人口味涂上黄油、果酱或奶酪。

（三）汤

西餐中的汤有两大类，即浓汤和清汤。汤有很好的开胃作用，喝汤才算是吃西餐的开始。

（四）主菜

主菜的内容十分丰富，包括水产类菜肴、畜肉类菜肴、禽肉类菜肴和蔬菜类菜肴。正式的西餐宴会一般会上一道冷菜、两道热菜。两道热菜中，一般先上鱼菜，由鱼或虾以及蔬菜组成；另一个是肉菜，多为烤肉配以蔬菜。

（五）点心

吃过主菜后，一般会上一些蛋糕、饼干、三明治等西式甜点。

（六）甜品

最常见的甜品有冰激凌、布丁等。

（七）水果

吃完甜品，一般还要摆上新鲜时令的新鲜果品。

（八）热饮

宴会结束前，要为用餐者提供热饮，一般为红茶或咖啡，以帮助消化。

从实际情况看，西餐业在不断发生着变化，比较简单的西餐一般包括开胃菜、汤、主菜、甜品、热饮。

三、西餐餐具的使用

使用刀叉进餐是西餐最重要的标志之一。西餐的主要餐具除了餐刀餐叉之外还有餐匙、餐巾等。

（一）餐刀餐叉

享用西餐正餐时，一般情况下用餐者的面前摆放的刀叉有吃黄油所用的餐刀，它一般横放在用餐者的左手正前方；吃鱼和吃肉所用的刀叉一般分别纵向摆放在用餐者前面餐盘的两侧，餐刀在右，餐叉在左；吃甜品所用的刀叉一般横放于用餐者面前餐盘的正前方，应最后使用，如图 7-3 所示。

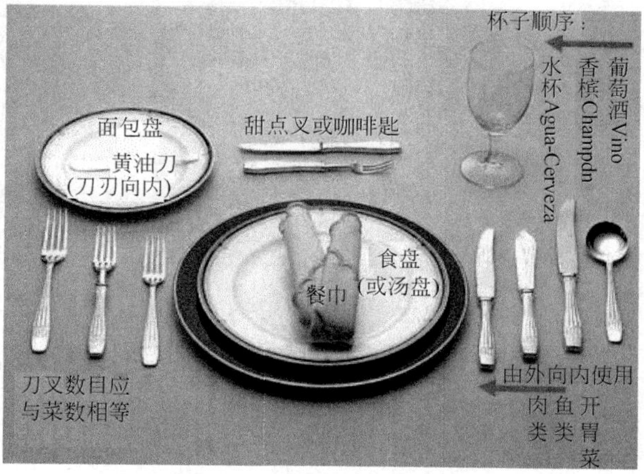

图 7-3　西餐餐具摆放

（图片来源：http://forum.china.com.cn/thread-1902884-1-179.html）

使用刀叉，一般有如下两种最常规的方法：

① 英国式。它要求进餐时，始终右手拿刀，左手拿叉，一边切割，一边食用。

② 美国式。它要求右刀左叉，先把餐盘里要吃的东西全部切割完毕，然后把右手的餐刀斜放在餐盘前方，将左手中的餐叉换到右手里，然后再食用。在使用刀叉用餐时，无论是采用哪种进餐方法都要注意，在切割食物时不要发出声响，将餐刀临时放下时，不可刀口朝外，掉在地上的刀叉切勿再用。

（二）餐匙的使用

在西餐的正餐里，一般会出现多把餐匙，它们形状不同，用途不同。一般个头较大的餐匙叫作汤匙，通常摆放在用餐者右侧的最外端，与餐刀并列纵放。个头较小的餐匙叫作甜品匙，一般横向摆放在吃甜品所用刀叉的正上方。

使用餐匙时要注意以下几点：

① 餐匙只可以用来饮汤、吃甜品，绝不可以直接舀取任何主食或菜肴。

② 不可将餐匙插入菜肴、主食或者直立于甜品、茶杯中。

③ 使用餐匙时，要尽量保持其干净清洁。

（三）餐巾的使用

西餐正餐中使用的餐巾，通常会被叠成一定的图案，放置于用餐者右前方。在使用时，应将餐巾平铺于并拢的大腿上，可将餐巾叠成三角形或对折，以方便使用。

使用餐巾时应注意以下几点：

① 需要交谈时，应先用餐巾轻轻擦拭嘴巴，以保持清洁。

② 如果进餐时需要剔牙，应当用餐巾挡住口部，使用完毕再放于原位。

如图 7-4 所示。

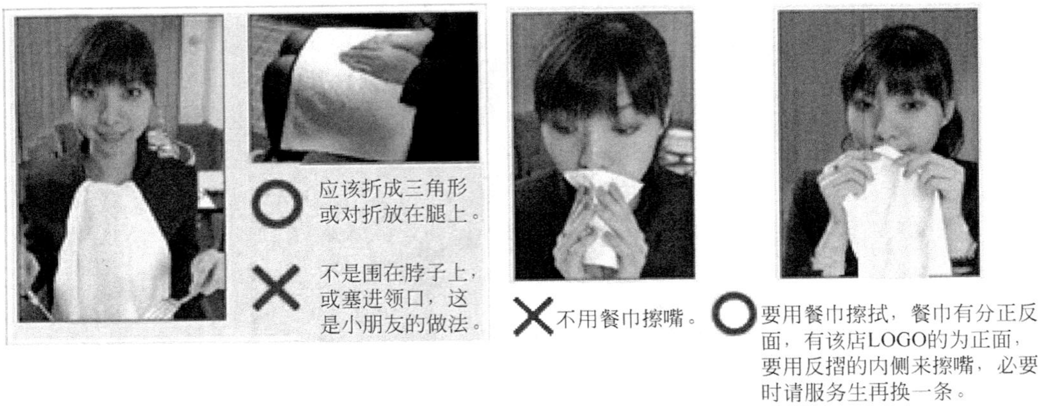

图 7-4　餐巾的正确使用方法

（图片来源：http://image.so.com/i?ie=utf-8&q=西餐餐巾使用&src=tab_se）

四、席间礼仪

由于西餐主要是在餐具、菜肴、酒水等方面不同于中餐，因此，参加西餐宴会有必要了解和掌握以下方面的礼仪知识。

① 进餐时，可用刀、叉、匙，有时也可用手取食。如吃鸡、龙虾时，经主人示意，可用手撕着吃。此外，对于饼干、薯片或小粒水果，也可以直接用手取用。食用面包一律用手，取用时最好用左手拿取，右手撕开，再把奶油涂抹上去，小块食用。

② 喝汤时，不能吸着喝，先用汤匙由后往前将汤舀起，汤匙的底部放在下唇的位置将汤送入口中，身体的上半部略微前倾。不可端盘喝汤，也不能发出响声，也不可频率太快。

③ 吃肉类或鱼时，要特别小心，用餐叉按住后，慢慢用餐刀切，切好后再用餐叉送入口中。切忌用叉子将食物整个叉起，送到嘴里食用。这类菜盘中一般配有生菜，往往是用于点缀和增加食欲的。

④ 吃水果时，如苹果等不要整只去咬，而应将水果切成小块，用牙签扎在上面然后取用。吃香蕉则应剥皮后整只放在盘子里，用刀叉切开，一块一块地取食。

⑤ 吃甜点时，冰激凌一般配有专用小勺，当和蛋糕、馅饼一起作为主餐的一部分时，则要使用甜点叉和甜点勺。

吃西餐时相互交谈是很正常的现象，但切忌大声喧哗，放声大笑。吃东西时应细嚼慢咽，咀嚼时不可发出声响，不可把刀叉伸进嘴里，更不可拿着刀叉在别人面前挥舞，这都是十分失礼的行为。

饮酒时，不可把酒斟得太满，也不要向别人劝酒。刚吃完油腻的食物，最好先用餐巾擦拭嘴巴再去喝酒，免得将杯子弄脏。干杯时，即使不喝也要将酒杯在嘴唇边碰一下，以示礼貌。

总之，西餐极其重视礼仪要求，只有认真理解和掌握才能在就餐时显得温文尔雅，颇具风度。

小贴士

西餐中的各种酒杯如图 7-5 所示。

波尔多红酒杯　勃艮第红酒杯　甜酒杯　香槟杯　长相思杯　白兰地杯　ISO杯

图 7-5　西餐中的各种酒杯

（图片来源：http://www.winex-sh.com/M_hjktshow_1_450.html）

1. 波尔多红酒杯

适用于波尔多红葡萄酒，因为波尔多红酒酸和涩味较重，所以要求具有杯身长且杯壁不很垂直的郁金香杯形，杯壁的弧度可以有效调整酒液在口里的扩散方向，较宽的杯口可以更好地适应波尔多渐变的酒香。握杯时通常握在杯体和杯脚相连之处。

2. 勃艮第红酒杯

勃艮第红酒果味浓厚，需要在口腔里停留，大肚子的球形正好可以满足葡萄酒先到舌尖之后扩散的作用，实现果味与酸味的充分交融，另外向内收窄的杯口可以更好地凝聚酒香；而较大的杯口适合于把鼻子伸进去闻香。

3. 甜酒杯

矮小的杯体和较甜的餐后葡萄酒堪称绝配，这之中包括自然发酵的甜白葡萄酒和加强型的波特酒、雪莉酒等。外翻的杯口将酒味很好地聚集在舌尖，让果味的甘甜发挥的淋漓尽致。

4. 香槟杯

细长的杯型适用于气泡酒，杯身纤细可以让气泡有足够的上升空间，杯底的尖点会让气泡丰富且漂亮。也可用于冰酒。

5. 长相思杯

用于低温状态下的白葡萄酒，为防止温度上升，酒杯为小体型。长相思酒的酒体清淡或适中，通常为干型，而长相思酒杯瘦窄的杯身正可以减少酒与空气的接触，令香气更加持久。

6. 白兰地杯

白兰地(Brandy)是以水果(通常是葡萄)为原料，经发酵、蒸馏制成的酒，类似中国的“烧酒”。薄边的矮脚大肚杯，杯口稍微狭窄，能留住酒香，扼制香气并让香气朝向鼻子。饮干邑(法国干邑或周边地区生产的一种用葡萄酿造的白兰地，且必须在法国橡木桶中密封酿制2年)的杯要能让人舒适地握在手里,不要用太深或太瘦长的杯。玻璃的厚薄也是很要紧的,它要能通过手温,让芳香气味缓缓地散发出来。握杯时置于两手间搓动,再用手心暖杯。

7. ISO杯

国际标准品酒杯,杯脚高5～6cm,酒杯口小腹大,杯形如郁金香。杯身容量很大,这使得葡萄酒在杯中可以自由呼吸;略微收窄的杯口设计,是为了让酒液在晃动时不会溅出来,且使酒香能聚集杯口,以便品味鉴赏酒香。

(资料来源:http://www.zhihu.com/question/34626000/answer/59718718)

复习思考题

1. 简述中西餐上菜顺序。
2. 如何正确地使用西餐的餐具?

实践课堂

案例1

最近这段时间大家工作都很辛苦,为了感谢大家,昨天单位的刘总经理请我公司员工吃饭,地点随大家挑选。公司的女孩们挑了川菜馆。其实,那位总经理是不吃辣的。

我和几位男同事随刘总经理先行一步到了川菜馆,总经理点完菜后,大家就等那些女孩。等了很长时间,终于来了,很是热闹。入座后,刘总说:"你们怎么才来,等你们那么长时间。"一女孩说:"应该是我们等你才对,说好5点的,结果6点才叫我们来。"(其实刘总只是说晚上请大家吃饭,没说几点)之后抢白开始,无论老总说什么,她们都一概一顿抢白,到后来刘总只能说:"是、是,对、对、对"了。

点饮料时,一个女孩说要酸奶。刘总开玩笑说:"酸奶太贵了,先喝了酒再说,不如来十瓶啤酒。"结果另一个女孩马上说:"十瓶就十瓶,要××牌的(当地最贵的)。"

开始喝酒时,刘总说:"第一次干杯后,第二杯随意。"半斤的杯子,等我干完后,一阵反胃,头晕得不行。结果有个女孩要求第二杯也干了,我实在不行了,就偷偷把第二杯倒了。结果被一个女孩看见了,一定要我喝三杯。之后,她们开始轮番地敬刘总,刘总没吃菜也没吃饭,到后来也不行了。刘总说,穿插一下,他等会儿再喝。于是有女孩就转向我,非让我跟刘总干一个。我说:"我真的不能喝了。"

她们还是不放过我,后来我脸都沉下来了,她们居然还是不甘心,非让我和刘总喝一个。刘总连连给我使眼色,叫我不要喝。其实我明白,首先他也喝不了了;其次他也知道我的酒量不行,劝我别喝。幸亏这时来电话了,我躲过一劫。等我打电话回来,她们已经开始吃饭了,刘总表示再点几个菜。于是她们就每人点了一个菜,等菜一上来,都放在自己面前自顾自地吃起来,完全不理会夹不到菜的人。

因为刚才吃得太起劲,有的人说热了,就当众解开纽扣脱下外面的衣服。饭吃到差不多了,一个女孩又开始让我跟刘总干杯,又要了两瓶啤酒,当时我已难受得不行,心跳加速,直打哆嗦。刘总本不想让我喝了,结果她们一顿抢白,强行要拿我的杯子。我当时一怒，就把杯子倒扣了。结果刘总单独被灌了两杯，大家不欢而散。我和刘总各自摇晃着回家了。

思考题：

1. 吃饭的地点，应选择什么地方？
2. 如何注意饭桌上的气氛和交流？
3. 劝酒应注意什么？
4. 请写出案例中你认为的不妥行为。

案例 2

一次上午宴会中，客方的一位女秘书，容貌靓丽，着装、谈吐得体，很引人注目。但是其无论是喝水还是喝酒，都在杯沿上留下了明显的口红印痕，令很多想与之攀谈的男士望而却步。

思考题：请结合案例谈谈你对此现象的看法。

分析参考：

一处细节上的不得体往往导致所有的努力付之东流。一个人除了服饰包装以外，还要注意言谈举止，尤其是在餐饮上的礼仪规范。不管是喝水还是喝酒，口红印都不能留在容器上。最好的办法是挑选不脱色的口红。

实训练习

将学生分成 10～15 人一组，部分学生为主人，另一部分学生为客人，进行中西餐迎客、座次、就餐的模拟练习，然后进行角色调换，再次进行练习。

实训题：

1. 你将作为工作人员接待外地来的业务对象，对方是女士，请谈谈你的接待方案。
2. 你要参加朋友的宴请，你会做哪些准备。
3. 和几位同学一起去西餐厅就餐，实践应注意的礼节。

拓展阅读 1

李云在一家著名跨国公司的北京总部做总经理秘书工作，中午要随总经理和市场总监参加一个工作午餐会，主要是研究未来一年市场推广工作的计划。这不是一个很正式的会议，主要是利用午餐时间彼此沟通一下。李云知道晚上公司要正式宴请国内最大的客户张总裁等一行人，答谢他们一年来给予的支持，她已经提前安排好了酒店和菜单。

午餐是自助餐的形式，与总经理一起吃饭，李云可不想失分，在取食物时，她选择了一些都是一口能吃下去的食物，放弃了她平时喜爱的大虾等需要用手帮忙才能吃掉的美食。她知道自己可能随时要记录老板的指示，没有时间去补妆，而总经理是法国人，又十分讲究。

下午回到办公室，李云再次落实了酒店的宴会厅和菜单，为晚上的正式宴请做准备。算了算宾主双方共有 8 位，李云安排了桌卡，因为是熟人，又只有几个客人，所以没有送请柬，可是她还是不放心，就又拿起了电话，找到了对方公关部李经理，详细说明了晚宴的地点和时间，又认真地询问了他们老总的饮食习惯。李经理说他们的老总是山西人，不太喜欢海鲜，非常爱吃面食。李云听后，又给酒店打电话，重新调整了晚宴的菜单。

李云还是决定提前半个小时到酒店，看看晚宴安排的情况并在现场做点准备工作。到酒店后李云找到领班经理，再次讲了重点事项，又和他共同检查了宴会的准备。宴会厅分内外两间，外边是会客室，是主人接待客人小坐的地方，已经准备好了鲜花和茶点，里边是宴会的房间，中餐式宴会的圆桌上已经摆放好各种餐具。

李云知道对着门口桌子上方的位子是主人位，但为了慎重从事，还是征求了领班经理的意见。从带来的桌卡中先挑出写着自己老板名字的桌卡放在主人位上。再将对方老总的桌卡放在主人位子的右边。想到客户公司的第二把手也很重要，就将他放在主人位子的左边。李云又将自己上司，市场总监的桌卡放在桌子的正首位上，再将客户公司的两位业务主管分放在他的左右两边。为了便于沟通，李云就将自己的位子与公关部李经理放在了同一方向的位置。

应该说晚宴的一切准备工作就绪了。李云看了看时间还差一刻钟，就来酒店的大堂内等候。提前10分钟看到了总经理一行到了酒店门口，李云就在送他们到宴会厅时简单地汇报了安排。李云随即又返身回到了酒店大堂，等待着张总裁一行人的到来。几乎分秒不差，她迎接的客人准时到达。

晚宴按李云精心安排的情况顺利进行着，宾主双方笑逐颜开，客户不断夸奖菜的味道不错，正合他们的胃口。这时领班经理带领服务员像表演节目一样端上了山西刀削面。客人看到后立即哈哈大笑起来，高兴地说道，你们的工作做得真细致。李云的总经理也很高兴地说，这是李云的功劳。

看到宾主满意，李云心里暗自总结着经验，下午根据客人的口味调整菜单，去掉了鲍鱼等名贵菜，不仅省钱，还赢得了客人的好感。

分析参考：

一个宴请，有时候可以改变人的一生；一次筵席，甚至可以影响职业生涯的成功与失败。如果将事业看作一场盛宴，那么，要掌握其中的玄机也要从掌握一张餐桌的礼仪开始。

提示1：

自助午餐会：尽量不要取麻烦的食物。

自助餐礼仪：自助餐酒会有它自己的特点，它不像中餐或者西餐的宴会，大家分宾主人席，直接就开始用餐的过程，通常自助餐不牵扯座次的安排，大家可以在这个区域中来回地走动。在和他人进行交谈的时候，口中应尽量避免咀嚼食物，也不要在谈商务的时候吃一些很费力的食物，另外尽量避免浪费。

提示2：

正式宴请：提前沟通安排高潮出彩。

宴请的组织工作很多。首先要做好准备工作，在明确宴请的目的、对象、时间和地点以后，应该与宴请的举办场所进行确认。同时根据客人的具体喜好和宴请的预算合理确定菜单。在宴请前进行周密的现场布置，特别是要按照双方的人数、身份等安排好席位，排放桌卡以显重视。然后在宴请时做好引导和介绍工作，照顾主客的需要。

拓展阅读 2

岁末宴请，考验餐桌礼仪

年终岁末，亲友聚会、商务宴请频繁。赴饭局时，您是否有过这样的经历：个别客人大声喝汤吃面，夹菜时总不记得用公筷，每次喝酒总有人酩酊失态……饭桌上的种种不雅举动，或多或少会破坏气氛，让人觉得索然无味。

对饮不节制，失礼又失态

最近，有一段顺口溜在网上广为流传："酒，装在瓶里像水，喝到肚里闹鬼，说起话来走嘴，走起路来闪腿，早上起来后悔，中午酒杯一端还挺美……"虽有些夸张，对人们酒后失态的刻画却入木三分。

对于人们酒后的种种失态，南京东路某酒店大堂经理刘先生几乎每天都能见到。他告诉记者，元旦至春节这段时间，类似情况最多见。有人劝酒时，一开始称兄道弟，喝多了就恶言相对、突然反目，还有人在酒桌上时哭时笑、呕吐不止，甚至睡着后滑到桌子底下。

一家酒楼的包房里传出响亮的谈笑声，走到门口一看，一桌人正一边互相敬酒一边猜拳，酒越喝越多，猜拳声也越来越响，其他客人和服务员经过时，总要朝里面张望一下。不一会儿，猜拳声变成了吵架声，两名面红耳赤的男子互相指责对方耍赖皮，在座几名喝得不多的连忙起身劝说，席中两名女士见状显得有些尴尬，忙起身先行"撤退"。

包厢服务员透露，这桌人是酒楼的常客，都是一家企业的同事，他们 3 小时里喝了 1 瓶白酒、12 瓶啤酒，几乎每次都不醉不归。一小时后，一名男子在两人搀扶下摇摇晃晃出了酒楼，其他顾客避之不及。

中国的饮酒文化源远流长，劝酒也是由来已久，但饭局喝酒应讲个度，喝得酩酊大醉，不但有失风度，也给亲朋好友带来麻烦。饭局主人最好控制好场面，自己不喝醉的同时也要劝别人少喝。

来宾迟到早退，宴请成"流水席"。

赴饭局最怕席间有人吃相不雅，扫了所有人的雅兴。不会用公筷，独享一锅汤。

公务员许小姐对前不久的一次机关聚餐记忆犹新：同事中有人吃饭声音特别响，喝汤时发出"嘶嘶嘶"的声音，尝到好吃的菜肴，嘴巴还会"咂咂"作响，同桌人纷纷侧目，可又不好意思提醒他。

一家企业的会计谢先生告诉记者，前不久参加朋友的生日宴会，有位女士的吃相也不雅观。吃长寿面时，她用筷子把面条夹到半空，随即转动筷子，把大半碗面条都卷到筷子上才开始下口，汤汁都溅到周围。此外，喝汤时，别人都用公勺，只有她把自己的小勺伸进汤锅，导致其他人都不再喝汤了。

赴宴时，使用公用餐具取食是最基本的礼仪，主人为每一道菜肴准备公筷或公勺，无形中对就餐者提出了礼仪要求。

第八章

谋职礼仪

【学习目标】

1. 明确谋职礼仪要求对求职者发展的重要意义和影响。
2. 重点掌握职场面试各环节礼仪的具体言行要求和标准。
3. 领会面试过程中各方面礼仪标准使用的角度和尺度。

【技能要求】

1. 学会运用谋职礼仪知识，撰写求职简历和求职信，做好谋职准备。
2. 注重培养谋职的仪容仪态礼仪，为自身赢得发展机会与树立良好形象。
3. 重点掌握面试过程中展现自身良好形象的言行举措，以及求职过程中良好行为习惯的养成，强化对各方面禁忌的防范。

引导案例　　　　**人生的四张名片礼**

一家公司招聘公关部经理，有一百多人报名应聘。最后，一个仅有中专文凭的小伙子有幸被公司选上了。在应聘者中，这位小伙子的文凭最低，为什么会选他呢？人们感到不解。总经理是这样解释的：因为他随身携带的四张人生名片，让我最后选定他，他在门口蹭掉脚下带的土，进门后随手关上门；当看到一位残疾老人时，他立即起身让座；进了办公室他先脱去帽子；回答问题他总是机智幽默。

（资料来源：http://www.360doc.com/content/10/0527/13/705089_29781044.shtml）

案例分析：

他在门口蹭掉脚下带的土，进门后随手关上门，这说明他是一个有"心"的人。一个有心的人，才不致因疏忽人际关系小节而产生人与人之间的芥蒂。当看到一位残疾老人时，立即起身让座，说明他是一个有"德"的人。一个有德的人，才能把握好做事的分寸。进了办公室他先脱去帽子，这说明他是一个有"礼"的人。一个尊重别人的人，才会得到别人的尊重。回答问题他总是机智幽默，这说明他是一个有"智"的人。一个充满智慧的人，在处理人际关系时，才能化干戈为玉帛，化腐朽为神奇。大学生求职应聘是人生中相当重要的一步。想一举成功，除了要具备良好的专业素质以外，掌握求职应聘礼仪将会起到事半功倍、锦上添花的作用。

何谓求职应聘礼仪？它是指求职者在求职应聘过程中必须遵守的行为准则和礼仪规范。一般通过求职者的应聘资料、语言、仪态举止、仪表、着装打扮等方面可以看出其内在素质。

第一节　谋职准备期礼仪

找到一个能发挥所长、工资水平高、福利待遇好、未来发展空间大的工作，是每一个求职者的最大心愿。这需要我们做好充分准备。

一、做好职业定位

职业定位，就是清晰地明确一个人在职业上的发展方向，它是人们在整个生涯发展历程中的战略性问题，也是根本性问题。具体而言，从长远来看是找准一个人的职业类别，就阶段性而言是明确所处阶段的对应的行业和职能，就是说在职场中自己应该处于什么样的位置。

（一）职业定位内容

1. 定位方向——找准职业定位和发展方向

要先行挖掘自己的职业气质、职业兴趣、职业能力结构等方面的因素，找到自己的职业潜力集中在哪个领域，只有找准方向才能最大限度地开发和发掘自己的潜力。

2. 定位行业——看清目标行业的发展趋势

主动、全方位地了解目标行业现状和前景，毕竟朝阳行业才更有前途，也有更多的机会。俗话说隔行如隔山，不能仅仅靠报纸或者杂志介绍，比较理想的做法是向当下已在该行业供职的朋友打听，以便获得可靠的消息，需要了解的内容包括升迁制度、薪资状况等方面，多多益善。

3. 剖析自我——认清自己的优势和不足

不能准确地为自己定位，不清楚自己的强项和弱项，只是盲目跟风或跟着感觉走是绝对不行的。要明确自己的优势在哪里，这些优势是否足以帮助你在新的行业站稳脚跟，自己的弱点在哪里，有什么方法可以尽快提升。可试着从以下几个主要因素来分析：

① 我喜欢做什么（主要包括职业兴趣、职业价值观等）。

② 我适合做什么（主要包括职业性格、气质、天赋才干、智商情商等）。

③ 我擅长做什么（主要包括职业能力倾向，比如言语表达、逻辑推理、数字运算等）。

④ 我能够做什么（主要包括自己掌握的专业知识、技能和工作）。

（二）职业定位方法

职业定位是自我定位和社会定位两者的统一，一个人只有在了解自己和了解职业的基础上才能够给自己做准确的定位。

① 要了解自己。主要是核心价值观念、动力系统、个性特点、天赋能力、缺陷等。方法：可以自我探索，可以请他人做评价，可以借助心理测验——充分地了解自己。

② 要了解职业。包括职业的工作内容、知识要求、技能要求、经验要求、性格要求、工作环境、工作角色等。方法：询问业内的专家达 10 名以上，参照业内成功人士。

③ 要了解自己和职业要求的差距，需要仔细比较各个方面要求的差距。你可能会有多种职业目标，但是每个目标带给你的好处和弊端不同，需要根据自己的特点仔细权衡选择不同目标的利弊得失，还要根据自己的现实条件确定达到目标的方案。

④ 要确定如何把自己的定位展示给面试官和上司。确定了自己的职业取向和发展方向之后，需要采用适合的方式传达给面试官或者上司，以此获得入门和发展的机会。

二、 求职简历与求职信礼仪

（一）求职简历的内容

1. 个人情况

① 个人基本资料，包括姓名、性别、民族、出生年月等。

② 学业情况：毕业学校、所学专业、学历水平等。

③ 本人经历：主要担任社会工作和实习经历。

④ 所获荣誉：三好学生、优秀团员、优秀学生干部、奖学金等。

⑤ 个人特长：外语、计算机、驾驶、文艺体育等。

个人信息中最重要的是你的能力和表现，你曾经做过什么工作，工作业绩如何。这里体现了你的领导能力和你的聪明程度等。将你的学位证书、获奖证书、培训经历、工作经历都列在简历中。

2. 申请的工作职位及胜任条件

根据职位的要求说明你在什么方面能够胜任你所申请的职位，曾经是否做过这方面的工作，有什么样的工作经验。

3. 附上精心挑选的照片

一张端庄大方、精神高昂的照片会给用人单位留下良好的第一印象，这会大大增加谋职成功的机会。

小贴士　　如何选择适合的简历照片

① 首选可以展示自己气质的相片，但不要有太大差距，做到可以真实表现自我。

② 梳理一个看起来比较大方得体、整洁的发型，不要把头发弄的古灵精怪、张牙舞爪。

③ 如果是女士，可以画个淡妆，使人看起来显得比较有精神，但切记不要化烟熏妆或者是浓妆。

④ 服装的搭配很重要，你可以选择正规的职业套装，不可穿休闲服或者舞台装。

⑤ 照相前一晚保证自己有充足的睡眠，才可以在照相时精神饱满、显得更加有气质。

⑥ 照相时要记住，必须选择拍正面照或者是前侧面照，如果对方没有要求，最好不要放全身照或全侧面照。

⑦ 面对镜头的时候，表情要自然，不要带着怒气或做些搞怪动作。

⑧ 不要用以前照的相片放到简历上，最好选择最近半年内所照的相片，否则，照片与

本人不符也会让用人单位反感的。

⑨ 照片的尺寸以1～2寸的证件照为主，或者清晰的半身照也行。

⑩ 照相馆的选择很重要，应选择正规的专业照相馆，不要去街上的大头贴或即时取相的那种地方照，那样会显得你很不专业，而且随便拍一张，还不如不拍。

（二）写求职简历时应注意事项

1. 真实可靠

简历一定要按照实际情况填写，任何虚假的内容都不要写，不要含有水分，做到真实而客观。不要虚构日期或职务名称来蒙蔽你未从事过社会实践的事实。要知道，用人单位要想获知你的真实情况并不难，因此许多单位都将诚实视为第一重要的品质。一旦单位去做背景调查或通过与你的面谈发现你在弄虚作假，会比你没有从事过该项工作更加糟糕，那时候，即使才华再出众也不会被录用。

2. 内容尽量简洁

用人单位的人力资源部门主管感到，大学生的简历普遍太长，有的甚至有17页。其实简历内容过多反而会淹没一些有价值的闪光点。而且，一家企业，尤其是大企业每天会收到很多份简历，工作人员没有这么多的时间和耐心来对每份简历都仔细研读，一份简历一般只用30秒到1分钟就看完了，再长的简历也超不过3分钟。

所以，简历尽量要短，一两页就足够了。若你的经历能有效地在一页简历中表现出来，就不要用第二页。

3. 内容要有针对性

许多毕业生习惯制作一份“比较通用”的简历，结果这些简历最有可能被公司忽视。面对不同的公司，不同的岗位，永远只投递一份简历，这样的简历是最不受招聘单位欢迎的。

比较好的做法是，在充分了解每一家公司基本情况，以及每一个职位具体要求的前提下，针对不同的公司和申请职位的不同而对简历进行修改，适当表达对招聘单位的关注和兴趣，以及对企业目标及职位需求情况的了解，这会让别人感到你的诚意和坦白，引起招聘人的注意和好感，你的简历一定会鹤立鸡群。由此被选中的概率会大幅度上升。越是针对性强的简历越容易受到认可。

求职简历上一定要注明求职的职位。每份简历都要根据所申请的职位来设计，突出在这方面的优点，不能把自己说成一个全才，任何职位都适合。

4. 突出实习经历

对于大多数公司来说，看重的并不是毕业生在学校的历次考试中取得了多么优异的成绩，或者发表了多少篇文章，他们更看重的是你是否有过与所应聘职位相关的工作经历。因为如果你只是一个刚毕业的学生，你就可能正在与那些有相同学历但是有更多工作经历的人竞争。如果你没有相关职业的丰富的工作经历，那么你需要强调你最近的教育或培训情况。这可以包括那些与应聘工作有直接关系的特别的课程或活动。

毕业生可以把实习工作作为相应的工作经验。此外，简历中的工作技能部分可以强调“勤奋苦干……迅速掌握新技能”，这样就可以给你未来的雇主留下较深的印象。

5. 推出长处和优点

作为求职者，为了显示比其他竞争者更有优势，你需要的不是简单地列出所从事过的每个职务名称。除此之外，列出所完成的特殊贡献会更加吸引人事部经理的注意。因为很多人力资源的主管感兴趣的并不是你有多少证书，社会活动有多丰富，而是对于每份工作你具体做了什么，看重的是你所从事过的工作是公司所需要的，所以，他们想要你的证据证明你的实力。

记住，用事实和数字说明你的强项，证明你以前的成就，强调成功的经验。不要只写上你“善于沟通”或“富有团队精神”，这些空洞的字眼招聘人已熟视无睹，应举例说明你曾经如何说服别人，如何与一个和你意见相左的人成功合作，这样才有说服力并给人留下深刻印象。

6. 不要写进所有的弱项

有的毕业生在简历中特别注明自己某项能力不强，这就是过分谦虚了，实际上不写这些并不代表说假话。有的求职者在简历上写道：“我刚刚走入社会，没有工作经验，愿意从事贵公司任何基层工作。”这也是过分谦虚的表现，会让招聘者认为你什么职位都适合，其实也就是什么职位都不适合。

7. 要注重文字处理

在使用文字处理软件时，不妨使用拼写检查项并请你的朋友来检查你可能忽略的错误。尽量保证在文字、排版、格式上不要出现错误。因为用人单位最不能容忍的事是简历上出现错别字或是在格式、排版上有技术性错误，以及简历被折叠得皱皱巴巴、有污点，前者说明你的个人素质不够高，而后一种情况会让用人单位认为你连求职这样的事都不用心，那么工作也不会用心。

另外，千万不要为了精简纸张而压缩版面，把字号缩小到别人难以阅读的程度。

8. 不必做得太花哨

现在毕业生的求职简历普遍都讲究包装，做得很精致、华丽，有的连纸张都是五颜六色。实际上，除非应聘美术设计、装潢、广告等专业，一般来说简历不必做得太花哨，用质量好一些的白纸就可以了，建议尽量用 A4 纸。简历过分标新立异有时反而会带来不好的效果。

9. 写好联系方式

将你的联系方式尽可能写详细。应将手机号码、电子邮箱、传真号码、电话号码和居住地址等联系方式尽量列上。

10. 附上有关证书的复印件

将学历证书、获奖证书、培训证书等的复印件附在简历后面。

（三）求职信的书写

为了更好地介绍自己、推销自己，求职者可以给用人单位人力资源部的负责人写求职信，针对某个具体职位，谈谈自己的看法。求职信一定要简明扼要，格式规范，最好控制在一页纸左右，强调你很适合这份工作，许多时候能不能打动负责人，一封求职信很关键。

找工作的最好方法就是写一封信寄过去，里面装两张 A4 纸：一张是你的个人简历，另一张是求职信。

小贴士 **求　职　信**

尊敬的××公司领导同志：

我叫×××，现年 22 岁，男。是一名财会专业的大学本科毕业生。从报上我看到贵公司招聘一名专职会计人员的消息，不胜喜悦，以本人的水平和能力，我不揣冒昧地毛遂自荐，相信贵公司定会慧眼识人，使我有幸成为贵公司的一名会计人员。

我于 1996 年 7 月毕业于东北财经学院财会专业。毕业成绩优秀，在省级会计大奖赛中，获得“能手”嘉奖(见附件)，在×××金融杂志上发表过多篇学术论文(见附件)。我在有关材料上看到过关于贵公司的情况介绍，我喜欢贵公司的工作环境，钦佩贵公司的敬业精神，又很赞赏贵公司在经营、管理上的一整套切实可行的规章制度。

这些均体现了在当前改革开放的经济大潮中，贵公司的超前意识。我十分愿意到这样的环境中去艰苦拼搏；更愿为贵公司贡献我的学识和力量。我相信，经过努力，我会做好我的工作！

希望您能为我安排一个与您见面的机会！

此致

敬礼

×××

×年×月×日

三、 求职电话礼仪

（一）注意打电话的时机

一般来说，电话求职应该在对单位较为了解的情况下使用，比如自己曾经实习过的单位、曾经发送过求职简历的单位或曾经有过联系的单位。这样的单位自己比较了解，容易掌握更多的信息，尤其是人事部门的信息，也能够找到更多的话题沟通。一般宜在上午或下午的工作时间打。临下班前半小时不宜打电话，午休、晚上 10 点半以后，早上 7 点之前，三餐之前不宜打电话。

（二）注意尊称和礼貌用语

电话接通后第一件事就是有礼貌地问候“老师您好”。“老师”被当作一个广泛的称谓，不一定特指学校里的老师。此称呼适用于初次打电话，在不了解受话人的身份的情况下表示对对方的尊重。但当得知对方的职务、身份、姓氏以后，则应该改称对方的职务，如某某主任等。

（三）通话的时间不宜过长

要注意控制双方的通话时间，尤其是要控制自我介绍的时间，力争在2分钟内将自己的情况向用人单位介绍清楚。

（四）打电话之前要做好准备工作

尽量收集、了解用人单位的基本情况，对自己也要有客观、公正的认识，还要根据用人单位的需求结合自己的特点对谈话内容进行全面考虑。

（五）拉近与用人单位的距离

如“我是某某学校某某专业的应届毕业生，听说咱们单位需要一个某某专业的毕业生”很有代表性，一个小小的“咱”字拉近了彼此的距离，当然类似的技巧一定要根据实际情况灵活运用。但如果是师兄师姐介绍你去他们所在的单位应聘，最好事先弄清他们同你电话联系对象的关系，如果两人较生疏甚至有矛盾，最好不要在对方面前表示你和师兄师姐的关系特别好之类，最好说是一般校友关系。

（六）语言简洁

简明扼要地叙述，不要啰唆，应记清楚与对方约好见面的时间、地点。语速不急不缓，语气、声调不要太大或太小，语言顺畅，不要结巴。

（七）礼貌结束

打完电话应致谢并说再见，轻轻放下话筒。

第二节　面试礼仪

小贴士

这是一个两分钟的世界，你只有一分钟展示给人们你是谁，另一分钟就是让他们喜欢你。

——罗伯特·庞德

第一印象是求职者求职成功的关键性要素，而一个人的外表形象和行为举止构成了第一印象的70%以上，因此，求职者应注意自己的仪容仪态礼仪，增加求职成功的概率。

一、面试的仪容仪表礼仪

一般来说，求职着装原则是：整洁大方，线条简洁，格调保守，必须传递出稳重、可靠有信心的信息。给人以干净利落、有专业精神的良好印象。

案例

一名女士到一家大公司应聘总经理助理的岗位。公司的主考官对她的才能、学识大加赞赏，但最终却没有录用她。原因是这位女士到该公司面试时，穿着昂贵的时装，却配了一双松糕鞋，指甲涂得通红，手提包看上去有些脏。该公司的面试官认为一个缺乏品位且有些邋遢的女人是不适合在管理层做管理工作的。

（一）男士仪容仪表

1. 男士仪容七大自照

① 发型大方干净整洁。

② 鼻孔内外清洁干净。

③ 鬓角与胡子刮干净。

④ 耳朵内外清洁干净。

⑤ 使用面霜保持脸部光洁。

⑥ 适当使用护唇膏。

⑦ 保持口腔清洁。

2. 男性仪表七大自照

① 正确使用领带、领夹。

② 衬衣领口整洁，袖口纽扣扣好。

③ 衬衣袖口应长出外套的 0.5～1 厘米。

④ 衣裤袋口整理服帖。

⑤ 勤修指甲，保持手部整洁。

⑥ 裤子平整干净。裤长及鞋面，拉好裤前拉链。

⑦ 鞋底面保持清洁。鞋不能破损，鞋面要擦亮，如图 8-1 所示。

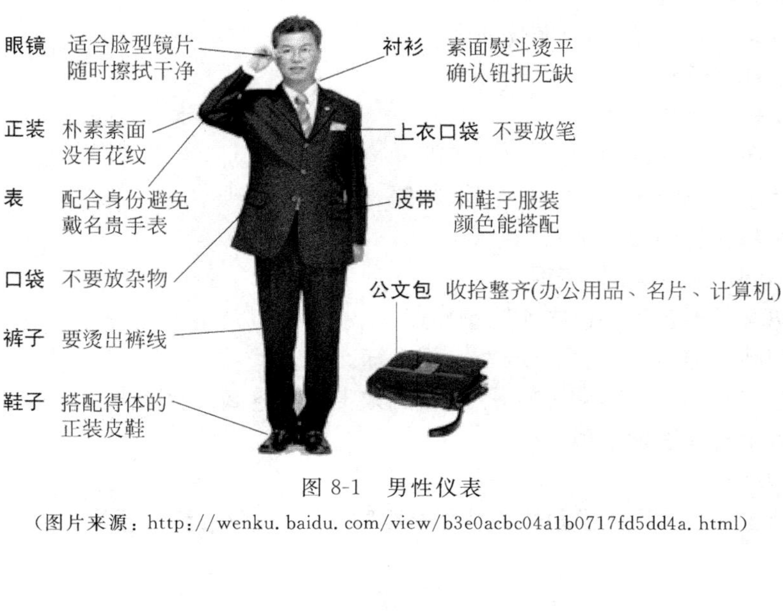

图 8-1 男性仪表

（图片来源：http://wenku.baidu.com/view/b3e0acbc04a1b0717fd5dd4a.html）

3. 职业男士着装注意事项

(1) 基本要求

① 符合三色原则：全身服装颜色不能超过三大色系(首选蓝色，次选灰色，再选黑色)。

② 符合三一定律：袜子、腰带、公文包三件颜色相同。

③ 避免三大禁忌。

④ 袖上不能带标签。

⑤ 袜子不能是尼龙袜。

⑥ 不穿白色袜子，袜子颜色要和皮鞋颜色一致；黑色西装绝对不能和白色袜子搭配。

(2) 禁忌

① 西裤过短。

② 衬衫放在西裤外。

③ 不扣衬衫扣。

④ 西服袖子长于衬衫袖。

⑤ 西服上装的两扣都扣上。

⑥ 衣、裤袋内鼓鼓的。

⑦ 西服配便鞋。

⑧ 领带太短。

(二) 女士仪容仪表

1. 女性仪容七大自照

① 头发干净整洁、发型大方、高雅、得体。

② 描清眉、修剪多余眉毛。

③ 勾画适当眼线、眼影、轻涂睫毛膏。

④ 适度涂抹唇膏、唇彩。

⑤ 保持耳朵内外干净、佩戴得体耳环。

⑥ 化淡妆、施薄粉。

2. 女性仪表七大自照

① 领口干净。衬衣领口别太复杂、花哨。

② 服饰端庄。不要太薄、太透、太露、太短。

③ 可佩戴精致的小饰品或公司标志。

④ 勤修指甲，甲油不要太浓艳。

⑤ 衣裤裙表面不要有明显内衣切割痕迹。

⑥ 丝袜刮破不能再穿，包里随身备一双丝袜。

⑦ 鞋洁净，款式大方，中跟为好，不宜太高太尖。如图 8-2 所示。

3. 职业女士着装注意事项

(1) 基本要求

① 素色为主：上衣和裙子面料颜色尽量相同，裙子长度过膝一厘米。

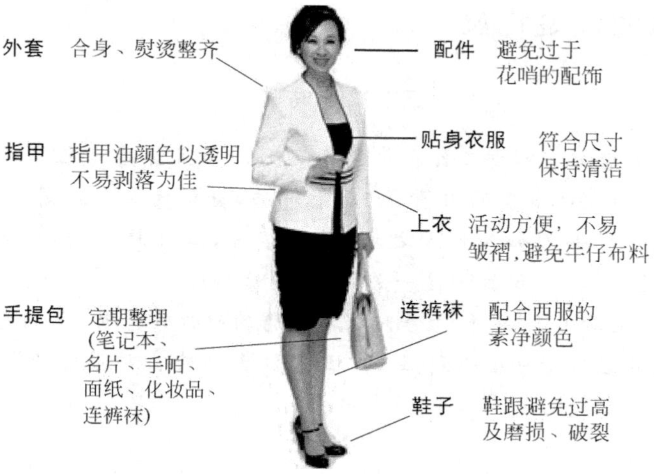

图 8-2　女性仪表

（图片来源：http://wenku.baidu.com/view/b3e0acbc04a1b0717fd5dd4a.html）

② 衬衫：白色、淡粉、水蓝等。

③ 内衣：以肤色、无痕为最佳。

④ 鞋袜：连裤袜。

⑤ 指甲：透明色。

⑥ 包包：公文包。

（2）禁忌

① 在商务场合穿黑色皮裙。

② 光腿。

③ 袜子有洞。

④ 套裙配便鞋。

⑤ 穿凉鞋穿袜子。

⑥ 出现三截腿——裙子一截、腿一截、袜子一截。

⑦ 拿健美裤充当袜子。

⑧ 将长筒袜卷曲一截。

小贴士　　**黑丝袜不可乱穿**

全黑基本不透明型黑丝袜的穿着场合是至亲的葬礼（如夫、父母等），搭配以黑纱和黑裙；较透明型黑丝袜，代表是性工作者（美国的性工作者指的是为异性提供如脱衣舞、爱抚等性服务）；黑色网袜代表是妓女，而且网袜的网眼大小代表着你所提供的彻底性服务的等级，网眼越大，你提供的服务越专业，越全套。

（资料来源：http://www.guokr.com/post/562192/）

二、面试过程的仪态礼仪

案例　　细节决定成败

一家跨国知名饭店招聘各种工作人员180名，600多名谋职者慕名前往，很早就排起了长队等候应聘。一位20多岁的男青年，气宇轩昂，据说还会两门外语，目测人以礼相待，连声“请坐”，这位男士却如入无人之境，屁股落座，二郎腿一跷，浑身自然地摇动起来，……这天，600多应聘者，仅目测这一关，就被淘汰80%。

当这些被视为“生活小节”的行为作为饭店招聘的硬性条件时，人们受到震动，尤其是那些自恃才大志高的应聘者更没想到，还没“到大江大河中去施展才华”呢，就“在这小水沟里翻了船”。

（一）等待面试

等待面试的过程应注意以下几个方面。

① 进入面试单位之前，口香糖和香烟都要收起来，因为大多数面试官都无法忍受你在公司嚼口香糖或吸烟。

② 手机要关机，避免面试时造成尴尬局面，同时也分散你的精力，影响自己水平发挥。

③ 一进面试单位，若有前台，则开门见山说明来意，经指导到指定区域落座，若无前台，则找工作人员问询。这时要注意用语文明，开始的“您好”和被指导后的“谢谢”是必说的，这代表自己的教养；一些小企业没有等候室，就在面试办公室的门外等候；当办公室门打开时应有礼貌地说声“打扰了”，然后向室内考官表明自己是来面试的，绝不可贸然闯入。

④ 等待过程也应该站有站相，坐有坐相。站立时避免探脖、斜肩、驼背、挺腹、撅臀、耸肩、双腿弯曲或不停颤抖等不雅动作。也不要将手插入裤袋或交叉在胸前，更不能下意识地做摆弄衣角等小动作，那样会显得拘谨，给人缺乏自信的感觉。另外，站立交谈时，身体不要倚门、靠墙、靠柱。

⑤ 在接待室恰巧遇到朋友或熟人时，千万不可旁若无人地大声说话或笑闹；可以适当地轻声与其他应聘者交流信息，这可以体现出乐于助人、谦虚好学的品质；对其他工作人员以礼相待，主动打招呼或行点头礼。

⑥ 不要太关注非面试官工作人员的谈话，更不可冒失地发表评论；不可带太多东西，一般拿一个公文包装一些面试材料或个人简历即可。

小贴士　　主考官想考察你哪些方面

主考官通过面试考查，主要为获得如下信息：

① 求职者的外表、仪态、衣着以及行为举止。

② 求职者所具有的知识，例如，口才、辞令方面或各种言语才能、谈吐技巧或专门性

的技能。

③ 求职者待人接物的态度及生活的体验、礼仪素质。

④ 求职者的社交经验、应对能力及与人相处的关系。

⑤ 求职者的热诚、进取心及责任心。

⑥ 求职者的情绪是否稳定及个人的成熟程度。

⑦ 求职者的理想、人生观及上进心等。

小贴士　　卡耐基教你如何给人留下好印象

① Take interest in others' interests. 对别人的兴趣表示兴趣。

② Make an effort to smile. 努力微笑。

③ Learn names. 记住别人的名字。

④ Listen longer. 听得更多。

⑤ Discuss what matters to them. 讨论对他们来说重要的事。

（二）面试进行时的仪态

1. 把握进屋时机

如果没有人通知，即使前面一个人已经面试结束，也应该在门外耐心等待，不要擅自走进面试房间。

自己的名字被喊到，就有力地答一声“是”，然后再敲门进入，敲两三下是较为标准的。敲门时千万不可敲得太用劲，以里面听得见的力度。听到里面说“请进”后，要回答“打扰了”再进入房间。

开门、关门尽量要轻，进门后不要用后手随手将门关上，应转过身去正对着门，用手轻轻将门合上。

回过身来将上半身前倾30°左右，向面试官鞠躬行礼，面带微笑称呼一声“你好”，彬彬有礼而大方得体，不要过分殷勤、拘谨或过分谦让。

2. 专业化的握手

面试时，握手是最重要的一种身体语言。专业化的握手能创造出平等、彼此信任的和谐氛围。

在面试官的手朝你伸过来之后就握住它，要保证你的整个手臂呈“L”形（90°），有力地摇两下，然后把手自然放下。

握手应该坚实有力，有“感染力”。双眼要直视对方，自信地说出你的名字，即使你是位女士，也要表示出坚定的态度，但不要太使劲，更不要使劲摇晃。不要用两只手，用这种方式握手不够专业。

手应当是干燥、温暖的。如果对方伸出手，却握到一只软弱无力、湿乎乎的手，这肯定不是好的开端。如果你刚刚赶到面试现场，用凉水冲冲手，使自己保持冷静。如果手心发凉，就用热水捂一下。

3. 入座就座

在对方没请你入座之前，切记不可贸然就座。若对方一直没请你入座，而那个位置偏偏有个座位,你可以适时提出“我是否可以坐在这儿?”的要求,得到对方允许后要说声“谢谢”,然后大大方方坐下去。

男士入座时要轻,至少要坐满椅子的2/3,后背轻靠椅背,双膝自然并拢(男士可略分开),双手放在膝盖上。身体可稍向前倾,表示尊重和谦虚。

女士入座前应用手背扶裙,坐下后将裙角收拢,两腿并拢,双脚同时向左或向右放,两手叠放于腿上。如长时间端坐可将两腿交叉叠放,但要注意上面的腿向回收,脚尖向下。

4. 言谈应答

务必使自己的谈吐表现得文明礼貌、言辞标准、语言连贯、内容简洁。

自我介绍是很好的表现机会,忌拖沓,要有分寸。切忌以背诵朗读的口吻把求职材料上写得清清楚楚的内容再说一遍,这样只会令主考官觉得乏味。应根据你所应聘的岗位重点地介绍与之相关的学历、经历、能力及个性特征等。

面谈时讲话要充满自信。回答问题时尽量详细,要按招聘人员的话题进行交谈。

有的主考官会故意提问一些令你感到受冒犯的问题,用来试探一下你如何对待,考查你的修养和应对多变的能力。你一定要冷静,不能意气用事。拒绝回答是可以的,但口气和态度一定要婉转、温和。

知之为知之,不知为不知。在面试场上,常会遇到一些不熟悉、曾经熟悉现在竟忘记或根本不懂的问题。面临这种情况,默不作声、回避问题是失策,牵强附会、“强不知为知之”更是拙劣,诚恳承认为上策。

小贴士　　面试时的问题,你思考好了吗

① 对你来说工作中最重要的是什么?
② 为什么愿意为本公司工作?
③ 你认为公司为什么要聘用你?
④ 如果我们聘用你,你会待多久?
⑤ 在你看来,我们会为你的职业生涯规划一个怎样的环境?
⑥ 你的长处是什么?
⑦ 什么是你最大的弱点?
⑧ 你如何评价你的前任老板?
⑨ 你的业余时间喜欢做什么?
⑩ 你觉得5年后你会是什么样?
⑪ 你对薪水的期望是多少?
⑫ 如果……的话,你怎么办?
⑬ 你对什么职位感兴趣?
⑭ 你先介绍一下自己。
⑮ 你对我们公司有什么想法?

5. 目光注视

眼睛是心灵的窗户,面试中视线处理很重要。

面试场合应采取社交凝视,注视部位在对方的双眼与唇心之间区域,但不要一直盯着不放,否则对方会以为你很怪,应该时不时地移动一下眼神。目光平和而有神,专注而不呆板，如图 8-3 所示。

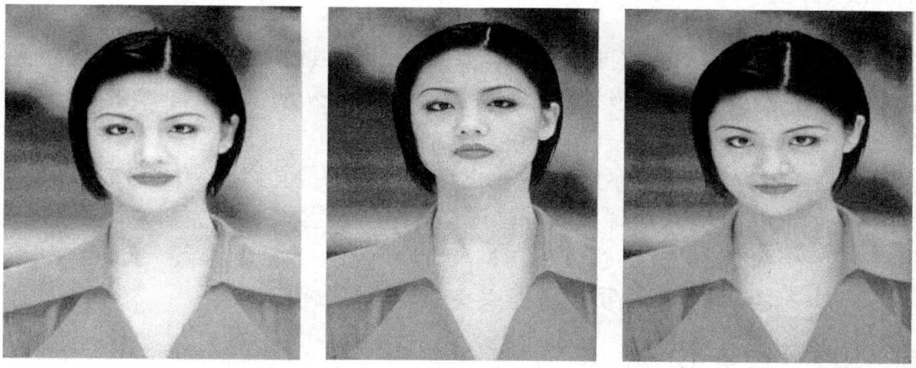

(a) 正确的目光　　(b) 错误的目光

图 8-3　目光注视

若面试人员不止一个人，回答问题时一定要以目光扫视其他人，而将焦点集中在主考官身上。

如果其他面试人员对你单独提问，一定要将焦点转移到他身上，回答完后再转移回来。

思考问题时可以看着对方身后的墙，不要看天花板或窗户外边。最多思考两三秒，不宜过长，开口回答问题时，应该把视线收回来。

6. 学会倾听

倾听就是要对对方说的话表示出兴趣。在面试过程中，要集中精力，认真去听主考官的每一句话，记住说话人讲话的内容重点。记住说话者的名字；身体微微倾向说话者，表示对说话者的重视；用目光注视说话者，保持微笑；适当地做出一些反应，如点头、会意地微笑、提出相关的问题。

善于倾听别人的谈话，使对方感觉到你的尊重与兴趣，看着对方的眼睛，倾听他们的心声更能表达你的真诚与关心，做一个忠实的听众，如表 8-1 所示。

表 8-1　倾听

好的倾听者	差的倾听者
适当的使用目光接触	不保持眼光接触，眼神游离
对讲话者的语言和非语言行为保持警觉	坐立不安，不注意讲话，忙得顾不上听
容忍且不打断	打断讲话者，没有耐心
使用语言和非语言表示响应	很少给讲话者反馈或根本没有反馈
用不带威胁的语气提问	用怀疑、指责、抱怨的口吻提问
解释、重申、概述讲话者所说的内容	改变主题谈论太多
提供建设性的反馈	给不必要的忠告
显示对讲话者外貌的兴趣	对讲话者不感兴趣
展示关心的态度并愿意倾听	自己抢先
不判断、不批评	作判断
敞开心扉	思想封闭

（三）面试接近尾声时的礼仪

敏锐地察觉对方结束面谈的暗示，有些接见者以起身或收拾相关材料表示面谈的结束，有些人则用“同你谈话我感到很愉快”这样的辞令来结束谈话。此时要适时礼貌告辞。

告辞时应起立，并向对方表示感谢，即使面试失败，也要面带微笑地向主考官致谢。

将椅子放回原位，面向对方缓步退出面试室，不可走得太快，以免对方误以为你紧张、怯场或有其他什么重要的事才走这么快得。

最后出门时一定要对面试人员再次行点头礼，并轻轻将门带上。

三、面试的时间礼仪

守时是职业素养的一个基本要求，拥有明确清晰的时间观念能帮助自己树立良好的职业形象。

准时赴约。一般来讲，比原定时间早5～10分钟到达面试地点较好，切不可让招聘人员等候。

早点到可以熟悉一下环境，稳定一下心神。面试时迟到或匆匆忙忙赶到都是致命的，不管有什么理由，也会被视为缺乏自我管理和约束能力，即缺乏职业能力，给面试者留下非常不好的印象。而且大公司的面试往往一次要安排很多人，迟到了几分钟，就很可能永远与这家公司失之交臂了。

早到后不宜提早进入办公室，最好不要提前10分钟以上出现在面谈地点，否则聘用者很可能因为手头的事情没处理完而觉得很不方便。如果事先通知了许多人来面试，早到者可提早面试或是在空闲的会议室等候。

招聘人员是允许迟到的，这一点一定要清楚，不要太在意，应尽量表现得大度开朗一些，这样往往能使坏事变好事。否则，将不满情绪流于言表，面露愠色，招聘人员就会对你的第一印象大打折扣，甚至导致满盘皆输。因为面试也是一种人际磨合能力的考查，你得体、周到的表现，自然是有百利而无一害的。

成功的面试应有适当的时间限制。一般来说，在高潮话题结束之后或者是在主试人暗示之后就应该主动告辞，不要盲目拖延时间。但过早地想离场会使主试人认为你应聘没有诚意。

四、面试时注意事项

面试前不喝酒、不吃辛辣食物。喝酒会使人的大脑反应迟钝，并且说话时带酒味，会给主考官留下“酒鬼”的印象；吃辛辣食物，如葱、蒜、韭菜等会使你说话时带有“异味”。如有口臭，最好面试前多喝几杯茶，应聘前少吃食物。

面试时应提前10分钟赶到，不要迟到。如果迟到，一般有70％的概率不利于获得工作机会，50％的概率失掉工作机会。

面试时不要带陪伴，带陪伴说明你缺乏自信，更不要家长陪同。

不要带过多物品，随身除了带公文包或手提包以外，不要带其他物品。自己随身带的物品，不可放置于办公桌上。可将公文包放置于座位下右脚的旁边，小型皮包则放置在椅侧或背后，不可挂在椅背上。

不要抽烟，不要嚼口香糖。与人谈话，抽烟和嚼东西都会给人不庄重的感觉，也显得不尊重对方。

注意谈话的礼貌。当对方谈兴正浓时，不要轻易转移话题。谈话不要抢话头，不要连珠炮式地发问，不要轻率下断语，不要乱开玩笑，不可使用夸张的语言，不要用方言，更不要攀龙附凤。与主考官谈话，不要引起争辩。因为即使你争辩成功了，你也伤了主考官的自尊，一般情况下他也不会录取你。即使主考官所提问题非常不礼貌，身为求职者，也不能意气用事或表现出不礼貌的言辞。你可以拒绝，但口气及态度一定要彬彬有礼。

不可要求茶点，除非咳嗽或需要一杯水来镇定自己。

五、谈薪技巧

（一）做好前期准备工作

从前，想要知道你同事拿多少薪水或者你的同行拿多少薪水是比较困难的，但是现在不同了，现在有很多方法来了解这些。你可以根据网上各大招聘网站来找到相应的职位的薪水范围，这样就可以对你的薪水待遇有一个明确的认识。

（二）抓好谈薪水问题的时机

在第一次电话面试中，如果面试官问到你期望的薪水是多少，你可以直接告诉他你的期望值，但是如果工作机会适合，薪资待遇可以再做进一步的商量。这个对双方之间做出明确的选择都很有帮助，免得浪费时间。每个公司的面试人员都在寻取时起着非常重要的作用，不要小看他们在决策过程中的影响力。

（三）对方的第一次开价不要接受

很多面试者在面试应聘者的时候都会想过讨价还价，所以，他们在第一次说出价格的时候都会留下很大一部分的上涨空间。如果有可能，你可以要求安排一次你和未来的老板面对面的谈话，而不仅仅是只和招聘人员进行交谈就倒戈了。

（四）注意自己的礼仪态度

在面试的过程中谈及薪资问题时，应聘者应该显出谦逊有礼，即使对方开出的薪水低于你的想象，仍然要对面试官表示感谢，还可以在你认为比较重要的一两个方面对面试官进行提问，看看是否有商量的余地。如果在薪资方面没有商量的余地，你可以选择这份工作，也可以礼貌地拒绝。

和对方谈及薪资问题时需要有一定的技巧，如果你拿到满意的薪水，在工作中就必须要表现出自己的专业程度，让公司感觉到你的价值的确符合岗位薪资待遇，不然你在职场上生存会很危险。

小贴士 **谈薪典型问题与参考辅导**

问题1：在我们公司工作，你希望得到什么样的薪金待遇？

参考答案：工资并不是我决定是否加盟贵公司的唯一因素，如果您一定要我回答，那我当然希望自己的薪水符合我的学历水平和实践经验，我希望自己的工资不低于年薪××万元。

问题2：你觉得自己每年加薪的幅度是多少？

参考答案：我想，自己薪水的提高取决于在公司的经营业绩和赢利状况，但我也希望自己收入的增长至少和我生活水平的提高保持一致。

问题3：你愿意降低自己的薪水标准吗？

参考答案：我对这个职位非常感兴趣，所以我可以考虑降低自己的薪金标准，但我也希望公司能给我时间让我证明自己的能力。我相信自己可以让公司满意我的工作，如果我出色地完成了自己的任务，您是否会考虑对我的薪水作一些调整呢？

问题4：从现在开始的三年内，你的薪金目标是多少？

参考答案：我相信通过一段时间的实践，自己将成为这个行业中的佼佼者，我也希望自己以后的收入能和我的能力相符合。我希望自己的年收入在××万元到××万元之间。

（资料来源：http://hr.ofweek.com/news/news-show-2229.html）

六、面试后续礼仪

案例

硕士研究生小何毕业那年，就业形势严峻，连续几次应聘失败，但是她依然鼓起勇气继续找。一天，按照银行招聘通知，她来到某银行面试，应聘者很多。排在前面的女孩儿长得很漂亮，身材凸凹有致，而她相貌平平，身材一般。轮到她，她整理好衣服，鼓起勇气大胆走进考场……很幸运，问题很简单，答完后主考官点点头，面无表情地说："你可以走了。"她心想没戏了，走到门口，出于礼貌又返身朝他们鞠一躬说："谢谢！"然后轻轻开门，又随手关门。

20天后，小何被该银行录取了。她上班的第一天遇到了主考官，他向她祝贺。她好奇地问录用她的原因，他说："那天接待了300多个应聘者，你是唯一向我们鞠躬道别的应聘者，并且关门那么有礼貌。我们是服务业，礼貌待人是我们对员工的基本要求。"

面试结束并不意味着求职过程的完结，也不意味着求职者就可以袖手旁观以等待聘用通知的到来。

出于礼貌和加深招聘人员对你的印象，增加求职成功的可能性。面试后两三天内，写信或发"E-mail"表示感谢。

在接到不录用的通知后，也要表示致谢以便下次联络。

仔细记录整个面试经过、每个面试提问和相关细节，面试成功与否并不是最重要的，最重要的是从上一次面试中总结分析各种因素，学到经验，以便下次面试能有更加出色的表现。

（一）感谢主考官

感谢对方的方式有打电话或者写感谢信。这可以帮助主考官在决定录用何人时想到你。你的提醒会给对方留下深刻的印象。不要在感谢函中提及能否被录用的问题，因为感谢信是要感谢主试者在你面试时花费了时间，而非增加对方的困扰。感谢信要比电话询问早三天以上。

（二）打电话询问

当你打电话时，若得到的回答是对方尚未决定，那就说声“对不起，打扰您了”，然后问一下对方什么时候可以再打电话。

（三）写感谢函给被拒绝的公司

当应聘者表现出色，被许多家公司同时录用，并且每家都积极争取你加入时，该怎么办呢？此时，若你已经决定接受其中一家公司的某个职位，你就必须寄出感谢函给被你拒绝的公司，在信中只需表明谢意，说明你已接受其他的工作，不必解释，甚至不必提录用你的公司的名字。也许有一天你会换到被你拒绝的公司工作，这封感谢函会给人留下良好的印象。

小贴士　　**求职面试不能有的十种心态**

第一种：造假心理。假学历、假证书、假荣誉等并非是敲开就业大门的“敲门砖”，假的终究长不了，反而只会毁了自己的前程。

第二种：羞怯心理。在求职现场丢下自荐书就跑，面对招聘单位的工作人员结结巴巴、面红耳赤，这样的人很难受到用人单位的赏识。

第三种：依靠心理。一些大学生缺乏独立意识，外出找工作总喜欢与父母、同学相伴，或一帮学友共同应聘同一单位，希望日后相互照应，这种无主见的毕业生一般不会被用人单位录用。

第四种：仕途心理。“学而优则仕”，觉得当官才是正途，削尖脑袋往“衙门”里钻，其结果大多是碰得头破血流。

第五种：攀比心理。一些学生觉得在校期间成绩好、荣誉多、“官职”大，理所当然工作也应好，殊不知用人单位并非以此作为评判人才的唯一标准。

第六种：依附心理。自己不急着找工作，整天想着攀哪个亲戚朋友的关系，拿点钱“买”个职位，这样得到的工作恐怕很难长久。

第七种：乡土心理。有些大学生不愿出远门，只愿在眼前的“一亩三分地”就业；另一些大学生则早早登上爱情方舟，毕业后为与另一半留守同一战壕而死守一方，这样很难有所作为。

第八种：保守心理。缺乏竞争意识，不敢迎接挑战，或抱着谦虚"美德"不放，不敢亮出自己的长处及特色，这样的人自然不会受到用人单位的青睐。

第九种：低就心理。与保守心理相反，这些人总觉得竞争激烈，自己技不如人，遂甘拜下风，不敢对自己"明码标价"，而找个"买家"草草"卖"出。对于一些单位开出的不平等协议也签订，给日后工作留下了隐患。

第十种：摆"酷"心理。有些人思想激进，处处摆"酷"，不愿出去找工作，嫌这儿工资低，那儿待遇不好，只想自己当老板，最终，工作没找着反倒欠了一屁股的债。

（资料来源：http://www.0813job.com/news/969.html）

复习思考题

1. 谋职前要做哪些准备？
2. 如何写求职简历？
3. 谋职时的仪容、仪态礼仪应注意哪些方面？
4. 面试时应注意哪些事项？
5. 判断下列说法正确与否。

① 一位招聘者向一位刚进门的应聘者伸出来手而这位应聘者说："我从来不跟女士握手。"

② 尽量表现自己的博学多才，否则对方会认为自己不学无术。

③ 应聘时提前的时间越早越好。

④ 面试时，应试人可以自己找座位坐下，不用等别人让座。

⑤ 面试后，又想起几个问题，再打电话告诉应聘的主考官。

⑥ 有几家公司要录用我，所以要给每一家录用我的公司写答谢信。

⑦ 在应聘时对自己的看法说得越多越好。

⑧ 当你想离开现在的公司时，不要在公司正忙碌时提出辞呈。

⑨ 当你被应聘公司拒绝时，也应该出于礼貌写一封感谢信。

⑩ 面试前，你应准备一份资料簿，里面有你的简历、推荐信、受过的奖励、几份自己做的业务展示、以前工作的相关照片。

实践课堂

案例 1

某科研机构招聘科研人员，由于待遇优厚，应聘者如云。某高校毕业生李云前往面试。只见她挽着同宿舍的张晓袅袅婷婷地步入科研所面试大厅，进门前她又掏出化妆盒补了一下妆。进入面试大厅后，主考官问她有什么特长，她说她在学校是公关部长，有能力组织各种文艺活动，说着从包里拿出来她想给主考官的资料，结果在包里翻了半天，好不容易找到了，拿出来时将她的化妆品也带出来了，撒了一地。令面试考官们面面相觑。

思考题：

1. 请问李云的面试能否成功？

2. 请指出李云的失误之处有哪些？

案例 2

某建筑公司招聘一名中层管理人员。当时应聘的 50 多人中有公司的职员，还有应届毕业的大学生。主考官问了大家这样一个问题："你有什么缺点？""我工作过于投入，人家说我是工作狂。"一位名叫李刚的应聘者不假思索地脱口而出。主考官笑了笑说："工作投入可是优点呀，说说你的缺点吧。"可李刚没有觉察到考官态度上的细微变化，仍然颇为自得地喋喋不休："我是个急性子，为人古板，又好坚持原则，所以易得罪人。另外，我还……"考官脸上泛起不悦之色，不再问话……

思考题：

1. 请问李刚的面试能否成功？

2. 请指出李刚的失误之处有哪些？

实训练习

1. 实训内容

举行一次小型招聘会，分为两组，一组模拟面试考官，另一组模拟谋职者，进行面试演练。

2. 实训目的

通过组织小型招聘会，提供仪容、仪态、回答问题等自我表现，通过纠正谋职者在仪容、仪态和语言交流等方面的问题，掌握正确的谋职礼仪。

3. 技能要求

熟知谋职人员应该有的仪表风度、化妆服饰、举止等谋职礼仪的基本常识，树立良好的谋职者形象，为以后的谋职做好充分的准备。

拓展阅读 1

人职匹配理论

美国职业心理学家霍兰德(Holland)创立的人格类型理论对人才测评的发展产生了重要的影响。

霍兰德人职匹配理论认为人的人格类型、兴趣与职业密切相关，每个人都有自己独特的能力模式和人格特征，每个人格特征的人都可以找到适合自己的职业，当个人的人格特征兴趣与职业相符时，可以调动员工的工作热情和激发其潜力，并能提高员工的工作满意度。

为了确定个体的人格类型，就需要大量运用人才测评的手段与方法，霍兰德本人也编制了一套职业适应性测验(The Self-Directed Search，简称 SDS)来配合其理论的应用。

霍兰德在其所著的《职业决策》一书中描述了六种人格类型的相应职业。

① 实际型(Realistic)：基本的人格倾向是，喜欢有规则的具体劳动和需要基本操作技能的工作，缺乏社交能力，不适应社会性质的职业。具有这种类型人格的人其典型的职

业包括技能性职业(如一般劳工、技工、修理工、农民等)和技术性职业(如制图员、机械装配工等)。

② 研究型(Investigative):具有聪明、理性、好奇、精确、批评等人格特征,喜欢智力的、抽象的、分析的、独立的定向任务这类研究性质的职业,但缺乏领导才能。其典型的职业包括科学研究人员、工程师等。

③ 艺术型(Artistic):基本的人格倾向是,具有想象、冲动、直觉、无秩序、情绪化、理想化、有创意、不重实际等人格特征。喜欢艺术性质的职业和环境,不善于事务工作。其典型的职业包括艺术方面的(如演员、导演、艺术设计师、雕刻家等)、音乐方面的(如歌唱家、作曲家、乐队指挥等)与文学方面的(如诗人、小说家、剧作家等)。

④ 社会型(Social):具有合作、友善、助人、负责、圆滑、善社交、善言谈、洞察力强等人格特征。喜欢社会交往、关心社会问题、有教导别人的能力。其典型的职业包括教育工作者(如教师、教育行政工作人员)与社会工作者(如咨询人员、公关人员等)。

⑤ 企业型(Enterprising):具有冒险、野心人格特征。喜欢从事领导及企业性质的职业、独断、自信、精力充沛、善社交等,其典型的职业包括政府官员、企业领导、销售人员等。

⑥ 传统型(Conventional):具有顺从、谨慎、保守、实际、稳重、有效率等人格特征。喜欢有系统有条理的工作任务,其典型的职业包括秘书、办公室人员、计事员、会计、行政助理、图书馆员、出纳员、打字员、税务员、统计员、交通管理员等。

(资料来源:http://baike.haosou.com/doc/6735937-6950324.html)

拓展阅读 2

握手礼仪

握手,是人与人交际的一个部分。握手的力量、姿势与时间的长短往往能够表达出不同礼遇与态度,显露自己的个性,给人留下不同的印象,也可通过握手了解对方的个性,从而赢得交际的主动。

1. 握手的顺序

(1) 男女之间握手

男士要等女士先伸出手后才握手。如果女方没有握手的意思,男方可改用点头礼表示礼貌。女士们请注意:为了避免在介绍时发生误会,在与人打招呼时最好先伸出手。记住,在工作场所男女是平等的。

(2) 宾客之间握手

主人有向客人先伸出手的义务。对到来的客人,不论男女、长幼,主人均应先伸出手去,表示热烈欢迎,女主人也应如此。

(3) 长幼之间握手

年幼的一般要等年长的先伸手。和长辈及年长的人握手,不论男女,都要起立趋前握手,并要脱下手套,以示尊敬。

(4) 上下级之间握手

下级要等上级先伸出手。但涉及主宾关系时,可不考虑上下级关系,做主人的应先伸手。

(5) 一个人与多人握手

若是一个人需要与多人握手，则握手时应讲究先后次序，由尊而卑，即先年长者后年幼者，先长辈后晚辈，先老师后学生，先女士后男士，先已婚者后未婚者，先上级后下级，先职位、身份高者后职位、身份低者。

2. 握手的方法

① 握手时一定要用右手，这是约定俗成的礼貌。在一些东南亚国家，如印度、印度尼西亚等，人们不用左手与他人接触，因为他们认为左手是用来洗澡和上卫生间的。如果是双方握手，应等双方右手握住后，再将左手搭在对方的右手上，这也是经常用的握手礼节，以表示更加亲切，更加尊重对方。

② 要紧握对方的手，时间一般以 1～3 秒为宜。当然，过紧地握手，或是只用手指部分漫不经心地接触对方的手都是不礼貌的。

③ 被介绍之后，最好不要立即主动伸手。年轻者、职务低者被介绍给年长者、职务高者时，应根据年长者、职务高者的反应行事，即当年长者、职务高者用点头致意代替握手时，年轻者、职务低者也应随之点头致意。和年轻女性或异国女性握手，一般男士不要先伸手。

④ 握手时，年轻者对年长者、职务低者对职务高者都应稍稍欠身相握。有时为表示特别尊敬，可用双手迎握。男士与女士握手时，一般只宜轻轻握女士手指部位。男士握手时应脱帽，切忌戴手套握手。

⑤ 握手时双目应注视对方，微笑致意或问好。多人同时握手时应顺序进行，切忌交叉握手。

⑥ 在任何情况拒绝对方主动要求握手的举动都是无礼的。如果手上有水或不干净时，应谢绝握手，同时必须解释并致歉。

⑦ 在握手的同时要注视对方，态度真挚亲切，切不可东张西望，漫不经心。如果是一般关系、一般场合，双方握手时稍用力握一下即可放开，时间一般为 2～5 秒。如果关系亲密、场合隆重，双方的手握住后应上下微摇几下，以体现出热情。如果男士同女士握手，一般只轻握女方的手指部分，不宜握得太紧太久。

⑧ 如果是戴着手套，握手前要先脱下手套。若实在来不及脱掉，应向对方说明原因并表示歉意。不过在隆重的晚会上，女士如果是穿着晚礼服并戴着通花的长手套则可不必脱下。

附录 A
办公室礼仪英语

1. 常用词汇

Advertising Department　广告部

After-sale Service Department　售后服务部

Assistant Manager　助理经理（副经理）

Branch Office　分公司

business etiquette　商务礼节

business events　商务活动

Business Office　营业部

colleague　同事

corporate events　公司社交活动

department manager　部门经理

Deputy General Manager　副总经理

document　公文

executive　高中级管理人员

Executive Manager　总经理

Executive Vice-President　执行副总裁

expanding file　文件袋

Export Department　出口部

Finance Department　财会部

General Accounting Department　财务部

General Affairs Department　总务部

Good Manners　良好礼节

Gross　薪水总额

Head Office　总公司

Human Resources Department　人力资源部

Import Department　进口部

intercom　内部通话系统

International Department　国际部

locker　锁柜

Marketing Department　市场部

meeting etiquette 见面礼仪
memo pad 备忘录
name card holder 名片夹
name card 名片
Net 净工资
office 办公室
paper shredder 碎纸机
Pay check 工资支票
personal computer 个人电脑
Personnel Department 人事部
planning document 规划文件
President 总裁
Product Development Department 产品开发部
Public Relations Department 公共关系
Purchasing Department 采购部
Raise 加薪
report 报告
Research and Development Department(R&D) 研发部
Salary 薪水
Sales Department 销售部
Sales Manager 销售部经理
Sales Promotion Department 促销部
Sales Representative 销售代表
Secretarial Pool 秘书室
secretary 秘书
Section Manager 部门经理，科长
Social Event 社交活动
Supervisor 总管
telephone directory 电话簿
typist 打字员
Wage 时薪

2. 办公人员形象礼仪常用英语词汇

dress well 穿着得体
in good taste 有品位
Personal hygiene 个人卫生
Business attire 商务装
suits 西装
dresses 连衣裙

evening wear　晚礼服

Tuxedo　燕尾服

Black tie/black tie optional (more formal evening wear)　黑色领结(可选)(用于更正式的晚装)

Business casual　商务休闲装

trousers/khakis with long sleeve shirts　长裤/长袖卡布其衫

Jackets and ties required　夹克和领带是必备

Appropriate　得体

Neat and tidy　干净整齐

Shoes/socks/stocking　鞋袜

No sour clothes　不要穿有味道的衣服

Dress Code　衣着规定

Grooming　装扮

Makeup　化妆

Perfume　香水

Hair　发型

Beard　胡子

Clothes　服装

3. 办公室日常礼貌用语

(1) 见面时的招呼语

Good Morning/ Good Afternoon, Harry. /Good Evening, Mr. Johnson..

How's everything going? /How's everything? /How're you doing? /How are you today?

I haven't seen you for a long time. /It's been a long time. /Long time no see. /It's really nice to see you again.

(2) 惋惜、同情、鼓励

① 表示同情：I'm sorry to hear that.

② 对方诉苦时表示同情：That's too bad.

③ 听到对方失败想鼓励时：It happens. /Take it easy.

④ 鼓励丧失自信的人：You're on the right track.

(3) 告别

① 一般性告别用语：

See you later (tomorrow). /See you. /See you soon. /Take it easy. /Take care. /Goodbye. /Bye (now). /Bye-bye. /Have a nice weekend (trip)! /Have a nice day! /Good luck! /I'll be seeing you. /Let's meet again soon.

② 分手时的客套话：

Well, I have to be going. /I got to go now. /I got to run now. /Uh, will you excuse me? /Oh, I'm late. I should be going now. /It's been nice talking to you, but I really must go now.

（4）道歉

① 道歉的一般用法：I'm（very /terribly /extremely）sorry. /Sorry. /Excuse me. / Please forgive me. /That's my fault.

② 未能达成对方的期望时：Sorry we cannot help you. /I wish I could help you.

③ 郑重地道歉：I really appreciate all the trouble you've gone to (all your trouble). / I'm sorry I caused you so much trouble. /I can't apologize to you enough.

④ 道歉事与愿违：I'm sorry. I didn't mean that. /I'm sorry it worked out this way (it has come to this). /I apologize if I hurt your feelings.

⑤ 求对方宽恕：Will you accept my apology? /I owe you an apology.

⑥ 对方等待时：I'm sorry to have kept you waiting.

（5）道谢

① 一般的道谢：Thank you. /Thanks a lot. /That's very kind (nice) of you.

② 深深的感谢：I really appreciate it. /I can't thank you enough. /It was a great help.

回答：It's my pleasure. /The pleasure is (all) mine.

③ 虽然不负所望，还是感谢：Thank you (Thanks) anyway./Thank you all (just) the same.

④ 感谢的事情明确时：Thank you for calling /writing/inviting me /coming /your e-mail /your trouble.

回答：That's OK. /No trouble.

（6）祝贺

① 最普通的祝贺词：Congratulations! …on…

② 祝酒等：Cheers! /Bottoms up! /Here's to you! /To your future. /To your health!

③ 祝贺生日和节日：

Happy Birthday! /Happy New Year! /Happy Valentine's Day! /Merry Christmas! / Happy Spring Festival! /Happy Chinese New Year!

（7）Talk 谈吐

Natural and warm　亲切自然

Pitch　声调

Gesture　动作

Distance　距离

Watch your saliva　不要口水四溅

Don't put your hand on your waist or cross your chest　不要把手放在腰间或交叉胸前

Keep your hands in the front naturally or put them on the sides　把手垂直放在前面或身体两旁

When you sit down　坐下时

Don't put one of your legs on top of the other　不要把腿放在另一支腿的上面

Don't shake your leg　不要摇腿

Smoking　吸烟

Scratch your head, your body　抓头，身体

Pick your ear, your nose　挖耳，鼻孔

yarning　打哈欠

(8) 话题禁忌

Personal finance topics　个人财政状况的话题

Personal health topics (yours and others)　个人健康方面的话题

Divisive topics　有争议的话题

Gossip　八卦

附录 B

商务接访礼仪常用英语

1. 常用词汇及短语

贵宾　distinguished guest

夫人　Madam

尊敬的 XX 先生　Respected Mr. XX

东道主　host

外宾　foreign guest/foreign visitor；overseas guest/overseas visitor

外国专家　foreign expert；overseas expert

活动日程/日程安排　schedule；itinerary

根据……的要求　upon…request

专程造访　come all the way

精心安排　a thoughtful arrangement

排忧解难　help out

互访　exchange of visit

平等互利　equality and mutual benefit

持久和平　lasting peace

开幕式/闭幕式　opening ceremony/closing ceremony

开幕词　opening speech/opening address

致开幕词　make an opening speech

友好访问　goodwill visit

宣布……开幕　declare…open

值此之际　on the occasion of

借此机会　take this opportunity to

以……名义　in the name of

本着……精神　in the spirit of

代表　on the behalf of

由衷的谢意　heartfelt thanks

友好款待　gracious hospitality

回顾过去　look back on

展望未来　look ahead/look into the future

圆满成功　a complete success

提议祝酒　propose a toast
接待　host; receive
招待　entertain
午宴　luncheon
招待会　reception party /entertainment party
冷餐招待会　buffet reception
机场大楼　terminal building
候机大厅　waiting hall
起飞时间　departure time /take-off time
抵达时间　arrival time
海关　the Customs
往返票　round-trip ticket
入境/出境/旅游签证　entry visa /exit visa /tourist visa
免税商店　duty-free shop
豪华套房　luxury suite
单/双人房　single room /double room
预订　reserve
增进我们彼此之间的理解和友谊　increase our mutual understanding and friendship
促进我们之间的友好合作关系　promote our friendly relations of cooperation
远道而来　friends coming from a distant land
来自大洋彼岸的朋友　friends coming from the other side of the Pacific

2. 常用语句

(1) 介绍

请允许我介绍一下我自己，我叫……

Please allow me to introduce myself, my name is…

对不起，我还没请教阁下尊姓大名呢。

Excuse me, I haven't had the honor of knowing you.

我想把您介绍给……

I would like to introduce you to…

女士们、先生们，我非常愉快地向各位介绍我们的客人××。

Ladies and gentlemen, I take great pleasure in introducing our guest ××.

(2) 希望对方过得愉快

我希望您在这里过得愉快。

I hope you will enjoy your stay here.

祝您参观一切顺利！

Wish you all the best in your visit!

您喜欢我们的日程安排吗？

How do you like our schedule?

(3) 欢送祝福

祝您万事如意！ I wish you all the best!

代我向××问好。 emember me to ××/Say hello to ×× for me.

让我们保持联系。 Let's keep in touch.

请多保重！ Take care!

祝您旅途愉快！ Have a nice trip!

一路平安！ Have a safe trip home!

(4) 表达邀请

我期待着您的再次来访。 I'm looking forward to your visit again.

希望我们不久能再次相会。 Hope to see each other again soon.

我期待着在不远的将来访问贵公司。 I am looking forward to visiting your company in the near future.

(5) 表达对接待方的感谢

我非常感谢有此机会访问这个美丽的地方。

I greatly appreciate this opportunity to visit this beautiful place.

对您的友好邀请,请接受我们诚挚的谢意。

Please accept our sincere thanks for your kind invitation.

谢谢您邀请我参加这次晚宴。

Thank you very much for inviting me to this dinner.

感谢您为我们所做的如此精心的安排。

Thank you for such a thoughtful arrangement for us.

东道主的热情好客将永远留在我的记忆中。

The gracious hospitality of our host will remain in my memory forever.

附录 C
商务电话礼仪常用英语

1. 常用词汇

area code　区域号码
coin call　投币电话
conference call　会议电话
credit card call　信用卡电话
crossed lines　电话干扰
direct dial call　直拨电话
domestic call　国内电话
extension　分机
extension number　分机号码
exchange number　交换台号码
public telephone　公用电话
long distance call　长途电话
local call　市内电话
mouth piece　传话机
intercom system　对讲机系统
overseas call　国际电话
party line　同线电话
radio telephone　无线电话
telephone book　电话本
telephone booth　电话亭
telephone number　电话号码
telephone office　电信局
service meter　通话次数表
switchboard　电话总机
wireless transceiver　无线电对讲机

2. 常用礼貌句型

(1) 自报家门

This is Tina Hao of Qinghai Trading Company. May I help you?
这里是青海贸易公司的 Tina Hao。我能为您做些什么?

(2) 听不清楚

Sorry,I didn't get what you said.对不起,我没听懂您说的话。

I can't hear you very well.我听不太清楚。

We have a bad connection.通信效果不太好。

I can't catch what you are saying.我听不太清楚您说的话。

(3) 请对方再重复一遍

Could you repeat that,please? 能请您再说一遍吗?

Would you say that again? 您能再说一遍吗?

(4) 请对方说慢点

Would you speak more slowly? 您能再说慢一点吗?

Could you speak up/out a little? 您能再大声一点吗?

Would you speak more clearly? 您能再说清楚一点吗?

(5) 帮忙转分机

Please connect me with extension two-one-one.请帮我转分机211。

Could you put me through to the personnel department,please? 请帮我接人事部好吗?

(6) 他在忙线中

He's on another line right now.他正在接另一个电话。

He's talking a long-distance call now,what can I do for you? 他正在接长途电话,有什么我可以帮您吗?

Sorry,his line is busy.抱歉,他正在打电话。

(7) 请对方稍等一下

Could you hold a moment,please? 您能稍等一会儿吗?

Can you hold on,please? 您能稍等一会儿吗?

Just a moment. He is on his way now.请稍等一下。他马上来接电话。

(8) 现在不方便接电话

She has a visitor at the moment.她现在有客人。

He is in a meeting now.他正在开会。

I'm sorry,but I was just on my way out. Can I get back to you later? 很抱歉,我正好要出门。可不可以稍后再打给您。

He's here but he's not at his desk right now.他有来上班,不过现在不在座位上。

He hasn't come to the office yet.他还没到办公室。

I'm sorry,but he is out right now.很抱歉,他刚才外出了。

(9) 在休假中

He is off today.他今天休假。

He's on vacation this week.他本周休假。

He is on vacation until next Wednesday.他休假到下周三。

(10) 回家了

He's already left for home today.他已经回家了。

He has gone home. 他回家了。

(11) 生病请假

He's absent because he is sick today. 他今天生病所以没来。

He's on sick leave today. 她今天请病假。

(12) 出差

He's in New York on business. 他在纽约出差。

He left for New York on business until July 22nd. 他到纽约出差，要到 7 月 22 日才能回来。

He is on a business trip. 他正在出差。

(13) 我将转达您的留言

I'll give her your message as soon as possible. 我将尽快地给她转达你的留言。

(14) 要找的人已调职

Mr. Smith took over his job. I'll connect you. One moment，please. 史密斯先生接替了他的工作。稍待一会儿，我帮您转接。

(15) 要找的人已离职

He left this company last week. 他上个月离开这家公司了。

He is no longer at this company. 他已经不在本公司工作了。

(16) 约时间见面

I'd like to talk to you about the new product. 我想和您谈谈新产品。

I'd like to make an appointment with Mr. Scott. 我想要跟史考特先生约个时间见面。

(17) 变更见面日期

I'd like to cancel my appointment with Mr. Scott. 我想取消和史考特先生的约会。

Something urgent has come up. Could I postpone our appointment. 发生了一些急事。我俩的约会能不能延期?

(18) 结束电话对话

Shall we continue this later? I've got a call waiting. 我们可不可以晚一点再继续谈?我正在接听一个电话。

It's kind of late. Why don't we talk about it tomorrow? 有点晚了。我们何不明天再谈呢?

Nice talking to you. 跟您谈话很愉快。

Call again when you've got time. 有空请再打电话来。

I'm always glad to hear from you. 我随时高兴接到您的电话。

Let's keep in touch，good-bye. 让我们保持联络，再见。

附录 D

商务信函礼仪常用英语

1. 常用词汇中英文对照

Layout Plans of Letters	信件格式
Heading	信头
Company name and logo	机构名称和标记
Address	地址
Telephone numbers	电话号码
Fax/Telex numbers	传真/电传号码
Date	日期
Addressee's name and address	收信人的姓名和地址
Caption or reference number	信件提要或编号
Salutation	信件开头的称呼
Letter contents	信文
Complimentary close	结尾敬辞
Writer's signature	写信人的签名
Writer's name	写信人的姓名
Writer's job title	写信人的职务头衔
Sender's /return address	寄信人地址
Addressee's/receiver's name	收信人的姓名
Addressee's/receiver's address	收信人的地址
Other information	其他信息
Mail directions/mail notations	邮寄指示
Subject or Heading	事由
Cover Letter:	求职信/附信/封面函
President:	国家总统、公司总裁、总经理、社长
Private/private and confidential	亲启
Invoice	发票、商业发票、发货清单； 完成工作的清单(明列数量和价钱)
Personal	亲收
Secrete	密件
Top secrete/strictly confidential	绝密
Confidential	机密
Printed matter	印刷品
Urgent	急件

续表

Special delivery/express delivery	特快邮件
Registered	挂号信
PAR AVION/Airmail	航空信
Book post	图书
Parcel post	包裹
Sample post/matter	样品
With compliments	赠品
To await arrival	收信人收到后拆封
Please readdress	请转寄
Kindness of Mr…	托……先生
Photo enclosed	内附照片
Manuscripts	稿件
Photographs: please do not fold	内附照片,请勿折叠
Return postage guaranteed	保付退还邮费
If undelivered, please return to…	如果无法投递,请退……

2. 常用缩写及含义

ASAP	As Soon As Possible	越快越好,尽快
C. C.	Carbon Copy Notation	抄送
Enc.	Enclosure	附件
P. S.	Postscript	再启
401K		美国的养老保险制度
Ref:	Reference No.	参考编号
H. R.	Human Resources	人力资源
CEO	Chief Executive Officer	首席执行长官;行政总裁;行政总监
CFO	Chief Financial Officer	首席财政官
CTO	Chief Technology Officer	企业首席技术官
CSO	Chief Solution Officer	首席问题官
CVO	Chief VCReception Officer	风险投资商接待专员,首席财务官的重要助理
FYI	For Your Information	仅供参考,如下,通知你
R. O. I.	Return on Investment	投资收益率/利润率

3. 结尾敬辞

结尾敬辞依据情况通常有以下几种。

(1) 写给不相识的人

Yours (very) truly,(Very) Truly yours

Yours (very) faithfully,(Very) Faithfully yours,

(2) 写给尊长、上级

Yours (very)respectfully,

Yours (very)obediently,

Yours gratefully,

Yours appreciatively

4. 普通信函及电子邮件中常用礼仪英语句型

(1) 附件是……,请参阅

Please kindly find the attached …

Attached please kindly find the …

Enclosed is the …,please kindly find it.

Attached you will find…,

(2) 我已经收到您的邮件。

I have received your email (yesterday/last week/this morning…).

Your email has been received.

(3) 非常感谢您的回信。

Thanks very much for your early reply.

Thank you for your email.

(4) 因回复迟了而表示歉意

We apologize for not replying to you earlier.

未能及时给您回信,我们深表歉意。

We are sorry for not answering/replying/responding to your letter sooner.

久未回信,让您久等了。

(5) 我们非常愉快地通知您……

We are pleased/excited/happy to inform you that…

(6) 用于转达好消息时

We take pleasure in informing you of…

We take pleasure in informing you that…

(7) 通知的内容不太好时

We regret to inform you that…

(8) 我明白您的意思。

I know what you mean.

I understand what you mean.

(9) 我不太明白您的意思。

I do not quite understand what you meant.

I have some problem understanding what you meant.

(10) 您能具体解释一下么? 您能在说得清楚一点么?

Could you please put it in a clearer way?

Could you please explain it in detail?

Could you please further explain it?

What do you mean exactly by saying…

(11) 如有问题,请随时和我联系。

Contact me if you have any problem.

If there is any uncertainty, feel free to contact me.

Call me if you have any problem.

(12) 如有建议,请指出。

Please let me know if anything needs to be improved.

Your advice/suggestion will be greatly appreciated.

(13) 我会进一步修改/检查的。

I will further modify it.

I will further check it.

(14) 一旦确认,我会立刻/第一时间通知您的。

Once confirmed, I will let you know immediately.

Once confirmed, I will notice you ASAP. (* ASAP = as soon as possible 尽快)

(15) 希望尽快得到您的回复。

I'm looking forward to your early reply.

Your promote reply will be greatly appreciated.

Your early reply will be highly appreciated.

(16) 谢谢。

Thanks a lot.

Thank you very much.

(17) 希望您一切都好/万事如意。

I hope everything goes well with you.

I wish you all the best.

(18) 要求对方做……

Your prompt attention to this matter will be appreciated.

您能立即注意此事,我们将非常感激。

I would really appreciate meeting up if you can spare the time. Please let me know what suits you best

如果您能抽出时间,我希望能与你见面,请告诉我您最适合的时间。

(19) 请对方表态

Please give us your preliminary thoughts about this.

请让我知道你对于这件事情初步的想法。

Would you please reply to this e-mail if you plan to attend?

如果您能参加,请回信。

Please advise if you agree with this approach.

请告知你是否同意这个方法。

Could you please let me know the status of this project?

请让我知道这个计划的进度?

(20) 要求对方尽快答复

I would appreciate it very much if you would send me your reply by next Monday.

如果能在下周一前收到您的答复,我将非常感激。

Hope this is OK with you. If not,let me know by e-mail ASAP.

希望您对此没有问题,如果不行,请利用电子邮件尽快让我知道。

Could you please send me your replies to the above questions by the end of June?

请您在月份前答复我上述问题好吗?

May I have your reply by April,if possible?

如果可能,您可否在4月前答复我?

(21) 给对方提供帮助

Please let me know if there's anything I can do to help.

请让我知道任何我可以帮得上忙的地方。

If there's anything else I can do for you on/regarding this matter,please feel free to contact me at any time.

对于这件事,如果还有任何我能帮得上忙的地方,请不要客气,随时与我联络。

If you want additional recommendations on this,please let us know and we can try to see if this is possible.

如果关于此事你需要额外的建议,请告诉我们,我们会尝试看看是否可能。

5. 常用地址名称

室/房　Room

村　Village

号　No.

宿舍　Dormitory

楼/层　F

住宅区/小区　Residential Quarter

甲/乙/丙/丁　A/B/C/D

巷/弄　Lane

单元　Unit

楼/栋　Building

公司　Com./Crop/LTD.CO

厂　Factory

酒楼/酒店　Hotel

路　Road

花园　Garden

街　Street

信箱　Mailbox

区 District
县 County
镇 Town
市 City
省 Prov.
院 Yard

附录 E

宴请礼仪常用英语

1. 常用词汇

餐饮聚会

Breakfast, brunch　早餐，早午餐

Lunch　午餐

High tea　下午茶

Dinner　晚餐

Poolside　游泳池

Midnight snack　夜宵

Salad bar, dressing　沙拉台，沙拉酱

Cold cuts　冷盘

raw seafood　生海鲜

sashimi　生鱼片

sushi　寿司

oysters　生蚝

salmon　鲑鱼

Bread　面包

butter　黄油

soup　汤

Ham　火腿

steak　牛扒

lamb ribs　羊扒

How many slices　多少片

Sauce/gravy　酱汁

Hot dishes　热盘

Desserts　甜品

Puddings　布丁

pastries　饼

cakes　蛋糕

mousse　慕丝

Soup bowl　碗

Fruits　水果

Ice-cream　冰激凌

Cheese　乳酪

biscuits　饼干

goblet　酒杯

Spoon　勺子

soup spoon　汤匙

tea spoon　茶匙

Service or dinner plate　餐盘

Napkin　餐巾

2. 常见英语餐饮礼貌提示用语

Follow the lead of others (e.g.,host) to know when/where to sit. 看其他人何时就座以及坐在哪里，采取和他们一样的做法。

Hold doors for others. 为别人开门。

Don't assume empty seats are available. 空座位坐之前要确认是否可以坐。

Allow others to take the better seat. 让别人选好的位置。

Wait for the host before taking a first drink. 在主人没动杯之前不要喝酒。

Wait to eat until after everyone is served and the host has begun. 等到主人以及大家都开动后再开始用餐。

Never drink more than two alcoholic drinks. 喝酒不超过两杯。

Allow the event host to make the first toast. 让主人第一个敬酒。

Notify hosts of any dietary restrictions prior to an event. 在聚会前告知主人自己的饮食禁忌。

Understand how to use flatware (eat outside in). 知道如何使用餐具。

Glassware is placed to the right. 玻璃餐具摆放在右边。

Bread plates will be placed to the left. 面包盘应该放在左边。

Place the fork and knife in the 4:00 position when finished. 吃完后将刀叉放在4点钟方向。

Place napkins on the chair seat or arm when briefly stepping away. 暂时起身离开座位时，将餐巾放在椅子上或扶手上。

Research the event topic and venue before arriving. 在到达之前调查清楚聚会地点以及聚会内容。

Thank the host in person prior to leaving. 在离开前亲自向主人道谢。

Send a "thank you" note to the host within a week. 聚会后一星期之内向主人发一封感谢信。

参考文献

[1] 杨亦.商务礼仪[M].北京：蓝天出版社，2003.
[2] 李道魁.现代礼仪教程[M].成都：西南财经大学出版社，2005.
[3] 吕维霞，刘彦波.现代商务礼仪[M].北京：对外经济贸易大学出版社，2006.
[4] 徐爱玉.现代商务礼仪[M].杭州：浙江大学出版社，2006.
[5] 黄剑鸣.现代商务礼仪[M].北京：中国物资出版社，2006.
[6] 余忠艳，李荣建.现代商务礼仪[M].武汉：武汉大学出版社，2008.
[7] 曹艺.商务礼仪[M].北京：清华大学出版社，2009.
[8] 王家贵.现代商务礼仪简明教程[M].广州：暨南大学出版社，2009.
[9] 金正昆.实用商务礼仪[M].北京：中国人民大学出版社，2009.
[10] 金正昆.商务礼仪教程[M].3版.北京：中国人民大学出版社，2009.
[11] 徐克茹.商务礼仪标准培训[M].2版.北京：中国纺织出版社，2010.
[12] 胡爱娟.商务礼仪实训[M].2版.北京：首都经济贸易大学出版社，2011.
[13] 刘辉.商务礼仪[M].大连：大连理工大学出版社，2011.
[14] 郭晓丽.商务职场实用礼仪[M].北京：北京理工大学出版社，2011.
[15] 金正昆.商务礼仪[M].西安：陕西师范大学出版社，2011.
[16] 张莹，张晓艳.商务礼仪[M].北京：北京航空航天大学出版社，2011.
[17] 万文斌.商务礼仪[M].上海：中航出版传媒有限责任公司，2012.